Merle Hilbk
Sibirski Punk

Merle Hilbk

Sibirski Punk

Eine Reise in das Herz des wilden Ostens

Gustav Kiepenheuer Verlag

Mit 9 Fotografien
von Wolfgang Müller/Ostkreuz

Für die Habensteiner

ISBN-10: 3-378-01081-9
ISBN-13: 978-3-378-01081-9

1. Auflage 2006

Einbandgestaltung gold, Anke Fesel/Kai Dieterich
Druck und Binden Pustet, Regensburg
Printed in Germany

www.gustav-kiepenheuer-verlag.de

Inhalt

Prolog

Rock 'n' Roll oder die russische Seele

Sing noch einmal für mich, Mischa. Sing dieses Lied, das das Herz erweicht und die Seele davonfliegen läßt, über die sanften Hügel des Ural, den Ob, den Jenissej, immer weiter und weiter gen Osten: »A kak perwaja ljubow, ona serdze sschot – Und die erste Liebe, sie verbrennt das Herz.« Sing, daß alles zurückkehrt: die Tänzerin in der nächtlichen Steppe, die Melancholie und der Rock 'n' Roll.

Wir saßen in der Küche einer Hamburger Wohngemeinschaft zwischen Pastaresten und halbleeren Rotweinflaschen und diskutierten über das, worüber wir immer diskutierten in jenem Winter: die Lage auf dem Arbeitsmarkt, die Sozialstaats-Reformen der SPD, Joschka Fischers körperliche Verwandlungen. Als wir wieder einmal an dem Punkt angelangt waren, daß alles verfahren sei und hoffnungslos sowieso, stand Mischa auf, um seine Gitarre zu holen.

Mischa ist Rußlanddeutscher. Mit seinen Eltern und drei Schwestern war er Anfang der neunziger Jahre aus dem kasachischen Alma-Ata nach Hamburg übergesiedelt, dank einer abgewetzten Mappe voller Dokumente, die die »deutsche Abstammung« seines Vaters belegten und die seine Mutter jahrelang unter einem losen Brett im Fußboden versteckt hatte. »Die Papiere waren unser Ticket in die Zukunft«, hatte Mischa erklärt, als wir ihn in einer der Russen-Diskos kennenlernten, die mittlerweile auch in Hamburg in Mode sind. »Alle haben uns beneidet. Damals wollte jeder nach Deutschland.«

Am Anfang wunderten wir uns noch, als er zu unseren Kochabenden keine selbstgebrannten CDs mitbrachte, sondern vorschlug, etwas zu singen. Singen – das klang nach Jahrgangsfeiern in der Waldorfschule und Hausmusikabenden in beflissen-bildungsbürgerlichen Elternhäusern. Unvorstellbar, so etwas freiwillig zu tun.

Wir feixten, als Mischa die Hände auf das Griffbrett seiner Gitarre legte. Doch als die ersten Töne durch den Raum schwebten, wurden wir still. Meist waren es russische Popsongs, die er vortrug, mit einer Inbrunst und Versunkenheit, die uns sprachlos machte. Doch an diesem Tag sang er dieses Lied von Bulat Okudshawa, einem berühmten Liedermacher aus Sowjetzeiten: »A kak perwaja ljubow«, und plötzlich verschwamm die Küche, Hamburg, der ganze Westen vor meinen Augen, und ich tauchte ein in dieses warme Gefühl meiner ersten Nacht im Osten, das ich so lange vergessen hatte.

Eine Wochenzeitung hatte mich zwei Jahre zuvor für eine Reportage über die Ausbreitung der Tuberkulose in die kasachische Steppe geschickt. In einem halbverfallenen Sanatorium bei Shimkent sah ich ein Mädchen, ein mageres, gebeugtes Wesen mit löchrigen Trainingshosen und nach innen gekehrtem Blick – bei Tage. Bei Nacht geschah mit ihm eine Verwandlung, wie ich sie noch nie erlebt hatte: Ein paar Ärzte hatten vor dem Haus eine Musikanlage aufgebaut und eine Okudshawa-CD aufgelegt. Ob sie nicht tanzen wolle, fragte einer von ihnen das Mädchen. Da richtete es sich kerzengerade auf und stolzierte auf die Tanzfläche, wo es ganz allein einen Walzer tanzte, eine Göttin mit fließenden Bewegungen und einer Verheißung im Blick, so brennend, daß die Männer betreten zu Boden blickten.

Das, durchfuhr es mich in diesem Moment, ist der Osten: dieser Tanz auf dem schmalen Grad zwischen Verzweiflung, plötzlich explodierender Energie und Lebensgier. Einer Gier, die auch mich ergriff, in dieser Nacht in der sommerheißen Steppe, die mir den Brustkorb weitete und mich alles vergessen ließ, was mir den Atem genommen hatte: die Existenzängste, die Kratzer auf der Seele von zu vielen Abschieden und zerbrochenen Lieben. Und mich an diesem Winterabend in Hamburg wieder einholte.

»Was ist los mit dir?« fragten die anderen, als ich noch Minuten nach Mischas Lied wie betäubt am Tisch saß.

»Wißt ihr, was Rock 'n' Roll ist?«

»Was für eine überflüssige Frage!« murrte Paul. »Wir wohnen auf St. Pauli!«

»Ich meine, so richtig! So, ja ... Eben so wie im Osten!«

»Im Osten? Ausgerechnet? Ich glaube, du solltest nicht immer so viel Rotwein ...«

»Laß sie«, mischte sich plötzlich Mischa ein, »dawaj!« und goß mir noch ein Glas ein. Ich erzählte ihm von dem Walzer-Mädchen aus Shimkent. Mischa nickte kurz. Dann lud er mich zu einem Familienfest ein.

»Rock 'n' Roll?« fragten auch Mischas Verwandte verwundert, als ich ihnen von meinem Erlebnis in der Steppe erzählte. Und schwiegen. »Bei uns wurde so was früher russische Seele genannt«, sagte schließlich einer der Onkel, die noch nicht so lange im Westen lebten, bedächtig.

Wenige Stunden später kaufte ich mir eine Karte der »Russischen Föderation«. Denn an diesem Nachmittag war mir klar geworden: Ich mußte die russische Seele suchen, um den Rock 'n' Roll zu finden. Den Rock 'n' Roll der Steppen, Taiga und Berge, der das Mädchen vor meinen Augen verwandelt hatte. Und den ich so gerne auch am eigenen Leib spüren wollte.

Doch wo anfangen in diesem Riesenreich, das sich 9000 Kilometer von der westrussischen Tiefebene bis zum Ochotskischen Meer dehnt; das zwei Kontinente und elf Zeitzonen umfasst, Tundra, Taiga, Steppen und Gebirge; das so groß, so kalt und sagenumwoben ist wie kaum ein anderes Land der Erde?

»Wo soll ich nur hinreisen?« fragte ich Evgenia, meine Russischlehrerin.

Evgenia stammt aus Burjatien, einer Region in Ostsibirien, über die sie regelmäßig schimpft: manchmal über die schweflige Luft und die düsteren, unrenovierten Wohnblocks, in denen ihre Verwandten hausen, meistens aber über die vielen alkoholabhängigen Männer im heiratsfähigen Alter.

Aber als ich sie auf die russische Seele ansprach, sagte sie prompt: »Jestestwenno w Sibirii«, natürlich müsse ich nach Sibirien fahren, denn das sei einfach *der* Ort für meine Suche. Nirgendwo sonst sei Rußland noch so russisch; so rauh, so melancholisch und so voller Widersprüche. Die Natur, die Gastfreundschaft, die Gefühle – alles sei dort extremer als in anderen Teilen des Landes. Kurz: Wenn ich die russische Seele finden wolle, käme ich um Sibirien nicht herum.

Im nächsten Sommer kaufte ich mir in einem kleinen russischen Reisebüro ein Flugticket von Air Sibir: München–Moskau–Nowosibirsk, gültig für vier Monate. Dann stopfte ich einen Stapel Notizbücher und Karten in einen Rucksack und legte mir im Kopf eine Route zurecht: Von West nach Ost wollte ich das Land durchreisen, vom Ob über den Jenissej und die Selenga bis an den Baikalsee, mit der Transsibirischen Eisenbahn, mit Überlandbussen, Fähren und Lada-Jeeps. Wollte mich in Plattenbauten, Datschen und Ferienhütten einmieten, mit Russen Diskofox tanzen, mit Burjaten Baikalgras rauchen und mit Wissenschaftlern über die Weltläufte diskutieren. Und am Ende hoffentlich das finden, was mich immer weiter gen Osten trieb.

»Verlaß dich einfach auf diese Kassette«, sagte Mischa nur, als ich in die Maschine stieg, eine riesige, blauweiße Tupolew, »ist aber was Amerikanisches.« Während die Tupolew den Ural überflog, die in keiner Karte markierte Grenze zwischen Europa und Asien, sang mir Lou Reed ein Abschiedslied, das mich perfekter gar nicht auf diese Reise hätte einstimmen können: »Deep down inside I got a Rock 'n' Roll heart.«

Westsibirien

Die Akademikervorstadt von Nowosibirsk

Es ist ein magischer Sommermorgen, der am Himmel rund um Flug S 7898 anbricht, so hell und leuchtend wie die Steppe, wenn sie an den ersten warmen Tagen aus der Winterstarre erwacht und aus dem harten braunen Boden Millionen von Blumen brechen. Nichts wahrzunehmen außer diesem Licht, dieser Klarheit des ersten russischen Tags! Tief unter uns liegt das Grasland von Westsibirien, eine grüne, unendliche Ebene, deren Konturlosigkeit wohlig-schläfrig macht.

Fernflüge mit Air Sibir haben etwas seltsam Entspannendes. Das Design der Maschinen ist roh, das Personal desinteressiert und mürrisch – das krasse Gegenteil zur routinierten Freundlichkeit westlicher Stewardessen. Doch genau das ist es, was wie Baldrian auf das Gemüt von nervösen Passagieren wirkt, zu denen leider auch ich zähle. Denn es erspart einem jegliche Höflichkeitsfloskel. Man muß sich weder in fremden Sprachen ein »Danke vielmals!« oder »Sehr aufmerksam!« abringen, weder eine umfangreiche Speisekarte übersetzen noch sich bemühen, besonders locker und weltmännisch zu erscheinen. Nein, auf einem Air-Sibir-Flug nimmt man wahl- und wortlos seine Bliny entgegen, kippt Tee mit zuckriger Milch nach und widmet sich dann wieder der »Komsomolskaja Prawda«, der einzigen Zeitung, die an Bord verteilt wird. Die Artikel handeln von Model-Wettbewerben, russischen Fußballergattinnen und nordsibirischen Floristenwettbewerben und sind in einem netten, Kritik vermeidenden Plauderton gehalten. Jedenfalls solange es um Rußland geht.

Der einzige Russe, der an diesem Tag gerügt wird, ist ein Fußballfan, der ausländischen Reportern gegenüber zugegeben hatte, daß »die russische Nationalmannschaft bei der letzten WM zu Recht ausgeschieden« sei.

»Besuchen Sie in Nowosibirsk Ihre Eltern?« schreckt mich plötzlich meine Nachbarin aus der Lektüre auf, ein Mädchen mit rot- und goldgesträhnten Haaren. »Ich heiße Maja«, sagt sie auf russisch, »Maja wie die Biene aus dem Comic. Aber den kennen Sie bestimmt nicht, wenn Sie aus Sibirien stammen!«

Oh, meine Reise fängt gut an! Maja glaubt, daß ich Russin sei. Ich hasse nichts mehr, als im Ausland als Deutsche erkannt zu werden. Ich male mir dann immer aus, was mein Gegenüber mit dieser Nationalität verbinden könnte: Humorlosigkeit zum Beispiel, Pedanterie und chronischen Pessimismus. In England und Frankreich hatte ich mit meinen Befürchtungen meistens recht. In China dagegen war ich überrascht, als mein Gesprächspartner mit strahlenden Augen sagte: »Deutschland, Vorsprung durch Technik! Das soll man über mein Land eines Tages auch sagen!« Bei Maja würde mir all das erspart bleiben, bis ... nun ja, bis ich den Mund aufmachte. Denn mein Russisch ist alles andere als akzentfrei. »Nein, leider nicht«, sage ich daher zu ihr. »Ich bin Deutsche.«

»Wieso leider?« entgegnet sie in akzentfreiem Deutsch. »Ich hab vor ein paar Jahren endlich auch den deutschen Paß bekommen. Meine Eltern sind Rußlanddeutsche, wir sind aus Omsk nach Baden-Württemberg übergesiedelt.«

»Und jetzt besuchen Sie Verwandte in Sibirien?«

»Ja, wie die meisten hier an Bord. Das ist so eine Art Heimwehlinie, so ähnlich wie die Bustouren nach Masuren.«

Wir reden über Hamburg und die Bars auf St. Pauli. Dann schallt aus dem Bordfunk plötzlich etwas, das wie eine James-Last-Version der russischen Nationalhymne klingt. Die Stewardeß bellt »Anschnallen« ins Mikrofon, und die Tupolew setzt zum Landeanflug an.

Die Landebahn des Nowosibirsker Flughafens ist von Kartoffelfeldern umzingelt, ein grünweiß gesprenkelter Teppich, der bis zum Horizont reicht. Ich beginne zu ahnen, was in den nächsten Wochen kulinarisch auf mich zukommen wird: Kartoffeln in jeglicher Form, gekocht, gebraten, als Püree und nicht zuletzt als Wodka.

Die Maschine setzt auf, rollt ein Stück und bleibt dann irgendwo zwischen den Kartoffelfeldern stehen. Ein brutales Gerangel beginnt, wie ich es nur aus den siebziger Jahren vom Sommerschlußverkauf kenne. Noch bevor die Motoren verstummt sind, drängen die anderen Passagiere zur Ausstiegsluke, mit dick verschnürten Paketen, Duty-free-Plastiktüten und Kindern an der Hand. Es wird geknufft, geschubst und geflucht, als gäbe es auf dem Flughafen etwas umsonst – wahrscheinlich ein Reflex aus der Zeit der leeren Regale und langen Schlangen. Ich bin die letzte, die die Gangway hinabsteigt.

Das Rollfeld ist gähnend leer an diesem Morgen. Weder andere Maschinen noch Autos oder Gepäckwagen sind zu sehen. Mir kommt es vor, als wären wir die einzigen Menschen in dieser Kartoffelacker-Weite, Gestrandete in einer grünweißen Einöde. Ein paar hundert Meter von der Maschine entfernt steht eine langgestreckte Baracke, dahinter ein asphaltierter Parkplatz – der Ankunftsbereich des Flughafens.

»Dawaj!« befiehlt der Pilot, der inzwischen neben uns auf dem Rollfeld steht. »Begeben Sie sich unverzüglich zur Abfertigung!« Die Menge trottet los mit ihren Paketen, Tüten und Kindern.

»Wo ist der Bus?« frage ich Maja, die sich neben mich gedrängt hat.

»Welcher Bus?« gibt sie grinsend zurück. »Peschkom! Zu Fuß!«

Ich fange an zu schwitzen unter meinem Parka. So eine Hitze, am frühen Morgen in Sibirien! Natürlich hatte ich vorher Klimatabellen im Internet studiert, Reiseführer gewälzt, mit russischen Bekannten telefoniert. Natürlich war mir bewußt, daß es im Juni hier nicht kälter sein würde als in

Hamburg, Berlin oder München. Und trotzdem – als ich die Sommerhitze auf der Haut spüre, bin ich für einen Moment so verdattert wie ein Heranwachsender, der genau weiß, daß es den Weihnachtsmann nicht gibt, aber trotzdem irritiert zusammenzuckt, wenn er die Stimme seines Vaters unter dem Kostümbart erkennt.

Schweißgebadet erreichen wir die Abfertigungsbaracke.

»Hierher, Merle! Ich bin's, Grigori«, ruft eine Gestalt aus der Menge heraus, die hinter einem Maschendrahtzaun wartet, der das Flughafengelände von der Straße abriegelt.

»Dein Gastgeber spricht deutsch?« fragt Maja erstaunt.

Auch ich bin erstaunt, weil ich mich mit Grigori bisher nur auf englisch verständigt habe. Grigori ist der Cousin eines Studienfreundes meines rußlanddeutschen Großonkels. In Deutschland würde eine solche Beziehung keinerlei Verpflichtungen mit sich bringen. In Sibirien ist das anders. In Sibirien sind die Freunde deiner Freunde auch deine Freunde, die Verwandten auch deine Verwandten. Sich gegenseitig zu unterstützen, sich mit Lebensmitteln, Baumaterial, Dienstleistungen, Geld oder Ratschlägen auszuhelfen ist hier überlebenswichtig. Renten und Arbeitslosenunterstützung sind so niedrig, daß viele ohne die Hilfe von Freunden und Verwandten auf der Straße leben und verhungern würden. Offizielle Dokumente und Dienstleistungen von Behörden sind häufig nur gegen Zahlung von Schmiergeldern zu bekommen, Bankkredite, Wohnungen und Arbeitsplätze am besten über Beziehungen. Private Netzwerke ersetzen in vielen Bereichen den Staat. »Blat« heißt das in Rußland, »Vetternwirtschaft«. Und genau die soll mir nun meine Reise erleichtern.

»Du kannst in dieses Land nicht ohne Kontakte fahren«, hatte mir mein Großonkel gepredigt, als ich ihm erzählte, daß ich nach Rußland fahren wolle.

»Ich hab mir die bisher immer vor Ort ...«

»Vergiß es!« unterbrach er mich. Dann zückte er sein Adreßbuch und kritzelte in kyrillischen Buchstaben auf einen

Zettel: Grigori N., Institut für Nuklearphysik, Nowosibirsk. »Ein Cousin von meinem Studienfreund M. M. wird ihn anrufen.«

Ein paar Tage später traf die erste E-Mail aus Nowosibirsk bei mir ein: »Welcome to Siberia! You can stay at my Datscha as long as you want.« Das war die erste Nachricht von Grigori. Ich müsse mich um nichts kümmern, schrieb er. Auch für die offizielle Einladung, die ich für mein Visum benötigte, sei bereits gesorgt.

Noch ein paar Tage später klingelte es an meiner Wohnungstür. Durch den Türspion sah ich einen FedEx-Kurier, der ein großes Kuvert in der Hand hielt. Als ich öffnete, sah ich in ein verstörtes Gesicht. Was hat den Mann nur so verschreckt? rätselte ich. Dann fiel mein Blick auf den Absender auf dem Kuvert: »Institut für Nuklearphysik, Nowosibirsk«. Darunter hatte jemand in Großbuchstaben notiert: »Wichtige Dokumentensendung! Bitte nur höchstpersönlich ausliefern!«

In Sekundenbruchteilen lief ein Film in meinem Kopf ab: Die Geheimdienstzentrale in Pullach, in der Beamte bereits eine Akte anlegten mit dem Vermerk »Achtung, Objekt arbeitet als Plutonium-Kurier!«, und Anweisungen ins Telefon bellten, sofort einen Wagen mit einem Observationsteam zu mir zu schicken, einen Opel oder Ford mit zwei kahlgeschorenen Bodybuildern, die jeden meiner Schritte überwachen sollten.

»Bitte, Sie müssen den Empfang noch quittieren«, riß mich der Bote aus meinen Gedanken. Zitternd reichte er mir erst seinen Quittungscomputer, dann das Kuvert. Wahrscheinlich hatte er in diesem Moment das Gefühl, dem Verbrechen persönlich die Hand zu reichen. »Wenn Sie die Sendung heute nicht ausgeliefert hätten, wäre die ganze Sache geplatzt«, sagte ich freundlich lächelnd.

Später öffnete ich das Kuvert, nahm die Einladung des Physikinstitutes heraus und spähte durch ein Fenster auf die

Straße. Die einzigen Bodybuilder, die ich in einem deutschen Mittelklassewagen sitzen sah, trugen Jeansjacken mit »Rammstein« -Aufnähern. So etwas würden die in Pullach selbst dann nicht durchgehen lassen, wenn sie die Welt vor einer Nuklearkatastrophe retten müßten! Trotzdem nahm ich mir vor, Grigori später einmal intensiver über seinen Job zu befragen.

Und jetzt stand er vor mir, der Absender des Kuverts, ein kleiner, lebhafter Mann mit buschigen Augenbrauen und energischer Stimme. »Sdrastwujte, Grigori ...«, hebe ich an. »Lieber deutsch sprechen!« fällt er mir ins Wort und greift nach meinem Koffer. Doch ich will nicht deutsch sprechen. Ich will mein Russisch verbessern und frage daher auch auf russisch, wo er meine Sprache gelernt habe. Grigori bleibt hartnäckig: »Meine Mutter Rußlanddeutsche. Kann nicht viel deutsche Wörter, früher war uns verboten in Sibirien.«

Früher, das hieß in der Sowjetzeit, in der eine deutsche Abstammung als Makel galt. Dabei waren Millionen Deutsche einst auf Geheiß des Zaren nach Rußland gekommen: Im 18. Jahrhundert hatte Katharina die Große deutsche Handwerker, Bauern und Lehrer mit großzügigen Landversprechen an die Wolga, nach Bessarabien und Wolhynien gelockt. Sie sollten das Land urbar machen, handwerkliche und technische Fähigkeiten vermitteln und die Wirtschaft ankurbeln. Katharinas Plan ging auf. Die Wolgaregion wurde zu einer der fruchtbarsten Gegenden des Reiches, und 1924 wurde die »Autonome Sowjetrepublik der Wolgadeutschen« ausgerufen.

Im Juni 1941 überfielen deutsche Truppen die Sowjetunion. Zwei Monate später unterzeichnete der Oberste Sowjet einen Ukas zur Zwangsumsiedlung der Rußlanddeutschen. Sie wurden nach Kasachstan und Sibirien verschleppt, in die ödesten, kältesten Regionen des Sowjetreiches, wo sie in Bergwerken schuften, Straßen bauen und Fabriken errichten mußten. Sie durften ihre Sprache nicht sprechen, ihre Bräuche nicht pflegen, keine höheren Schulen oder Universitäten besuchen, und ihnen wurde auf Lebenszeit verboten, ihre Verbannungsorte zu verlassen.

Unter den Deportierten waren auch Grigoris Eltern. Russisch mußten sie erst mühsam lernen, aber sie vermieden es selbst zu Hause, mit ihrem Sohn deutsch zu sprechen. Grigori, der ein großes Selbstbewußtsein hatte, setzte sich in der Schule und beim Sport durch und schaffte es schließlich, einen der raren Ingenieurs-Studienplätze an der Uni Akademgorodok zu ergattern, nachdem die Restriktionen für Rußlanddeutsche gelockert worden waren. 1986 verkündete ein sowjetischer Vertreter auf einer KSZE-Konferenz, daß Zehntausende Rußlanddeutsche das Land verlassen dürften. Auch Grigoris Eltern stellten einen Ausreiseantrag. Doch ihr Sohn wollte nicht mit. So zogen sie allein in das Land, das sie nur aus Erzählungen kannten, in eine Kleinstadt in Westfalen. Ein paar Mal hat Grigori sie dort besucht – und jedes Mal Heimweh nach Sibirien bekommen.

»Okay, Grigori, du hast gewonnen«, lenke ich ein, als ich sehe, wie er es genießt, deutsch zu sprechen. »Heute kein Russisch!«

Grigori klopft mir auf die Schulter und deutet auf die Kartoffelfelder. »Schau, das ist Sibirien! Viel Sonne, besser als deutscher Sommer.« Ich beneide ihn, mit welcher Unbefangenheit er diese Sprache benutzt, die er nur bruchstückhaft beherrscht. Ich bekomme den Mund kaum auf, wenn ich das Gefühl habe, daß ich gleich einen Grammatikfehler machen könnte. Um uns herum, auf dem Flughafen-Parkplatz, nur russische Gespräche. Ich fühle mich, als würden wir uns in einem Geheimcode verständigen, der uns, zwei Fremde, zu Vertrauten macht: mich, die Deutsche in Sibirien, und ihn, den Russen mit der deutschen Abstammungsurkunde, der sich entschieden hat zu bleiben, als in Sibirien die neue Zeit anbrach.

Denn diese Zeit brachte all seine Talente zum Vorschein, die in der alten vor sich hin geschlummert hatten. Die ersten, die diese Talente entdeckten, waren die Nachbarn in der Datschensiedlung, in der seine Frau auf einer hügeligen Parzelle Gurken, Tomaten und Kohl anbaute. Als sich die Datschenbesitzer wieder einmal über die ständig zusammenbrechende Stromversorgung ärgerten, trommelte Grigori sie zusammen und schlug ihnen vor, einen Verein zu gründen, der sich um die Infrastruktur der Siedlung kümmern sollte. Einen Verein nach deutschem Vorbild, mit einem Vorsitzenden, Schriftführern und Buchhaltern. Natürlich wurde Grigori der Vorsitzende. Er feilschte mit Strom- und Wasserwerken, überwachte die Kabelarbeiten und verhandelte mit der Stadt über die Asphaltierung der Zufahrtsstraße. In den Behörden fand er mit seinem Verhandlungsgeschick schnell Unterstützer, und Bauunternehmer lobten seine Geschäftstüchtigkeit. Den anderen im Verein erklärte er, wie sie ihre Ämter wahrnehmen sollten. Er berief Versammlungen ein und erinnerte an Zahlungstermine. Die Datschensiedlung wurde zur komfortabelsten des Bezirks. Immer mehr Leute fragten an, ob sie dort eine Parzelle erwerben könnten. Die Bodenpreise stiegen.

Grigori wurde zum Stadtgespräch. »So einen braucht es im russischen Kapitalismus!« hieß es bald überall. Plötzlich wollte jeder mit ihm bekannt sein. Bankdirektoren empfingen ihn persönlich, wenn er sich in der Filiale ankündigte, auf den Ämtern bat man ihn an den langen Schlangen der Bittsteller vorbei. Als man in dem Forschungsinstitut, in dem er als Ingenieur arbeitete, auch noch sein Geschick im Umgang mit Zahlen und Bilanzen bemerkte, wurde er ins Management berufen. Schon bald hatte er den ersten Auslandsauftrag für das Institut beschafft und einen Investor gefunden, der auf Grundstücken des Instituts Eigentumswohnungen für Wissenschaftler bauen ließ.

Heute nennt Grigori, der noch vor ein paar Jahren mit seiner Frau und den drei Kindern in einer winzigen Wohnung in der »nischnaja sona«, der »unteren Zone«, gehaust hatte, die so baufällig und trist ist wie die meisten Vorstädte in Sibirien, eine riesige Eigentumswohnung in der Innenstadt sein eigen und ein Sommerhaus mit Bootssteg, italienischer Einbauküche und Grohe-Armaturen im Bad.

All das ahnte ich natürlich nicht, als wir uns per E-Mail miteinander bekannt gemacht hatten. Das einzige, was mir aufgefallen war, war Grigoris selbstbewußter Tonfall und seine Großzügigkeit in dem, was er mir versprach: Ausflüge mit der Akademie der Wissenschaften ins Altaigebirge, Baikaltörns mit dem Schiff des Limnologischen Forschungsinstitutes Irkutsk, Interviewtermine mit hochrangigen Wissenschaftlern und Geschäftsleuten. Der Mann, so dachte ich mir, muß Einfluß haben.

Zum Flughafen ist er mit Chauffeur und Dienst-Wolga gekommen, dem »russischen Mercedes«, der in der Sowjetunion als Auto der Nomenklatura galt. Schweigend steuert der Chauffeur den Wagen durch die Industriebezirke von Nowosibirsk, die an Bitterfeld kurz nach der Wende erinnern: Bröselige Fabrikgebäude, rostige Rohre, aus denen eine grelle Flüssigkeit auf den Boden tropft, dazwischen geduckt die Wohnblocks der Arbeiter. Ein paar Kilometer weiter werden die Blocks von Holzhäusern abgelöst, zwischen denen alte Frauen mit schlaff herabhängenden Einkaufsnetzen über die Lehmwege huschen. Bretterzäune, Werkstätten, ein Straßenkiosk, dann wieder ein Werk mit rauchenden Schornsteinen, eine langsam vor dem Autofenster dahinziehende Kulisse, über die die Morgensonne einen weichen Schimmer gelegt hat. Es ist ein Licht, das die Konturen aufweicht, sie mehr und mehr verschwimmen läßt, bis sich die Tristesse in Melancholie verwandelt hat; eine sehnsüchtige Melancholie, die mich anrührt wie ein unerwarteter Kuß.

Wir fahren in den anbrechenden Tag. Die Fabriken weichen hell verputzten, vierstöckigen Wohnblocks, die Holzhäuser neonbeleuchteten Supermärkten. Dann wird der Wald neben der Straße dichter, die Straße schmaler, und schließlich sind wir da: im Zentrum von Akademgorodok, der Akademikerenklave, die zum Oblast Nowosibirsk gehört und die Nikita Chruschtschow Ende der fünfziger Jahre in die Taiga pflanzen ließ, damit die besten Forscher des Landes sorgen- und ablenkungsfrei den Ruhm der Sowjet-Wissenschaft mehren konnten.

Akademgorodok sei die schönste Stadt Sibiriens, meint Grigori. »Hier hat man Natur, gesunde Luft und Abgeschiedenheit. Und trotzdem kommt man mit der Welt in Berührung, wenn sich hier mehrmals im Jahr Wissenschaftler aus aller Welt zu Konferenzen versammeln.« Und auch sonst habe Akademgorodok alles, was man sich wünschen könne. Die Straßen seien gut, die Läden voll, und in letzter Zeit würden immer mehr Unternehmen gegründet: Internetagenturen, Technologiefirmen, Restaurants, Supermärkte und Banken.

Grigori hat recht: Es ist schön in Akademgorodok, eine Kleinstadtidylle wie auf alten Rußland-Postkarten: Birken, Sandwege, Wiesen mit kniehohem Gras, aus dem die Wohnhäuser, die Institute und Forschungszentren aufragen, als hätte sie jemand mitten in der überbordenden Natur abgestellt und dann vergessen. Am Morskoj Prospekt hat ein Kwas-Händler seinen Tankwagen aufgebaut, aus dem er das säuerlich-braune Erfrischungsgetränk zapft, das ein bißchen wie »Root-Bier« schmeckt und zum sibirischen Sommer gehört wie die Mücken und die unglaublich kurzen Miniröcke der Mädchen. Die Wiesen dampfen, es ist still. Nur ab und zu übertönt ein Pirol das Motorengeräusch des Wolgas, der durch die leeren Straßen brummt.

Doch es ist eine Idylle des ersten Blicks. Der zweite zeigt eine schnell gealterte Stadt, die nicht mehr weiß, wer sie ist und wer sie sein will in dieser Zukunft, die mir Grigori, der Optimist, in so rosigen Farben ausmalt. Zwischen den welken Fassaden hat sich der Kapitalismus eingenistet wie ein Virus, der nach und nach die ganze Stadt infiziert, ihre Gestalt verändert und ihre Menschen. Es ist nicht mehr die Wissenschaft, die den Rhythmus des Lebens bestimmt, sondern die Wirtschaft, in einem stetig schneller werdenden Takt, und die, die dem Tempo der Veränderungen nicht standhalten können, taumeln schwindelig und verwirrt durch die neue Zeit.

Die Forschungsinstitute, deren Waschbetonfassaden vom Winterfrost zernagt sind, kämpfen einen zähen Kampf um Geld aus Moskau und Aufträge aus dem Ausland, wohin eine ganze Generation von Wissenschaftlern in den letzten Jahren abgewandert ist. »Brain drain« heißt diese Abwanderungsbewegung in Amerika, das mehr als achtzig Prozent von ihnen angesogen hat mit seinen fünfstelligen Dollargehältern und der Verheißung eines bequemen, geregelten Lebens.

Vor den neuen Supermärkten, in denen von Nestlé-Schokolade über Barilla-Nudeln bis hin zu 14-Euro-Bordeaux alles zu haben ist, was das Konsumentenherz begehrt, haben Babuschkas Klapptische mit ihrer Datscha- Ernte aufgebaut: Tomaten, Gurken, Zwiebeln, Kopfsalat und Petersilie für fünfzig Rubel, die im Supermarkt kaum für eine Packung Kaugummi reichen würden. Acht, zehn Stunden verbringen sie tagein, tagaus auf der Straße, um ihre Rente aufzubessern. Die staatlichen Pensionen – im Durchschnitt umgerechnet sechzig Euro – reichen nicht einmal für eine bescheidene Wohnung und drei Mahlzeiten am Tag. Denn die Lebensmittelpreise in den Geschäften haben sich in den letzten Jahren verdreifacht, ebenso die Mietpreise in den mittlerweile privatisierten Wohnblocks.

In die ersten und zweiten Etagen der Innenstadthäuser sind Geschäfte eingezogen, Haushaltwarenläden und Schnellrestaurants, die nur der findet, der auf die bunten Holztafeln achtet, die an den Hausmauern hängen. »Gartenbedarf« steht da in kyrillischen Buchstaben, »Computer-Shop« oder schlicht »Ferienreisen«.

»Früher war alles berechenbar. Man wußte, was einen erwartete«, sagt eine der Babuschkas, eine knochige Alte im geblümten Haushaltskittel, der ich einen Strauß Gartenwicken abkaufe. »Weißt du, Mädchen, damals hatten es alle gleich schwer. Heute fahren die Reichen in Westautos über den Lawrentjew-Prospekt, und die Armen sitzen am Straßenrand und verkaufen Gemüse.«

»Die häßliche Fratze des Kapitalismus!« denke ich, weil mir das immer einfällt in solchen Momenten – ein Reflex aus den frühen Achtzigern, in denen ich mit meinen Klassenkameraden leidenschaftlich gegen ebendiese Fratze protestiert habe: mit Demonstrationen bei Wirtschaftsgipfeln und Kaffeekäufen im Eine-Welt-Laden, mit Jutetaschen, Ernesto-Cardenal-Lektüre und mit Sprüchen in unseren Schulbüchern. »Wann – wenn nicht jetzt? Wer – wenn nicht wir?« kritzelten wir ins Erdkundebuch, »Ami – go home!« in den Dierke-Weltatlas.

Wir waren aufgeschreckt von den Berichten des Club of Rome, wütend über das Wettrüsten der Supermächte und das Armutsgefälle zwischen Nord und Süd. Wir wollten eine grünere, friedlichere, gerechtere Welt – in etwa das, was auch der Kommunismus wollte, den wir insgeheim für das bessere System hielten, ohne je im Osten gewesen zu sein.

Irgendwann in den Neunzigern akzeptierten wir den Kapitalismus als eine Realität, die in den euphorischen New-Economy-Jahren weniger bedrohlich erschien. Über Armutsbekämpfung in der Dritten Welt zu diskutieren war ohnehin nicht mehr en vogue. Die Wiedervereinigung lag hinter uns; wir hatten genug damit zu tun, uns Thüringen und Sachsen anzuschauen, über den Wiederaufbau der Dresdner Frauenkirche zu staunen und uns über den Solidarbeitrag zu ärgern. Denn wir waren inzwischen Rechtsanwälte, Ärzte und Journalisten geworden und zahlten kräftig Steuern.

Nach ein paar Berufsjahren fragte ich mich, ob das alles gewesen sein sollte: die tägliche Routine, die Altbauwohnung mit Dielen, Stuck und Balkon, die ständigen Gedanken an die Rente, die angeblich nicht mehr sicher war. Ich bewarb mich für ein Stipendium in China und sah zu, wie dort Hochhäuser wie Pilze aus dem Boden schossen und doppelstöckige Schnellstraßen Schneisen durch die Wohnquartiere schlugen; sah die Arbeiter in den Fertigungshallen westlicher Sportartikelhersteller wie Roboter rotieren, die Bauern klaglos ihre Dörfer räumen, die einem Staudamm weichen sollten; sah, wie die Nacht in den Städten von Tausenden von Neonreklamen erleuchtet wurde und das Reich des Konfuzius im Bombast ertrank – und dachte: Das also ist sie, die häßliche Fratze des Kapitalismus!

Als ich nach Hause zurückkehrte, waren die Zeitungen voll der China-Euphorie. »Gewaltige Wachstumsraten! Ein Vorbild für Deutschland!« schwärmten Unternehmer. »Ein Land, in dem man große Visionen ausleben kann«, begeisterten sich Architekten. »Ein kommunistischer Staat auf dem Weg in die Demokratie«, lobten Politiker.

Es blieb nicht bei den Schwärmereien. Immer mehr deutsche Unternehmen verlagerten ihre Produktionsstätten in das gelobte Land, die Arbeitslosenquote in Deutschland stieg. In meinem Viertel wurde nur noch von Effizienz, Kompromissen und Anpassungsbereitschaft geredet. Ich mied die Cafés, in denen ich früher ganze Nachmittage verbracht hatte, und schlenderte nur noch selten gelassen durch die Straßen.

Eine unreflektierte Wut auf die Regierung, von der nur noch Worthülsen wie »Kostenexplosion«, »Konkurrenz standhalten!« und »Konsum ankurbeln!« zu hören waren, kochte in mir hoch. »Wachstum, alles dreht sich nur um Wachstum!« fluchte ich innerlich, und in meinem Kopf tauchten plötzlich wieder die Vokabeln auf, die ich so lange vergessen hatte: Verteilungsgerechtigkeit, Nachhaltigkeit, Gemeinsinn. Ich dachte, daß es gut täte, wieder zu demonstrieren. Aber die Demonstrationen, die ich sah, ähnelten alle zu sehr einer großen Love-Parade. Meine Wut wich einer tiefen Trauer, die Trauer wurde zur Apathie.

Ich glaube, es war der Moment, als ich das tanzende Mädchen in der Steppe sah, in dem die Gefühle in mir zurückkehrten. Da war etwas, das sich nicht exakt in Worte fassen ließ, eine Grundschwingung, eine Stimmung, die wie ein Transmitter zwischen der Welt da draußen und dem da drinnen eingeschlossenen Ich zu fungieren schien. Ich glaube, es war die russische Seele, die mich da ins Leben zurückholte – und mich süchtig machte nach diesem Botenstoff, den mein Körper scheinbar noch nicht selbst produzieren konnte. Und wegen dem ich nun im Stadtzentrum von Akademgorodok stand und mir bewußt wurde, daß es eine direkte Verbindung gab zwischen meinen politischen Protestversuchen und jenem Erlebnis in der Steppe: ein Band der Sehnsucht, an dem ich mich entlanghangelte, um nicht willenlos mitgerissen zu werden von den Strudeln der Zeitläufte.

»Was kaufst du an der Straße?« knurrt Grigori, als er meine Gartenwicken sieht. »Es gibt doch richtige Blumenläden hier!« Mich überkommt ein seltsames Gefühl von Fremdheit inmitten dieser so vertrauten Warenwelt, mit meinem kleinen, in eine uralte Prawda eingewickelten Strauß in den Händen und einem Grigori neben mir, der unablässig von den Veränderungen in seiner Stadt schwärmt.

Würde eine Zeitung den Titel des sibirischen »Shopping-Königs« ausloben – Grigori hätte beste Chancen, ihn zu gewinnen. Selten vergeht ein Tag, an dem er nicht mit riesigen Tüten voller Obst, Lachs, Sekt und Pralinenschachteln aus der Stadt in sein Landhaus zurückkehrt; Berge von Lebensmitteln, die seine Frau in einer Kühlkammer verstaut, die so groß ist wie meine Hamburger Küche. »Es ist ein befreiendes Gefühl, mit seiner Arbeit endlich richtig Geld zu verdienen!« sagt Grigori, als er meinen erstaunten Blick sieht. »Das könnt ihr euch in Deutschland gar nicht vorstellen!«

Zu sehen, wie er konsumiert, hemmungslos und leidenschaftlich, widerstrebt am Anfang meiner protestantischen Seele. Später freue ich mich, eine Großpackung Giotto und eine Rolle Pringles in Griffweite zu haben, wenn mich abends die Sehnsucht nach meiner Lieblingsbar in Hamburg überfällt und die einzige Stimme, die ich in meinem Zimmer höre, von einem russischen MTV-Girlie stammt. Mein Zimmer befindet sich in der alten Datscha, einer rustikalen Holzhütte mit Banja, die sich neben das dreistöckige Steinhaus duckt, das sich Grigori vor ein paar Jahren auf das Datschengrundstück am See bauen ließ.

Doch Grigori genießt nicht allein. Er teilt sein Geld mit einer selbstverständlichen, grenzenlosen Freigebigkeit. Dem Sohn ehemaliger Kolchose-Bauern, der ihm beim Hausbau geholfen hat, zahlt er ein Architekturstudium. Seine Arbeitskollegen, die von ihren Wissenschaftlergehältern mehr schlecht als recht über die Runden kommen, lädt er regelmäßig zum Essen ein. Und ich darf ihm keinen einzigen Euro für Unterkunft und Essen geben. »Wenn man jung ist, hat man immer Geldsorgen«, sagt er. »Und du hast dazu noch nicht mal einen Ehemann, der dich unterstützt.«

Gern würde ich mich länger mit Grigori über Ehemänner, Häuser und seine Arbeit unterhalten. Aber Grigori kann nicht lange stillsitzen. Seit seiner Beförderung lebt er wie unter Strom. Er telefoniert mit zwei Hörern am Ohr, in die er abwechselnd Kommandos bellt, er zeichnet im Wimpernschlag-Tempo Rechnungen ab und tippt wie eine Maschine E-Mails. »Dawaj«, befiehlt er im Tonfall derjenigen, die zu bestimmen gewohnt sind, sobald ein Mitarbeiter sein Büro mit dem dunklen Holztisch und der riesigen Rußlandkarte an der Wand betritt.

Mit derselben Kommandostimme diktiert er mir meinen Tagesplan, auf russisch, das wie eine Kalaschnikow-Salve aus seinem Mund donnert: »Morgen früh: Treffen im Institut! Danach: Mittagessen bei der Oma, nachmittags Interviews, abends Schwimmen im See.«

Deutsch reden wir nur noch in Ausnahmefällen, denn Grigori haßt es, sich nicht so schnell verständlich machen zu können, wie er es gewohnt ist. Jede Stunde des Tages ist verplant.

Nicht, daß er mich kontrollieren will, überwachen wie die KGB-Verbindungsleute, die sich früher den ausländischen Besuchern an die Fersen geheftet haben. Nein. Grigori macht sich Sorgen. Um meine Sicherheit, meine Gesundheit. Und darum, daß er nicht gastfreundlich genug erscheinen könnte. Denn an Gastgeber werden in Rußland hohe Maßstäbe gelegt. Sie sollen für reichliche Mahlzeiten sorgen, für Unterhaltung und, so scheint es, auch dafür, daß ein Gast niemals sich selbst überlassen bleibt.

Ein Besucher, noch dazu eine Frau, ohne Begleitung in Sibirien – aus Grigoris Sicht unmöglich. Seine fünfundzwanzigjährige, verheiratete Tochter behütet er wie ein Kind, telefoniert ihr hinterher, wenn sie sich nur einen einzigen Tag nicht meldet. »Mädchen, hier kommst du nicht allein zurecht«, brummt er, als ich ihn frage, wie ich am besten Leute kennenlernen und von meiner Datscha in die Stadt kommen könne. Eine Bushaltestelle hatte ich nämlich ebensowenig gesehen wie einen Taxistand. Die Nachbarn kommen nachmittags mit dem Lada, beugen sich stundenlang über ihre Beete und fahren abends zurück, den Kofferraum voller Gemüse. Gespräche am Zaun gibt es selten. Ich komme mir ziemlich einsam vor.

Vier Tage später halte ich es nicht mehr aus. Mit dem viel zu kleinen Fahrrad von Grigoris Tochter mache ich mich auf, eine lange Tour durch wilde Wiesen, vorbei an Bienenstöcken, dem Schießstand der örtlichen Sportschützen, von dem den ganzen Tag Pistolensalven zur Straße herüberdonnern, weiter und weiter durch die drückende Hitze bis ins Zentrum von Akademgorodok. Im »Effes«-Bierzelt neben dem kleinen Einkaufszentrum lerne ich einen blauäugigen Doktoranden kennen, der mich für den Abend ins »New York Pizza« einlädt, *den* In-Treffpunkt der Stadt, in dem es neben Pizza auf Papptellern auch Würstchen und bayerisches Bier gibt. Ich beginne mir vorzustellen, wie der Doktorand dort noch einmal diese wunderbaren Sätze wiederholen würde, mit denen er mich am Mittag angesprochen hatte: »So traurig, Fräulein? Ja, die russische Seele …« Eine Floskel, sicher. Aber sie hat mich plötzlich wieder daran erinnert, daß ich nicht umsonst hier bin. Krampfhaft überlege ich, wie ich am Abend zum »New York Pizza« kommen soll. 13 Kilometer durch die stockdunkle Taiga, mit einem Fahrrad ohne Licht? Unmöglich!

Ich verfluche Sibirien, meine Unterkunft, die Abende, die sich auf der Datscha, am gefühlten Ende der Welt, wie Kaugummi ziehen. In einem unachtsamen Moment erzähle ich Grigori, daß ich in der Stadt verabredet sei und davon, was der Wissenschaftler mir im Bierzelt zugeflüstert hat. »Frauen mit russischer Seele lassen sich fahren«, sagt Grigori daraufhin nur. Eine halbe Stunde später steht der Chauffeur mit dem Wolga vor der Tür.

Leider hat der Doktorand mit den blauen Augen seine Sätze vom Vormittag vergessen. Und leider legt er eine seltsame Scheu an den Tag, als ich in Polohemd und Shorts im »New York Pizza« erscheine. An den Tischen neben uns schäkern Mädchen mit Heidi-Klum-Mähnen und tief ausgeschnittenen Tank-Tops. Ich beginne an meiner Weiblichkeit zu zweifeln. Ich verfluche meine 35 Jahre und mein Dekolleté, das sich allmählich der Schwerkraft ergibt. Der Doktorand schweigt und trinkt in schneller Folge sechs Import-Holsten, stammelt »Good bye« und verschwindet.

»Das war kein Mann für dich«, stellt Grigori um Mitternacht im Garten der Datscha nüchtern fest und stellt dann eine Flasche Wodka auf den Tisch. Der erste Wodka besänftigt meinen Frust. Der vierte macht mich müde. »Dawaj! Ab in die Banja!« befiehlt Grigori. »Es gibt nichts Besseres gegen einen Kater.« Langsam wird er mir sympathisch.

Zehn Minuten lang schwitze ich den Alkohol aus, dann lasse ich mich in mein Kunstlederbett und in einen komatösen Schlaf fallen. Als ich am folgenden Mittag mit brummendem Schädel erwache, ist es so heiß wie in den Tropen.

Nur die Mückenschwärme, die beim ersten Schritt ins Freie mein Gesicht umschwirren, machen mir bewußt, daß ich mich in Sibirien befinde. Sie surren um die Nase, versuchen die Ohreingänge zu entern und kitzeln zum Verrücktwerden.

Länger als zehn Minuten hält man es nicht ungeschützt draußen aus. Sich einfach in einen Liegestuhl zu legen und entspannt zu sonnen – undenkbar. Die Bauern aus dem Nachbardorf tragen Masken mit Moskitonetzen, wenn sie auf dem Feld arbeiten müssen. Nicht umsonst klingt das russische Wort für »Mücken« fast so wie das für Alptraum: »Komary«.

Der Nowosibirsker Sommer beginnt gleich nach dem Ende des Winters. Einen nennenswerten Frühling gibt es nicht. Wenn im Mai die letzten Schneereste weggetaut sind, werden Pelzmäntel und -mützen eingemottet, Schlitten und Schneeketten auf den Speicher verbannt, und dann erwacht das Land. Die Luft riecht nach Gras, Apfelblüten und Grillkohle. Überall werden »Schaschliki« geröstet, mariniertes Schweinefleisch an armlangen Eisenspießen, das neben den Kartoffeln zur Hauptkost der Sibirier zu zählen scheint. Frauen stolzieren auf halsbrecherischen Pfennigabsätzen über die Sandwege, am künstlichen Sandstrand des Ob-Stausees werden Volleyballnetze aufgespannt und Buden mit Plastikdelphinen und Schwimmringen aufgebaut, und in den eilig aus Sonnensegeln und Plastik-Stapelstühlen zusammengestückelten Straßencafés hämmert der neueste Hit von »Gljukosa« aus den Boxen, der russischen Variante von Anastacia. Überhaupt: Wer Disko liebt, wird in Sibirien glücklich werden. An jeder Straßenecke versuchen einem die fliegenden Händler Mix-Tapes der russischen One-Hit-Wonder aufzuschwatzen; schnelle, tanzbare Musik mit euphorisierenden Beats und melancholischen Frauenstimmen.

Ich kaufe mir die »Heißen 20« und muß zugeben: Diese Musik ist sexy, auch wenn die Texte sich auf »Zwischen uns ist Liebe« und »Frauen allein in der großen Stadt« beschränken. »Boff boff boff«, hämmern die Bässe. Ja, diese Musik fördert das Unterleibsdenken; auch wenn man das in Sibirien als Frau besser nicht laut sagen sollte.

Im Garten der Datscha ist es so still wie in einem Klassik-Konzertsaal kurz vor der Aufführung. Nur die Vögel machen sich bemerkbar. Die südländische Sonne läßt die Farben erstrahlen wie auf einem Agfa-Color-Film: das tiefdunkle Blau des Himmels, das satte Grün der Wiesen, das grelle Weiß der Birkenstämme. Der totale, der absolute Sommer! Ich ziehe den einzigen Minirock an, den ich besitze, und fühle mich wie eine halbe Sibirierin. Jedenfalls in diesem Moment.

In den folgenden Tagen merke ich, daß es mit meinem Sibiriertum doch noch nicht besonders weit her ist. Denn ich lerne bei Bekannten von Grigori die russische Gastfreundschaft kennen, mit all ihren Wohltaten und Härten, die sie dem untrainierten westlichen Körper antut. Ein junges Paar hat mich zu einem Fest in seine Wohnung eingeladen. Ein Fest, das in erster Linie aus »krepki napitki« besteht, »Starkgetränken«, wie Wodka, selbstgebranntem Schnaps und Cognac, in zweiter aus mindestens 5000 Kalorien Festnahrung. Das allein ist schon schwer genug zu verdauen.

Erschwerend kommt noch der Umstand hinzu, daß sich am Tisch ausschließlich Männer zuprosten, in einer deftigen, geradezu martialischen Art. Frauen waren an diesem Abend zwar zugegen, aber meistens stumm. Ihre Rolle beschränkte sich auf die von dienstbaren Wesen, die Fisch entschuppten und Wurstplatten mit Petersilie garnierten. Mit den Männern zu trinken, gar mitzudiskutieren über Politik und Geschäfte – das, so erklärt mir eine von ihnen, eine gestandene Gynäkologin mit zwanzig Jahren Ehe-Erfahrung, käme ihr gar nicht in den Sinn. Ganz zu schweigen von Bedauern. »Wenn ich mich unterhalten will, rufe ich eine Freundin an.« – »Es gibt kein größeres Glück im Leben als eine Frau, die einen umsorgt und nie ein böses Wort verliert!« schwärmt ihr Ehemann, ebenfalls Gynäkologe, eigentlich ein äußerst vergeistigter

Mann, den ich in Deutschland in einer Kundalini-Yoga- oder Zen-Meditations-Gruppe vermutet hätte.

Sibirische Ehemänner sind ein Thema für sich. Ich weiß, man sollte nicht verallgemeinern. Deswegen kann ich an dieser Stelle nur von einem befremdlichen Gefühl berichten, das mich gelegentlich in ihrer Gegenwart beschlich. Beim Besuch einer Professoren-Familie erlebte ich, wie sich der Hausherr nach der Arbeit wortlos aufs Sofa fallen ließ, während seine Frau hektisch mit Fett und Pfanne hantierte: »Ein paar Spiegeleier? Butterbrote? Oder soll ich dir schnell ein paar Würstchen braten?« Der Mann brummte träge, daß er in letzter Zeit zugenommen habe. Darauf hastete sie in die Küche, schnippelte Salat, tröstete zwei brüllende Kleinkinder und schaffte es auch noch, ihm zwischendurch ein Light-Bier zu servieren. Bei einem feuchtfröhlichen Abend in einer Banja wurde mir erklärt, daß es die Verhältnisse seien, die die Männer zu dem gemacht hätten, was sie seien. »Das Leben in Sibirien ist unberechenbar«, sagte einer der Schwitzenden, während er mit einer wassergetränkten Birkenrute wedelte. »Wenn da nicht jeder seine Rolle kennt, bricht alles zusammen.«

Sicher – der Alltag hier ist beschwerlicher als in Berlin oder Moskau. Und das nicht allein wegen der endlosen Winter, der gewaltigen Entfernungen und engen Wohnungen. In Zweizimmerwohnungen hausen mitunter zwei oder sogar drei Generationen. Seit Kolchosen und Fabriken geschlossen wurden, vegetieren Millionen ohne Job und staatliche Unterstützung dahin. Selbst wer noch eine Stelle hat, lebt nicht gerade üppig: Ein Wissenschaftler verdient nicht mehr als 150 Euro.

Ohne die Vorräte von der Datscha würden die meisten nicht über den Winter kommen, ohne die Pilze und Beeren aus der Taiga, die um diese Zeit eingeweckt werden – natürlich von den Ehefrauen, die am Abend nach einem langen Arbeitstag noch hinter einer gewaltigen Batterie von Weckgläsern schwitzen, während aus dem Wohnzimmer das sanfte Klirren männlicher Feierabendbiere dringt.

»Daß ihr West-Frauen an allem etwas zu kritisieren habt!« bekomme ich von einem älteren Herrn zu hören, als ich frage, ob seine Frau nicht auch einen Drink verdient hätte. Nein, ich verstehe die sibirischen Ehemänner nicht! Jedenfalls nicht die, die ich in der letzten Woche kennengelernt habe. Wie anders war es doch in Moskau, wo wir stets in gemischter Runde über die Duma, Kindererziehung und den neuesten Lada diskutiert haben!

»Westsibirien ist 3500 Kilometer von Moskau entfernt«, tröstet mich meine Hamburger Russischlehrerin am Telefon, als ich ihr von meinen Erlebnissen erzähle. Es habe Jahrhunderte gedauert, bis zwischen Ural und Pazifik nennenswerte menschliche Ansiedlungen entstanden seien. Eigentlich habe die russische Geschichte dort erst mit dem Bau der Transsibirischen Eisenbahn begonnen. Da sei es doch logisch, daß sich gesellschaftliche Veränderungen erst wesentlich später durchsetzten als im dichtbesiedelten, russischen Westen. »Je weiter man in diesem Land nach Osten kommt, desto mehr Geduld sollte man haben.«

Wodka grenzenlos

»Sieh dich vor! Die Russen trinken wie die Löcher!« hatten mich nicht nur Kollegen und Verwandte gewarnt. Selbst der Barkeeper in der Kneipe um die Ecke, dem promillereiche Abstürze gewiß nichts Fremdes sind, fiel in diesen Chor ein. »Jaja, die Russen sind ein Volk von Trinkern!« entgegnete ich dann immer mit einem süffisanten Lächeln. »Die Schweizer schlafen beim Sprechen ein, und die Franzosen denken an nichts anderes als an ›amour‹, was?«

Doch in Nowosibirsk sollte ich schnell eines Besseren belehrt werden. Bei jeder Einladung gab es Wodka: zum

Miteinander-Warmwerden, zum Auf-die-Freundschaft-Anstoßen, die Frauen und die Liebe, Wodka zum Vergessen des Alltags und gegen die später einsetzende Melancholie. Und schließlich Cognac zum Verdauen all dessen. Bier nahm man höchstens am Nachmittag zu sich, als Limonaden-Ersatz, wenn es besonders heiß war, denn Bier gilt in Sibirien nicht als alkoholisches Getränk. Im Fernsehen, das in Rußland hauptsächlich aus Werbepausen zu bestehen scheint, wird alle zehn Minuten eine andere Biermarke angepriesen, von »Tolsti« (dick) über »Baltica« bis hin zu »Becks«.

Einen richtigen Rausch holt man sich traditionell eher mit »Krepki napitki«, jenen »Starkgetränken«. Mag es auch zwischen Ural und Pazifik Menschen geben, die diese verabscheuen – fest steht: In Sibirien herrscht eine andere Einstellung zum Alkohol. Wer in Sibirien Geschäfte machen oder Freundschaften schließen will, tut gut daran, sich mit seinen Gastgebern erst einmal ordentlich zu betrinken. Denn ein gemeinsamer Rausch gilt in Rußland als vertrauensbildende Maßnahme. Rauschbedingte Verhaltensauffälligkeiten wie Lallen, Schimpfen oder Singen werden ebenso verziehen wie verschlafene Konferenztermine am Morgen danach. Egal, ob dienstlich oder privat – man vertraut eher dem, der sich auch einmal richtig gehenlassen kann, als einem konsequenten Abstinenzler.

Ich habe damit so meine Probleme, denn erstens hasse ich es, mit Kopfschmerzen aufzuwachen, zweitens wird mir spätestens nach vier Wodka schlecht. Und vier Wodka reichen nicht für einen soliden Rausch. Sibirier dagegen, so scheint es mir, denken selten an die Folgen des Alkohols. Sie trinken und feiern und kosten das Heute ohne Kompromisse aus. Bis die Realität sie irgendwann einholt, manchmal sanft, manchmal aber auch traurig und brutal. Warum heute schon an den Arbeitsplatz denken, wenn man mit Freunden im Garten zusammensitzen und trinken kann? Warum nicht das Geld ausgeben, das man gerade verdient hat? Warum sich heute schon

Sorgen um die Zukunft machen, die doch erst morgen beginnt? Diese Einstellung hat mich – zugegebenermaßen – oft beeindruckt. Aber ich kann sie nicht teilen. Dafür steckt mir zu sehr der Protestantismus in den Knochen, mit dem ich aufgewachsen bin, diese Leistungsethik, dieses Verantwortungsgefühl und diese Askese, die einen irgendwann ins Himmelreich befördern sollen. Aber vorher auf Erden erst einmal ordentlich streßt.

Es ist, als ob zwischen uns eine unsichtbare Linie gezogen wäre, zwischen Grigori und den Sibiriern und mir, der Deutschen, die ihr Herz im Kopf zu tragen scheint und die Welt mit dem Verstand betrachtet – einem Verstand, der offensichtlich nicht dazu taugt, dieses Land zu begreifen. Wie hieß es noch in jenem Buch über den russischen Alltag, das ich vor meiner Abreise gelesen habe? »Wir neigen mehr zur Romantik, zum Heldenhaften und langweilen uns dort, wo Realität und Pragmatismus vorherrschen.« Um mich herum genießen alle ihren Rausch. Nur ich bin stocknüchtern.

Mit einem geblümten Bettlaken um den Leib verziehe ich mich in die Banja, die auf so unmenschliche Temperaturen angeheizt ist, daß sich außer mir nur ein einziger Partygast hineingewagt hat: Horst, ein Rußlanddeutscher, der in Bayern lebt und hier in Nowosibirsk wie so viele andere »auf Heimaturlaub« ist, wie er erklärt. Warum komme ich schon wieder mit einem halben Deutschen ins Gespräch, fluche ich innerlich. Ich will doch Russisch lernen und Sibirien besser verstehen! Aber schnell wird mir klar, daß genau dieser Mann meine Chance dazu ist.

Horst ist in einem Dorf in der Nähe von Nowosibirsk aufgewachsen und spricht ein so nuanciertes Deutsch, daß es einem Germanistikdozenten zur Ehre gereichen würde. Er weiß, was Ausländern wie mir in Sibirien seltsam erscheinen muß, und hat eine liebevoll-ironische Distanz zu seiner alten Heimat. Er feixt über das »New York Pizza« an der Straße, die nach dem Elite-Akademiker Lawrentjew benannt ist, lästert über die Trinksprüche, in denen immer noch der Begriff »Internationale Freundschaft« vorkommt, über die großen Hornbrillen der Wissenschaftler und die Mercedes-Versessenheit der neuen Reichen. Gleichzeitig geht von ihm eine seltsame Melancholie aus, die, wie er mir später erzählt, mit dem Verlust ebendieser Heimat zu tun habe.

Eine Melancholie, die mich wie ein zartes Gespinst umfängt, als Horst sich nach einer kleinen Abkühlung im See Grigoris alte Gitarre greift und zu singen beginnt, in einer Weise, die sich mit Worten nur unzulänglich beschreiben läßt. »Byt s toboj rjadom, nitschewo ne nado – Dir nahe zu sein, mehr brauche ich nicht«, singt er mit einer Stimme, in der die Freude, die Trauer und der Schmerz eines ganzen Lebens liegen; eine Stimme mit sehnsuchtsvollem Schmelz und vibrierender Energie.

Ich höre auf zu denken und beginne zu trinken. Die Barriere zwischen mir und den anderen scheint verschwunden. Wir sitzen vor der Datscha, hinter uns die Birken, die so weiß im Mondlicht schimmern, als wären sie mit Kreide vor den Himmel von Nowosibirsk gezeichnet, zu unseren Füßen der silberne Spiegel des Sees, und summen den Refrain mit, während am Horizont langsam der Morgen heraufdämmert: »Nitschewo ne nado.«

Ich will nicht aufstehen am nächsten Tag, bin müde und verkatert, doch Grigori hat schon wieder einen Plan für mich gemacht: Ich soll mit seinem Chauffeur auf die »Basa Otdycha« fahren, die Feriensiedlung seines Instituts am Ufer des Ob-Stausees, eines gewaltigen Wasserreservoirs, das sich 200 Kilometer lang von Nowosibirsk in Richtung mongolische Grenze erstreckt. Ich frage Horst, ob er mich nicht begleiten wolle. Er will.

Die »Basa Otdycha« liegt sechzig Kilometer von Nowosibirsk entfernt in einem Birkenwald: vierzig rot, gelb und grün gestrichene Häuschen, zwei Banjas, eine Kantinenbaracke, ein Tretboot-Verleih und ein Badesteg – eine Hinterlassenschaft aus der Sowjetzeit, in der fast jeder Staatsbetrieb in Sibirien ein Ferienquartier für seine Mitarbeiter unterhielt. Wir passieren eine Schranke, die sich auf ein Nicken von Grigoris Fahrer hin öffnet, fahren über einen Sandweg und suchen nach der größten Hütte, denn wir sind, dank Grigoris Einfluß, so etwas wie Ehrengäste, die mit einer Flasche moldawischen Rotweins empfangen werden.

Auf dem Volleyball-Platz in der Mitte des Camps baggern sich ein paar Jungen in Trainingshosen einen Ball zu, auf dem Bademeisterturm wachen zwei weibliche Bay-Watcher über den einzigen Schwimmer, der sich mit einem Kopfsprung ins trübe Wasser des Ob stürzt. Es ist kalt, ein strammer Wind aus dem Westen treibt kleine Schaumkrönchen über die Wasseroberfläche. Dann beginnt es auch noch zu regnen, wie Donner prasseln die Tropfen auf das Blechdach unserer Unterkunft, deren Betten klamm sind vor Feuchtigkeit.

Ich bin froh, daß Horst bei mir ist und ich jemanden zum Reden habe. Ich bin froh, daß er in der Kantine – was ich in Sibirien bisher nie gewagt habe – höflich die Fleischberge zurückweist, die man uns vorsetzt, und mit mir statt dessen Pilze sammeln geht im Wald, in Regenjacke und Turnschuhen und mit einem scharfen Messer ausgestattet, das er in der Küche mitgehen lassen hat.

Als wir im Unterholz auf die ersten braunen Kappen stoßen, fällt uns auf, daß wir die obligatorische Plastiktüte vergessen haben, die jeder Russe um diese Zeit bei sich hat, wenn er durch den Wald wandert. Ich reiche Horst meinen Regenhut. »Der reicht gerade für die Vorspeise«, sagt er und deutet auf die Pilze, die bei diesem Wetter reichlich sprießen, diesem »Gribnoj doschd«, Pilzregen.

Die russische Sprache kennt wohl ein Dutzend Wortschöpfungen, die mit Pilzen zu tun haben. Müßte man ein Symbol wählen für Rußland, etwa wie es die Eiche für Deutschland ist, so müßte man wohl den Pilz nehmen. Denn kaum ein

Gewächs paßt besser zu diesem Land: Pilze sind genügsam, trotzen auch den härtesten Witterungsbedingungen und lassen sich auf vielfältigste Weise zubereiten: Frisch mit Speck und Zwiebeln angebraten, als Omelett, mariniert und in riesigen Weckgläsern gelagert für den Winter.

Pilze sammeln ist so etwas wie ein Volkssport in Sibirien. Im Sommer schlagen sich ganze Heerscharen von Sammlern mit großen Hüten oder Kapuzen auf dem Kopf durch die Wälder. Die dienen nicht allein als Wetter-, sondern vor allem dem Schutz gegen die Zecken, die, wie Horst anmerkt, mehr Menschen auf dem Gewissen hätten als die Giftpilze, die man hier schon als Kind von den eßbaren zu unterscheiden lernt. An jedem Waldsaum in Siedlungsnähe sind die roten Warnschilder zu finden: »Achtung, Zecken! Borreliosegefahr!«

Die meisten Pilzsammler sammeln nicht für sich allein, sondern verkaufen die Pilze an den Überlandstraßen. An der Straße zwischen Nowosibirsk und Kemerowo warten Hunderte von Verkäufern hinter hoch aufgetürmten Pilzbergen auf Kunden. Gelegentlich stoppt ein Auto, Rubelscheine werden gezückt und Kofferräume mit Körben gefüllt. Ganze Dörfer leben von diesen Straßenkunden, denn auf dem Land gibt es außer Pilzen, Beeren und Gartengemüse kaum Verdienstmöglichkeiten. Die Kolchosen sind aufgelöst, Maschinen rosten vor verfallenen Scheunen, Felder liegen brach. Auch die Kulturhäuser sind geschlossen, die Handwerksbetriebe und Postämter ebenfalls. Nur die »Magasiny« florieren noch, die Dorfläden, in denen Bier und selbstgebrannter Wodka verkauft wird.

Es regnet noch immer, als wir mit dem Hut voller Pilze wieder in der »Basa Otdycha« eintreffen. Unser Häuschen ist dunkel, das Licht funktioniert nur in der Küche. Es gibt weder einen Fernseher, weder Radio noch Bücher oder Zeitschriften, nichts, um von der trüben Stimmung abzulenken, die uns befallen hat. Horst sitzt gedankenverloren am Tisch vor einer Tasse Tee.

»Woran denkst du?« frage ich.

Horst schweigt minutenlang, als suche er in seinem Kopf nach Worten, und beginnt dann zu erzählen: von seiner Jugend in dem Dorf, in das seine Eltern am Ende des Krieges verschleppt worden waren. Er sprach russisch mit den Kindern des Dorfes, verbrachte die Sommer im Pionierlager und dachte, daß ihn nichts von den anderen unterscheide – bis ihm jemand auf der Straße nachrief: »Verschwinde, deutscher Faschist!« Da wußte er, daß es nicht reichte, wie ein Russe unter Russen zu leben.

Er bewarb sich um einen Studienplatz in Nowosibirsk, legte sein Ingenieursdiplom ab und bekam eine Stelle bei dem Forschungsinstitut in Akademgorodok, wo er in Grigori einen Freund fand. Doch das Gefühl, anders zu sein, blieb. Als Westdeutschland in den achtziger Jahren seine Tore für Rußlanddeutsche öffnete, überlegte er lange, ob er auswandern sollte, dachte an seinen Job, der ihn stolz machte, an die Kollegen, aber auch an das Zimmer in der »Kommunalka«, der Gemeinschaftswohnung, in der er jahrelang mit seiner Familie zwischen Alkoholikern und psychisch Kranken gehaust hatte, an die leeren Geschäfte und die Zukunft seiner Kinder. Als er schließlich seinem Chef die Ausreisepapiere vorlegte, stellte der nur eine einzige Frage: »Meinst du, daß du in Deutschland glücklicher wirst?«

Horst verließ das Land seiner Geburt, in dem er trotz Paß mit Hammer und Sichel immer ein Deutscher geblieben war. In dem bayerischen Dorf, in dem seiner Familie ein Platz in einem Übergangswohnheim zugewiesen wurde, sah man in ihm plötzlich den Russen, der er in Sibirien nie sein durfte. Die Nachbarn grüßten höflich, plauderten über das Wetter und die Ernte. Persönliche Gespräche gab es nicht.

Horst blieb Außenseiter. Denn er konnte weder mitreden bei ihren Fachsimpeleien über Mähdrescher, die es damals in seinem Dorf in Sibirien noch nicht gab, noch auf den Dorffesten in Erinnerungen mitschwelgen, die er nicht teilte: Jugenderinnerungen an die erste Camel-Zigarette am Baggersee, die erste Liebesnacht auf dem Rücksitz des VW-Käfer, an die Frigeo-Brause vom Schulbüdchen oder die Flasche Kölnisch Wasser auf der Badezimmerablage der Großeltern. »Da habe ich gemerkt«, sagt er, »daß mir dreißig Jahre deutscher Alltag fehlten, um wirklich dazuzugehören.«

Er zog sich zurück, nahm abends nach der Arbeit seine Gitarre und sang die Lieder *seiner* Jugend, Wladimir Wyssozkis »Lied vom Freund«, Bulat Okudshawas »Ballade über mein Leben«, Wladimir Lancbergs »Ich weiß nicht, was ich machen soll«, leise, hinter zugezogenen Jalousien, damit ihn keiner der Nachbarn hörte, bei denen den ganzen Tag deutsche Schlager aus dem Radio schallten. »In Deutschland singt keiner einfach so«, sagt er traurig. »Mit scheint es fast, als ob sich die Deutschen ihrer Stimme schämen.«

Nein, Horst, denke ich, *ich* schäme mich nicht. In dieser Hinsicht bin ich – wie soll ich sagen – abgehärtet. Ich habe schließlich schon als Mädchen bei den »Westfälischen Nachtigallen« gesungen, die auf ihren Konzerten in Bottrop, Gelsenkirchen oder Hamm Lieder vorgetragen haben, die weder poetisch-zart wie die von Okudshawa noch melancholisch wie die von Wladimir Lancberg waren; Lieder, die allen Anlaß zur Peinlichkeit boten: »Schwarzbraun ist die Haselnuß« beispielsweise, »Turner, auf zum Streite«, oder, noch schlimmer, dieses Lied, das sich auf ewig in mein Gedächtnis gegraben hat: »Wie bist du schön, Westfalenland / ein Schrein gefüllt bis an den Rand / mit Korn und Kohle, Stahl und Erz« – die Westfalenhymne, die für mich heute noch den Muff von Mehrzweckhallen voll bierseliger Rentner heraufbeschwört, die wir damals mit Mittelscheitel und weißer Bluse in Verzückung versetzt haben. Deshalb fällt es mir jetzt auch nicht besonders schwer, einfach loszusingen, anzusingen gegen den Regen, die Kälte und die Melancholie in dieser dunklen Hütte am Ob.

Zweistimmig und ohne Gitarre singen wir russische Liebeslieder, die so traurig sind, daß ich zwischen den Zeilen schlucken muß. Denn in diesen Liedern ist die Hoffnung stets vergeblich, nach der Liebe folgt der Verrat, und in meinem Lieblingssong, der Titelmelodie des Silvester-Filmklassikers »Ironie des Schicksals«, heiratet ein Mann gar die Verlobte seines besten Freundes, den er über seinen Liebeskummer hinwegtrösten wollte. Aber all das wird in einem so melodischen Moll intoniert, so poetisch bedichtet, daß man glauben könnte, echte Liebe müsse immer mit tiefem Schmerz einhergehen, dem Taumel müsse immer der Fall folgen und der Erfüllung der Tod.

In mir dreht sich ein Gefühlskarussell. Mal verfluche ich den Regen, diese Hütte, diese ganze graue Welt östlich des 55. Breitengrades, mal möchte ich mit alldem verschmelzen und es nie wieder loslassen. Das, denke ich, ist der russische Rock 'n' Roll. Doch irgendwann fallen mir keine russischen Lieder mehr ein, und ich versuche, Horst ein englisches beizubringen. »Ich kann kein Englisch«, sagt er nur. So hole ich meinen Walkman aus dem Rucksack und stöpsle einen zweiten Kopfhörer an. »Deep in my heart / safe from the guards / of intellect and reason«, ein Tracy-Chapman-Song, den mir einmal ein Mitglied aus einer K-Gruppe beigebracht hat, nachdem er mir erklärt hatte, wie man leben solle. Ich gieße Wodka in Horsts inzwischen geleerte Teetasse. Er nippt und sieht mich lange an. »Mädchen«, sagt er, »manchmal singen die Deutschen doch einfach so.«

Es hört nicht auf zu regnen. Die »Basa Otdycha« wird zu einer Art Verbannungsort, an dem wir russisch-duldsam noch zwei weitere Tage fröstelnd ausharren. Dann ruft Horst den Chauffeur an, der drei Stunden später mit dem Wolga an der Schranke steht. Durch Felder, Wiesen und ausgestorbene Dörfer geht es zurück in den Landkreis Nowosibirsk. Zurück auf Grigoris Datscha.

Dort verändert sich Horst. Er sitzt stundenlang auf einem Stuhl auf der Wiese und grübelt, ohne die Mücken wahrzunehmen, die ihn in immer dichteren Wolken umschwirren. Als er sich schließlich doch von Grigori zu einem Gespräch verleiten läßt, klingt jeder seiner Sätze wie eine Selbstanklage. »*Du* hast dich damals richtig entschieden, Grigori, du bist geblieben«, sagt er, und: »Es hätte keinen Sinn gehabt zu bleiben, ich hätte es auch hier nicht geschafft. Man braucht hier keine Grübler wie mich.«

»Horst, geht es dir nicht gut in Deutschland?« fragt Grigori, ernsthaft besorgt. Er legt die Stirn in Falten und wippt unruhig auf seinem Plastikstuhl. »Willst du zurück? Soll ich dir helfen, hier einen Job zu finden?«

»Nein, ich will nicht zurück«, murmelt Horst. »Ich erkenne hier nichts mehr wieder. Alles ist so fremd. Auch du bist fremd geworden. Danke für die Gastfreundschaft, aber ich glaube, ich werde mich heute abend verabschieden.«

Am nächsten Morgen zieht Horst mit seiner kleinen Reisetasche und einem Jutebeutel mit Lebensmitteln, die Grigoris Frau eilig aus ihrer Kühlkammer zusammengesucht hat, in die Stadt, in eine Gästewohnung von Grigoris Arbeitgeber. Ich ziehe mit, froh, Grigoris Fürsorge für ein paar Tage entrinnen zu können und mit Horst zusammen zu sein, der sich – ähnlich wie ich – auch an dieses Sibirien erst wieder herantasten muß.

Wir kochen zusammen Kartoffeln in dem einzigen Topf, der in der Küche zu finden ist, schauen uns alte Sowjetfilme im Fernsehen an und liegen zusammen auf dem geblümten Klappsofa, das im Wohnzimmer vor der Siebziger-Jahre-Rautentapete steht.

Ich kann nicht einschlafen, weil mir die Geräusche der Stadt nach den stillen Nächten auf der Datscha so unerträglich in den Ohren hallen, und weil Horst murmelt und seufzt im Traum. Doch als ihn Grigoris Chauffeur zum Flughafen bringt, sehne ich mich zurück nach diesen schlaflosen Stunden.

Nein, Horst, ich will dich nicht vermissen, nehme ich mir vor, als ich mir ganz allein im »Effes«-Bierzelt einen Wodka genehmige, mittags um zwei, während die Schulkinder auf dem Bürgersteig vorbeilaufen. Ja, in der Tat: Alkohol in Sibirien ist ein völlig anderes Thema als in Deutschland, wo ich wahrscheinlich einen grünen Tee bestellt hätte. Ich jedenfalls habe meinen Frieden gemacht mit den »krepki napitki«, kann ihre Wirkung jetzt sogar schätzen. Denn sie versetzen einen in einen viel sanfteren Rausch als Bier oder Wein; der Körper fühlt sich leichter an, die Zunge lockerer. Nein, ich will mich nicht betrinken, nicht mengenmäßig mithalten können mit den wahrscheinlich jahrzehntelang trainierten Männern, die mir vom Tisch nebenan zuprosten. Ich will nur eins in diesem Moment: vergessen, daß ich traurig bin.

Ein Toast auf das Atomforschungsinstitut

Ich bin wieder in die Datschensiedlung gezogen, zurück zu Grigori und seiner Familie, zurück in das Zimmer mit Ausblick auf Gemüsebeete und Birkenwälder. Es ist Freitagnachmittag, und es regnet, zum ersten Mal seit meiner Ankunft. Grigori will mich zu einer Feier in seinem Institut mitnehmen. Ein offizieller Termin – ich solle doch besser ein Abendkleid anziehen, murmelt er mit einem Blick auf meine Shorts, in denen ich auf der Terrasse am See sitze. Ein einziges Kleid habe ich in meinem Gepäck, und das ist zum Glück schwarz. Ich beginne mich für den Abend zurechtzumachen. Schon wieder kein warmes Wasser auf der Datscha! Und vor der Tür hupt schon der Chauffeur. Grigori wartet bereits in Anzug und handtellerbreiter Siebziger-Jahre-Krawatte im Wolga. Seine Frau klopft an mein Fenster. Ich erkenne sie, die ich bisher nur in Ballonseidenhose im Garten herumwerkeln gesehen habe, kaum wieder: Glencheck-Kostüm, Schlangenleder-Pumps, karminrote Lippen und grüner Lidschatten über dichten Hollywood-Wimpern – ein beinahe divenhafter Auftritt!

Zwanzig Minuten später schreiten sie und ich an Grigoris Arm die Treppen zum Festsaal des Institutes hinauf. Ein 47jähriger Kollege feiert seinen Doktortitel. Zuerst denke ich, daß er ein bißchen spät dran sei mit dem Promovieren. Doch dann erfahre ich, daß ein russischer Doktortitel nicht mit einem deutschen zu vergleichen ist. Hier entspricht die Promotion vom Rang her eher einer deutschen Habilitation und erfordert jahre-, oft jahrzehntelange Forschungsarbeit.

Nur noch wenige Wissenschaftler in Sibirien unterziehen sich solchen Mühen, denn akademische Titel zahlen sich im neuen Rußland kaum aus. Auch Promovierte verdienen selten mehr als umgerechnet 150 Euro im Monat. Wer mehr verdienen will, wechselt in die freie Wirtschaft oder ins Ausland – was ein Großteil der jüngeren Wissenschaftler auch getan hat. Die wenigen, die ausgeharrt haben, verbindet ein beinahe sentimentaler Stolz auf die hochgerühmte Wissenschaftsnation, deren Speerspitze einst die Forschungsinstitute in Akademgorodok waren.

Das russische Wort »Gorodok« bedeutet »kleine Stadt«. Ein Wort mit einer negativen Konnotation, denn »Kleinstadt« wird im zentralistischen Rußland üblicherweise mit Rückständigkeit gleichgesetzt. Bis heute schauen die Moskauer und die Petersburger auf alles herab, was außerhalb ihrer Metropolen liegt. Außer auf die 90000-Einwohner-Stadt Akademgorodok, die lange als das intellektuelle Zentrum, als das Gehirn Rußlands galt. Eine Zentrale, die sich nicht langsam, über Jahrhunderte hinweg entwickelt hat wie die meisten europäischen Universitätsstädte, sondern auf dem Reißbrett entworfen wurde – ein Ergebnis der Planwirtschaft, die nicht nur festlegte, wo Radiogeräte und Panzer produziert wurden, sondern auch, wo und woran Wissenschaftler forschen durften.

Am 18. Mai 1957 beschloß die Chruschtschow-Regierung, eine sibirische Dependance der ehrwürdigen Akademie der

Wissenschaften zu gründen und bei Nowosibirsk eine Stadt errichten zu lassen, in der Forscher in Ruhe und sauberer Luft den Ruhm der sowjetischen Wissenschaften mehren konnten. Gründungsvater des Projektes war Michail Lawrentjew, ein Visionär, der mit dem »Kästchendenken« der Wissenschaft Schluß machen wollte. Die Wissenschaft von morgen, so glaubte er, sei interdisziplinär. Geologen sollten mit Biologen zusammenarbeiten, Chemiker mit Physikern, Mathematiker mit Elektrotechnikern und Ingenieuren, um neue Methoden und Maschinen, Formeln und Ideen zu entwikkeln. Diesen Ansatz verwirklichte er in Akademgorodok. Die Institute lagen dicht beieinander, in den Labors forschten Wissenschaftler verschiedenster Disziplinen gemeinsam.

Die Stadt, ein Kunstgebilde mit rechtwinklig verlaufenden Straßen, quaderförmigen Wohnblocks und grauen, langgestreckten Institutsgebäuden, entsprach mit ihren breiten Grünflächen und Baumgruppen zwischen den Häusern dem Ideal europäischer Gartenstädte, das da lautete: »Licht und Raum für die freie Entwicklung des Menschen« – eine Entwicklung, die in Akademgorodok allerdings unausgesprochen die Erziehung zu einem »echten« Sowjetmenschen bedeutete.

Angelockt von modern ausgestatteten Labors, komfortablen Wohnungen und respektablen Gehältern, machten sich Tausende von Wissenschaftlern aus den Großstädten Zentralrußlands auf in die sibirische Provinz. Ihnen folgten Studenten aus dem ganzen Land, die an den acht Fakultäten der »Staatlichen Universität Nowosibirsk« auf akademische Spitzenpositionen vorbereitet wurden.

Heute sind immer noch 4000 an der Uni eingeschrieben. Doch die meisten von ihnen verlassen die Stadt, sobald sie ihr Diplom in der Tasche haben. Denn es gibt kaum Arbeitsplätze in der Region. Die Institute kämpfen um Zuwendungen aus Moskau, die nur noch spärlich fließen. Der Etat von Grigoris Institut besteht nur noch zu dreißig Prozent aus Staatsmitteln. Der Rest muß privat erwirtschaftet werden, mit der Entwicklung neuer Technologien und mit Auftragsstudien, was – nicht zuletzt dank Grigoris Geschäftstüchtigkeit und Verhandlungsgeschick – leidlich funktioniert. Aufträge aus Japan, Korea, China, Kanada, von der Internationalen Atomenergiebehörde in Genf – Grigoris Unterschriftenmappe ist dick wie ein Harry-Potter-Band. Gerade ist der Vertrag mit einem Konzern unterschriftsreif geworden, der eine Anlage bestellt hat, die Getreidelieferungen in chinesischen Häfen von Insekten befreien soll. Die gesamte Führungsriege des Institutes spricht inzwischen englisch.

Ob sie auch mit Waffenforschung zu tun gehabt hätten, frage ich einen der Festgäste, der neben mir auf den Beginn der Festrede des Institutsdirektors wartet. Er antwortet verärgert, »Nuklearphysik« hieße nicht, daß sie sich mit Atombombenbau beschäftigten. Daß der Name »Institut für Atomphysik« solche Phantasien geriere, hänge wohl mit dem Kalten Krieg zusammen. Ein Forschungszentrum in einer für Ausländer kaum zugänglichen Stadt in Sibirien – das habe im Westen wildeste Spekulationen ausgelöst. Aber der Kalte Krieg sei zu Ende, ich gehöre doch einer neuen Generation an. »Warum haben Sie immer noch die alten Vorurteile?«

Zugegeben, ich habe wirklich an den Kalten Krieg gedacht, als wir eben die Bildergalerie im ersten Stock des Instituts passierten, eine lange Reihe mit Fotografien der »Helden des Großen Vaterländischen Krieges« – Institutsmitarbeiter, die im Zweiten Weltkrieg »gegen den Imperialismus« gekämpft haben und deren Konterfeis, mit kühnem Blick und ordenbehängter Brust, nun an der Wand neben dem Treppenaufgang hängen. Vielleicht ist auch in Deutschland schon die Phantasie mit mir durchgegangen, als mich der FedEx-Bote, der mir die Einladung des Instituts überbracht hat, so verängstigt angesehen hat.

Aber ich habe recherchiert. Ich habe deutsche Physiker befragt, ihre Kollegen aus Moskau und mich bei der Internationalen Atomenergiebehörde erkundigt. Ich weiß jetzt, daß hier weder Atombomben für Nordkorea konstruiert werden noch Dual-Use-Gerätschaften für den Nahen Osten. Ich glaube, daß es hier um die friedlichen Aspekte der Kernenergie geht, auch wenn ich Physik schon in der elften Klasse abgewählt habe und mir das Wort »Atom« immer einen leichten Schauer über den Rücken jagt.

Aber ich habe keine Zeit mehr, dies meinem Nachbarn zu erklären, denn ich werde plötzlich aufgefordert, mich auf das Podium zu begeben und eine Rede zu halten. Auf russisch. Eine Rede, die, wie ich es von früheren Aufenthalten in Rußland kenne, möglichst blumig von Völkerfreundschaft, der Ehre, Gast einer ehrwürdigen Institution sein zu dürfen, und den Chancen der neuen Offenheit erzählen sollte. Wovor mir jetzt schon graut, denn solche Vokabeln waren in meinem Russisch-Sprachkurs in Deutschland leider nicht Teil des Kolloquiums.

Ich rette mich mit einer halb russischen, halb englischen Ansprache, in der ich – oh, wie peinlich ist mir dies im nachhinein – von der russischen Seele erzähle und meinen Bemühungen, diese zu finden. »No problem. Just stay with us!« ruft einer der Zuhörer und klopft mir auf die Schulter, als ich von der Rednertribüne steige.

Der Schulterklopfer ist offensichtlich eine Berühmtheit, denn um uns schart sich sofort eine Menschenmenge. »Das ist einer unserer akademischen Spitzenleute«, flüstert mir Grigori zu. »Putin hat ihn sogar in seinen Beraterstab geholt!« Als er den Namen nennt, bin ich für einen Moment sprachlos.

»Dieser Mann ist *der* berühmte Krugljakow? Der, der im *Spiegel* als Held im Kampf gegen den Aberglauben in Rußland gefeiert worden ist?«

Krugljakow, ein berühmter Physiker, war schon zu Sowjetzeiten als kritischer Geist bekannt. Nicht nur, daß er seinen Mitarbeitern große Freiheit bei ihren Forschungen einräumte – er sorgte auch dafür, daß, wie mir einer dieser Mitarbeiter erzählt, »Probleme offen ausgesprochen wurden«.

Auch solche mit dem System. Doch in den Wirren der postsowjetischen Zeit mußte Krugljakow, der, wie es hieß, fest »an die Befreiung des menschlichen Geistes durch die Wissenschaften« glaubte, miterleben, wie dubiose Esoteriker vor riesigen Menschenmengen ihre Heilslehren verbreiteten. Auftritte, die den Massenpredigten amerikanischer Evangelisten glichen: Mit pathetischer Rhetorik warnten sie vor »dem drohenden Untergang Rußlands« und mahnten zur Rückbesinnung auf die »alten Tugenden«: Genügsamkeit, Gemeinsinn und antimaterialistisches Denken, und scharten die Verunsicherten und Ratlosen um sich, die sich im neuen Rußland nicht zurechtfanden.

Im neuen Rußland, in dem kaum jemand noch dem Kreml zutraute, die Probleme des Landes zu lösen: den Sturz des Rubels ins Bodenlose, die bedrohliche Ausmaße annehmende Korruption, den Unabhängigkeitskrieg der Tschetschenen, aus dem Tausende junger Soldaten in Zinksärgen zurückkehrten.

Vielleicht hatte auch der Kreml selbst den Glauben daran verloren. Jedenfalls bat Präsident Boris Jelzin eines Tages eine Wahrsagerin, ihm zu erklären, warum Rußland sich so schwer tue mit dem neuen System. Das empörte Krugljakow so, daß er sich mit einem *Spiegel*-Reporter traf und ihm in den Block diktierte, daß er sich für russische »Leichtgläubigkeit und Übersinnlichkeitswahn« schäme.

Die Umstehenden erheben ihr Glas zu einem Toast auf ihn, auf das Institut, in dem die Atmosphäre der glorreichen Anfangsjahre der Forscherenklave perfekt konserviert scheint: Ornamentverzierte Wände mit Spruchbändern in den Fluren, ausladende Sechziger-Jahre-Polstermöbel und dunkle Holzregale in den Büros, Männer mit großen Hornbrillen, die mit Akten unter dem Arm durch die Gänge schlurfen, schlechtgelaunte Sekretärinnen, die sich am Schreibtisch die Fingernägel lackieren, der Geruch von Bohnerwachs und staubigen Büchern in der Luft verbreiten eine heimelige und zugleich bleierne Stimmung.

In der Halle im Obergeschoß haben Kantinen-Mitarbeiter ein Festbankett vorbereitet: mit Piroggen, Fischsalat und Batterien von Wodkaflaschen und süßem Sekt überladene Tische, an deren Kopfenden mannshohe Boxen plaziert sind, aus denen zum Auftakt des Abends Walzermusik dudelt. Ich reihe mich ein in die Menge der russischen »Akademiki«, Professoren, Forscher, Mitglieder der Akademie der Wissenschaften, die alle dem frisch ernannten »Doktor der Physik« die Hand schütteln wollen.

Doch das, was um uns herum auf seinen Höhepunkt zuläuft, ist keine dieser offiziellen Promotionsfeiern, wie sie an deutschen Unis üblich sind, ein Stehempfang mit steifen Anzugträgern und akademischem Sektgeplauder, sondern eine ausgelassene Party, die jetzt allmählich in Gang kommt. Die Drinks werden hochprozentiger, die Frauen zugänglicher, und aus den Boxen wummert ein wilder Technobeat, zu dem sich Professoren, Kantinendamen, ausländische Gäste und Kinder übers Parkett schieben.

Sogar Grigoris Frau, die sich sonst immer still im Hintergrund hält, diskofoxt am Arm eines jungen Mannes durch den Saal. Walzer, Cha-Cha-Cha oder formloses Hüftgeschwenke – alles ist vertreten. Der ganze Saal verschmilzt zu einer schwitzenden Masse.

Ich stehe am Rand der Tanzfläche und schaue zu. Da taucht aus der Masse Krugljakow auf, dessen Hornbrille schon ganz angelaufen ist.

»Tanzen Sie nicht?« fragt er und macht Anstalten, seine Hand auf meine Schulter zu legen. Eigentlich kann ich nicht tanzen. Mit 16 habe ich mich nach der dritten Tanzstunde krank gemeldet.

»Merle, es ist eine Ehre, von diesem Mann aufgefordert zu werden«, zischt Grigori. »Und mach dir keine Sorgen: Er kann die Schritte auch nicht!«

»Danke, gerne!« sage ich darauf zu Krugljakow und reiche ihm meine Hand, die er vorsichtig ergreift.

Ich halte den Atem an, denn dieser kleine, bebrillte Herr strahlt etwas aus, das mich vor Ehrfurcht erstarren läßt; etwas, das sich mit dem Wort »Würde« nur ungenügend beschreiben läßt. Wie er mit sanften, aber bestimmten Gesten den Rhythmus vorgibt, mir ein wenig steif ein Kompliment zuflüstert, um sich dann, als die Musik abebbt, mit einem altmodisch-gediegenen »Es war mir ein Vergnügen« zu verabschieden – all das läßt mich an alte Sowjetfilme denken, körnige Schwarzweißstreifen aus der Zeit, als der Kommunismus noch eine strahlende Utopie war, an die ich mit 16 auch einmal geglaubt habe, in dem Sommer, in dem wir die ersten Partys in besetzten Häusern feierten. Der Glaube ging schnell verloren, aber das Gefühl dieses Sommers blieb. Und jetzt stehe ich neben einem Mann, der für mich in diesem Moment genau das verkörpert, was mich einmal am Kommunismus faszinierte: Dieser Glaube, dieser aufrechte Gang, dieses Leben für eine Idee, ein Gemeinwesen – eine wehmütige Erinnerung an meine jugendlichen Schwärmereien, meine Sehnsucht nach einem anderen Leben. Ich glaube, wenn mir jemand in diesem Moment das Ende des Kapitalismus prophezeit hätte, den Sieg des Sozialismus, den Weltfrieden – ich hätte ihm geglaubt.

Und bin um so entsetzter, als man mir am anderen Tag »Mißtrauen und Verrat« vorwirft. Ich hatte bei *Spiegel online* ein Sibirien-Tagebuch veröffentlicht, in dem ich etwas von einer »reminiszenten Stimmung im Atomforschungsinstitut« und einer »melancholischen Erinnerung an das Gestern, das noch so präsent ist«, geschrieben hatte. Und einen Satz, der den von mir so verehrten Krugljakow empörte: »Dieses Institut verläßt keiner, bevor er nicht mit den Füßen voraus hinausgetragen wird«, ein Zitat eines Mitarbeiters, das mich fast ein wenig neidisch gemacht hatte – deutete es doch auf lebenslange Arbeitsplatzgarantie, auf einen Fels in der Brandung des Umbruchs hin. Wo, hatte ich gedacht, gibt es so etwas sonst noch im Kapitalismus des 21. Jahrhunderts: Einen Arbeitsplatz, an dem man sein ganzes Leben ausharren kann, ausharren will? »Krugljakow meint, daß du dich weigerst, Rußlands Entwicklung zu sehen«, erklärt mir ein Kollege von Grigori.

Ich weiß nicht, wie man im Institut von diesem Tagebuch erfahren hat. Ich weiß nicht, wer es ins Russische übersetzt hat, und, noch schlimmer: nicht, warum. Doch mir bleibt keine Zeit für Recherchen. Denn ich hatte es mir scheinbar nicht nur mit Krugljakow verscherzt, sondern auch mit Grigori – in dem Tagebuch gab es auch ein paar ironische Bemerkungen über seine Arbeit und seinen Umgang mit dem weiblichen Geschlecht. Und das wiederum würden mir sein Cousin in Deutschland und auch mein Urgroßonkel übel nehmen. Denn in Sibirien ist man nicht nur automatisch der Freund seiner Freunde, sondern kann auch schnell ihr Feind werden.

»Wie konntest du nur?« brüllt Grigori halb auf deutsch, halb auf russisch, als er mitten in der Nacht in mein Zimmer stürmt. »Du hast mich im Institut unmöglich gemacht! Ich weiß nicht, wie das wiedergutzumachen ist!« Mit einem Schlag bin ich wach, und mir wird die Ausweglosigkeit meiner Lage bewußt: Allein auf dieser Datscha am Rande der Taiga, allein mit Grigori, der vor Wut zittert; verflucht von einem Dutzend Nuklearphysikern, die mich wahrscheinlich am liebsten so schnell wie möglich nach Deutschland abgeschoben hätten! Verschüchtert flüstere ich: »Verzeih mir, Grigori! Bitte, das in dem Tagebuch war anders gemeint, als es in der Übersetzung rübergekommen ist. Wirklich, das war die übliche *Spiegel*-Ironie, die …«

»Du hast mich bloßgestellt! Mich! Meine Familie! Die ganze Stadt!«

Ich versuche ihn zu besänftigen, zu erklären, daß ich keine Tatsachen behauptet, sondern schlicht meine Gefühle geschildert hätte. Doch mir fällt keine einzige russische Vokabel mehr ein. Mein Kopf ist so leer wie die Steppen Sibiriens. »Es tut mir so leid!« bringe ich noch auf deutsch hervor. Dann kommen mir die Tränen, in einem gewaltigen Schwall, der auf Grigoris vor der Brust verschränkte Arme tropft.

Ich glaube, Grigori kann keine Frauen weinen sehen. Jedenfalls legt sich seine Wut in Sekundenschnelle. Er reicht mir ein Stofftaschentuch und klopft mir beruhigend auf die Schulter. »Ist ja schon gut! Du mußt dich öffentlich entschuldigen, klar?«

Ich kann nicht wieder einschlafen. Durch meinen Kopf geistern Horrorbilder von wütenden Professoren, die mit Geheimdienstmitarbeitern ein Komplott gegen mich schmieden. Ich hätte nicht so viele Romane lesen sollen, so viele Krimis, in denen unliebsame Ausländer in einem Lager am Polarkreis enden.

Mir wurde klar: Es würde nicht reichen, daß ich im Konferenzraum des Institutes vor versammelter Mannschaft ein Reuebekenntnis ablegte. Ich mußte etwas tun. Mußte weg von dieser Datscha, bevor sich die Situation zuspitzte. Denn mein Tagebuch hatte nicht nur die Gefühle von Einzelpersonen verletzt, sondern das kollektive Empfinden einer ganzen Institution. Ein offizielles Entschuldigungsschreiben mußte her, und zwar so schnell wie möglich, ein Telegramm oder Brief aus dem *Spiegel*-Büro, mit möglichst vielen möglichst eindrucksvollen Stempeln. Denn je offizieller so ein Brief aussieht, je wichtiger, je mächtiger die Institution scheint, die dahintersteht, desto stärker ist seine Wirkung – das hatte mich die Erfahrung aus anderen autoritären Staaten gelehrt. Aber dazu würde ich in die Stadt fahren müssen, denn auf der Datscha hatte mein Handy keinen Empfang.

Kurz nach Sonnenaufgang wandere ich die kleine Straße entlang zwischen Wiesen mit wilden Kräutern und Butterblumen, die so romantisch sein könnten, wenn da nicht die Jungen aus den verfallenen Hütten neben der ehemaligen Kolchose wären, die mich mit wilden Schimpfwörtern und selbstgebauten Wasserpistolen piesacken. Plötzlich bremst ein klappriger Toyota-Bus neben mir, ein »Marschrutka«, das in die Stadt fährt. »Nemka?« fragt der Fahrer, »Deutsche?« als ich ihm beim Einsteigen nicht sofort die üblichen sechs Kopeken in die Hand drücke. Dann sagt er: »Deutschland ist ein schönes Land. Ich hab da mal als Gastarbeiter gearbeitet.« Von dem Geld habe er sich den Bus gekauft, mit dem er nun zehn Stunden am Tag die Datschenbesitzer in die Stadt fahre.

Eine Viertelstunde unterhalten wir uns so, ich in gebrochenem Russisch, er in dem weichen Slang Westsibiriens, der mir mittlerweile vertraut geworden ist. Ein paar Mal läßt der Fahrer neue Fahrgäste einsteigen, die am Straßenrand gewunken haben. Als wir die Stadtgrenze passiert haben, beschleunigt der Bus, fährt durch die Siedlung mit den tristen Wohnblocks, vorbei an den Großgaragen, am ersten Supermarkt, dem zweiten bis hinein ins Universitätsviertel. Gegenüber Grigoris Institut hält der Fahrer an, die anderen Passagiere verlassen den Bus. »Mittagspause! Du mußt raus!« pflaumt mich der Fahrer an, als ich keine Anstalten mache, auszusteigen.

»Aber wir sind doch noch nicht im Zentrum!«

»Mädchen, ich hab Mittagspause, und du hast zwei gesunde Beine!«

Wie früher, denke ich. Rußland ist immer noch diese verfluchte Servicewüste, in der man nie weiß, was man bekommt. Oder besser gesagt: Man bekommt selten das, was man haben will. Weder eine Busfahrt an den gewünschten Ort noch ein Essen, so wie es auf der Karte steht. Meistens heißt es: »Haben wir nicht!« oder »Geht nicht!« Freundliche Nachfragen nützen ebensowenig wie Meckern. Es wird noch nicht einmal beachtet. Das einzige, was manchmal hilft, ist ein Rubelschein zur rechten Zeit.

Der öffentliche Nahverkehr besteht überwiegend aus privaten Sammeltaxis, in den Restaurants gibt es meist nur das Standardmenü aus Borschtsch, Bliny und Sauergemüse, und das Bier wird in Plastikbechern serviert. Strom- und Wasserwerke arbeiten nach undefinierbaren Regeln. Mal fällt in den Wohnungen in Akademgorodok der Strom aus, dafür gibt es den ganzen Tag heißes Wasser. Dann werden wieder einmal die Leitungen repariert, die vom Winterfrost brüchig geworden sind, und aus den Hähnen kommt nicht einmal mehr kaltes. Warum dort nicht einfach mal jemand anrufe und sich beschwere, hatte ich kürzlich bei einer Feier gefragt. »Anrufen?« Die Gäste sahen mich halb verwundert, halb belustigt an. »Was sollte das bringen? Da fühlt sich sowieso niemand zuständig.«

Am schlimmsten aber sind in Rußland Behördengänge. Wer einen neuen Paß braucht, eine Arbeitsgenehmigung oder ein Gesundheitszeugnis, muß stunden-, manchmal tagelang Schlange stehen. Es sei denn, man kennt den Behördenleiter – wie Grigori, der mit mir lässig an der Schlange vor dem Polizeipräsidium vorbeimarschierte, als ich eine Registrierung in meinem Paß stempeln lassen mußte, wie sie jeder Ausländer vorweisen muß, der sich länger als drei Tage in einer russischen Stadt aufhält. »Wir können doch nicht einfach ...«, protestierte ich, als ich die feindseligen Gesichter in der Schlange sah. »Wir haben nicht viel Zeit, ich muß ins Büro!« zischte Grigori. »Blat«, murmelt der usbekische Wanderarbeiter, der mit seinem Paß vorne in der Schlange steht, direkt vor dem Eingang zum Dienstzimmer, »verfluchte Seilschaften!«

»Man muß sich zu helfen wissen!« entgegnete Grigori lächelnd und drängte mich durch die Tür.

Nach einem Zwanzig-Minuten-Fußmarsch erreiche ich das Stadtzentrum von Akademgorodok. Im »Effes«-Bierzelt bestelle ich einen Kaffee, den es mal wieder nicht gibt, und setze mich ergeben mit einem Pils an einen der Plastiktische unter der Zeltplane. Gott sei Dank, hier hat mein Handy endlich Empfang. Ich wähle die Nummer des *Spiegel*-Büros. »Hört mal, ich hab hier ein Problem wegen meiner Artikel«, sage ich. Der Redakteur am Telefon versteht sofort, was ich meine.

»Ein Schreiben mit dem Briefkopf des Moskauer Büros und ein paar wichtigen Unterschriften – reicht das fürs erste?« fragt er nur. Ich bejahe.

Am Nachmittag meldet sich Grigori auf meinem Handy. »Wo steckst du? Da ist ein Fax von einem deutschen Magazin angekommen!«

»Und?«

»Die schreiben, daß dir die ganze Sache aufrichtig leid tut.«

»Daß es *mir* leid tut? «

»Den Rest hat mein Assistent noch nicht übersetzt. Aber der Briefkopf sah ziemlich offiziell aus.«

»Na, das habe ich mir ein bißchen anders vorgestellt.«

»Wie? Was sagst du? Der Empfang ist so schlecht ... Ach ja, du sollst zu uns nach Hause kommen. Meine Frau wartet mit dem Essen.«

Ein gemeinsames Essen – das war ein gutes Zeichen. Nein, ich rechnete nicht damit, daß die Sache damit ausgestanden war, daß alles wieder so sein würde wie früher. Aber ich rechnete zumindest mit einer gewissen Entspannung der Lage. Nach dem Essen, das ziemlich schweigsam verlief, stießen Grigori und ich mit einem Glas Wodka an, sahen uns in die Augen, lächelten. Aber es war ein verkrampftes Lächeln. Grigori blieb verstimmt. Ich fühlte, wie er, der Schnellsprecher, seine Worte sorgfältig abwog, wenn er mir etwas erzählte, wie er eine Mauer um sich herum zog, sobald ich ihn ansprach. Manchmal allerdings blitzte seine Verletztheit hinter der höflich-distanzierten Fassade durch. Dann ließ er eine zynische Bemerkung fallen, in einem Slang, den ich nicht immer sofort verstand. Aber ich sah den betretenen Gesichtsausdruck seiner Kinder und fühlte mich unbehaglich. Irgendwann traute ich mich überhaupt nicht mehr, ihn anzusprechen. Ich schwieg im Auto, ich schwieg am Abendbrottisch der Familie, ich schwieg beim abendlichen Schwimmen im See, während Grigoris Kinder sich mit Wasser bespritzten, johlten und lachten. Mir war, als ob mein Mund zugenäht wäre, weil es keine Worte mehr gab, die das gekittet hätten, was zerbrochen war zwischen ihm und mir.

Vier Tage später lernte ich bei einem Vortrag in der Universität Dan kennen, einen amerikanischen Physiker. In einer Konferenzpause fragte ich ihn, ob er nicht Lust auf einen Drink habe. Dan nahm seine Brille ab und sah mir in die Augen. »Ist es eilig?« Ich nickte. »Also los, junge Frau! Ich hab noch einen Rotwein in meinem Zimmer«, sagte er in einer Art – höflich, aber mit leiser Ironie –, daß ich wußte: Wir würden Freunde werden.

Dan ist Professor an der Universität Wisconsin. Jedes Jahr kommt er für einen Monat nach Akademgorodok, um dort mit russischen Kollegen an einem Plasma-Forschungsprojekt zu arbeiten.

In seinem Einzimmer-Apartment in einem Sechziger-Jahre-Plattenbau, das ihm das Kernforschungsinstitut zur Verfügung gestellt hat, zeigt er mir sein Bücherregal. »Was kennst du von den alten Russen?« fragt er, während ich den Merlot entkorke. »Hast Du Tolstoi gelesen, ›Auferstehung‹? Und kennst diese Schrift von Herzen, in dem er zum ersten Mal von der russischen Seele spricht?«

»Ja, genau deswegen bin ich hier.«

Der Traum vom schnellen Reichtum

Es ist ein phantastischer Traum, den John Lennon da in dem Fernseher besingt, der in Dans Kunstholz-Schrankwand im Wohnzimmer steht: »Imagine there's no countries / It isn't hard to do / Nothing to kill or die for / no religion too / Imagine all the people / living life in peace.«

Wir haben eine zweite Flasche Merlot geöffnet, die wir im Supermarkt im Stadtzentrum für umgerechnet sieben Euro gekauft haben, und genießen die ersten Spaghetti seit unserer Ankunft – echte Barilla-Nudeln mit Pesto und Parmesan.

Ich frage mich, warum Dan und ich, die wir von zwei verschiedenen Kontinenten stammen, uns in unseren kulinarischen Vorlieben, unseren kulturellen Interessen, unserer Weltsicht so einig sind; weitaus einiger als Grigori und ich, mit dem mich immerhin ein Teil meiner Familiengeschichte, die Begeisterung für Tolstoi, Rachmaninow und die Ader für alles Melancholische verbindet?

Was ist es, das mich von ihnen entfernt? Ist es wirklich mein spröder Rationalismus, mein protestantisches Arbeitsethos oder meine Absicherungsmentalität, die hier als »typisch deutsch« bespöttelt wird? Ist es ihre andere Einstellung zum Rausch, ihr Leben im Heute, ihr kollektivistisches Denken, das man im Westen gemeinhin als »typisch russisch« bezeichnet? Kann man sagen, daß es die Spuren sind, die der Westen an mir, an Dan hinterlassen hat und der Osten an Grigori; daß es eine Demarkationslinie gibt, einen eisernen Vorhang des Denkens und Fühlens, der uns trennt?

»Auf Sibirien! Es leben die Unterschiede!« prostet Dan mir zu mit dem Merlot, den, wie ich erfahren habe, die Supermarktkette mit einem FedEx-Flieger aus Frankreich einfliegen läßt, demselben, der auch meine Einladungspapiere für das Visum nach Deutschland gebracht hat.

»Imagine all the people.« John Lennons letztes Lied singt jetzt ein unbekannter Sänger, in einer süßlichen Coverversion mit Streichquartett. Offensichtlich hat sich der russische Musiksender, der ansonsten eher für Russenschlager bekannt ist, heute an einen Beatles-Gedächtnisabend herangewagt. »Imagine there's no countries? Das würde FedEx ziemlich ruinieren«, witzelt Dan, während wir auf den Bildschirm starren.

Ich bemühe mich, nicht loszuheulen, denn John Lennon mitten in Sibirien – das ist zuviel für mich. Dan rettet mich mit einer ironischen Bemerkung. Ich muß lachen, und dann ist es auch schon zehn, und Grigoris Fahrer steht vor der Tür. Eine Sonderschicht, die er für mich fahren muß, denn Grigori mißtraut mir zwar, aber er sorgt sich weiterhin um mich. »If you feel alienated«, sagt Dan zum Abschied, »there's always a glass of Merlot waiting for you at my apartment!«

Am nächsten Morgen bin ich mit Grigoris Tochter an der Universität verabredet. Irina hat versprochen, für mich zu dolmetschen – ein Interview mit einer BWL-Professorin, in dem es, wie ich fürchte, vor Fachvokabeln wimmeln wird, die ich selbst im Englischen nur ansatzweise kenne. Irina ist 25, hat Anglistik in Akademgorodok studiert und nach dem Examen einen Kommilitonen geheiratet. Seither ist ihr Interesse an Beruf und Karriere deutlich erlahmt. An einer privaten Sprachschule hat sie eine Teilzeitstelle als Englischlehrerin angenommen, einen äußerst schlecht bezahlten Job: 150 Euro Monatslohn, die nicht einmal für die Miete reichen würden. Ihr Mann, der mit seinem Vater einen Autohandel betreibt, verdient mehr als das Fünffache. Das Angebot ihrer Schule, mehr Stunden zu unterrichten oder in eine Stadt im Norden zu ziehen, wo die Gehälter höher sind, hat sie abgelehnt: »Wofür habe ich denn geheiratet?«

Irina ist eine Schönheit: hohe Wangenknochen, schulterlange, dunkelblonde Haare, eine knabenhaft schmale Taille, auch wenn sie auf den ersten Blick unauffällig, blaß und zerbrechlich wirkt, ein seltsames Zwitterwesen zwischen Frau und Mädchen, zwischen folgsamer Gattin und verwöhntem, mäkeligem Kind, das sich auch mit 25 noch von den Eltern umsorgen läßt. Blitzschnell wechselt sie zwischen den Rollen hin und her, verändert ihre Körperhaltung, ihren Gesichtsausdruck, ihre Stimme und Sprechweise so plötzlich, daß ich nicht mehr weiß, mit wem ich es gerade zu tun habe: mit Grigoris jüngerer Tochter oder mit Frau Gonzoronowa.

Vor dem Gebäude der wirtschaftswissenschaftlichen Fakultät, das abseits der Universitätsstraße in einem kleinen

Birkenwäldchen liegt, erwartet mich eine elegante Frau mit selbstsicherm Gang und energischer Stimme. Als uns unsere Gesprächspartnerin die Hand schüttelt, verwandelt sich die Frau in ein schüchternes Mädchen, das Blickkontakt vermeidet und scheu auf meine Anweisungen wartet. »Hör zu, Irina«, bitte ich sie, »übersetz einfach wörtlich, was Frau Borodina sagt.«

Wera Borodina, die BWL-Professorin, bietet uns einen Stuhl an in ihrem kargen Büro mit Gittern vor dem Fenster, wie sie alle Gebäude hier zum Schutz vor Einbrechern haben. Es gibt nur zwei Stühle, und Irina hockt sich wie selbstverständlich auf den Boden vor dem Schreibtisch.

Wera Borodina war eine der ersten Marketing-Experten der Sowjetunion, ein Fach, das, wie sie sagt, »eigentlich nicht vorgesehen war in unserer Planwirtschaft. Ich habe eine Stelle als Professorin für Mikroökonomie bekommen und war begeistert. Meine Kollegen haben mich nicht verstanden. Mikroökonomie – das war doch nur im Kapitalismus von Bedeutung. Bei uns wurde meistens von Weltwirtschaft geredet.« Sie richtete sich ein in ihrer Nischenexistenz, schrieb Gutachten, von denen kaum jemand Notiz nahm. In den späten Siebzigern bemerkten die Planer in Moskau, daß sie sich mehr um die Mikroökonomie kümmern mußten, um das sozialistische Ziel einer »gerechten Güterverteilung« zu erreichen. Auf dem Parteitag wurde ein Programm verabschiedet, das, wie es hieß, »auch mikroökonomischen Erfordernissen Rechnung tragen soll«.

Doch im Alltag der Werktätigen war davon nicht viel zu spüren. Es waren immer noch Fünf- und Zehn-Jahres-Pläne, die die Produktion steuerten; Pläne, die, wie Vera Borodina schon damals äußerte, »zu langfristig und unflexibel für ein so großes Land wie die Sowjetunion waren. Die Fabriken haben massenweise Dinge produziert, für die es überhaupt keinen Bedarf gab.« Irina übersetzt.

»Was für Dinge?« frage ich.

»Kennen Sie nicht die Geschichte von den Produktionsrobotern? In den Achtzigern hatte Michail Gorbatschow bei einem Japan-Besuch eine High-Tech-Fabrik besichtigt, in der Roboter an einer Produktionsstraße Autos und Maschinen zusammenschraubten. Gorbatschow war so begeistert, daß er daheim in Moskau sofort Anweisung gab, diese Roboter nachzubauen und alle Kombinate zwischen Stalingrad und Wladiwostok damit auszustatten. Eine totale Verschwendung! Wir hatten doch kaum Produktionsstraßen! Ganz zu schweigen von Produktionsmaterial. Die Roboter jedenfalls standen in der Ecke und verstaubten. Ähnlich war es mit den Tausenden von Güterwaggons, die laut Plan gebaut werden sollten, obwohl es kaum etwas gab, was man darin hätte transportieren können.«

Auch in Westsibirien hätten die Kader mit Produktionsvorgaben zu kämpfen gehabt, die völlig am Bedarf vorbeigegangen seien. »Ich sage nur: Wega! Die kannte damals jedes Kind in der Sowjetunion.« Wega war eine Radiofabrik in einer Kleinstadt bei Nowosibirsk, deren Radiogeräte lange Zeit als Luxusartikel galten. Dann gelangten Anfang der achtziger Jahre Stereo-Anlagen aus Japan und tragbare Kassettenrecorder aus der DDR auf den russischen Markt, und immer weniger Sowjetbürger interessierten sich für die technisch veralteten Radios aus Westsibirien. In dieser scheinbar ausweglosen Situation rief der Wega-Direktor bei Vera Borodinas Institut an: »Genossin Borodina, helfen Sie uns, unsere Produkte zu vermarkten!« Wochenlang diskutierte sie mit ihren Kollegen darüber, wie man das Image der Sowjet-Radios verbessern könnte – und entwickelte schließlich eine Marketingstrategie für das Kombinat, wie sie in westlichen Unternehmen Standard war: »Ein paar Designentwürfe, eine Imagekampagne und ein bißchen Preispolitik. Wir mußten das alles nur anders nennen.«

Woher sie sich so gut mit den kapitalistischen Vermarktungsstrategien ausgekannt habe? »Die meisten Wirtschaftswissenschaftler hier haben sich intensiv mit der Marktwirtschaft auseinandergesetzt.« Den Klassenfeind studieren, habe das damals geheißen. In Akademgorodok habe ein besonderes freies Klima geherrscht. Der Institutsleiter wagte es sogar, öffentlich über die »verfehlte Wirtschaftspolitik der Regierung« zu sprechen.

Nach der Wega-Geschichte baten immer mehr Kombinate das Institut für Mikroökonomie um Unterstützung. Wirtschaftspolitiker ließen sich beraten, Parteikader gaben wissenschaftliche Studien in Auftrag. Wera Borodina wurde so etwas wie eine Mikroökonomie-Päpstin. Ihr Name war selbst in Moskau bekannt, ihrem Institut wurden Sondermittel und Personal zugeteilt.

Dann zerbrach die Sowjetunion und mit ihr die alte Wirtschaftsordnung. Studenten strebten in den Westen, um beim ehemaligen Klassenfeind BWL zu studieren; Professoren aus dem Westen zog es nach Rußland, um ihre russischen Kollegen auf die Zukunft im Kapitalismus vorzubereiten. Mikroökonomie und Marketing wurden zu ganz normalen Studienfächern, die massenhaft Zulauf fanden, weil sie mit den großen Verlockungen der neuen Zeit zu korrespondieren schienen: Geld und Karriere.

Wera Borodina war plötzlich eine von vielen Mikroökonomen. Ihr Name geriet ebenso in Vergessenheit wie ihre Leistungen. Die staatlichen Gelder flossen immer spärlicher, zum ersten Mal mußte das Institut Mitarbeiter entlassen.

Die Professorin beschloß, sich vom Forschungsbetrieb ab- und der Praxis zuzuwenden. Sie rief ein »Entrepreneurs-Programm« ins Leben, ein Weiterbildungsprogramm für Firmengründer, Nachwuchsmanager und Geschäftseigentümer, das vom Landkreis und von privatisierten Staatsbetrieben finanziert wurde. Ende der neunziger Jahre startete der erste Jahrgang mit einem neunmonatigen Theorieblock: EDV, Marketing, Wirtschaftsrecht und Fremdsprachen. Danach ging es für neun Monate zu einem Unternehmenspraktikum ins Ausland.

Eine der ersten Absolventinnen wurde von einer Wirtschaftsjury zur »Nowosibirsker Unternehmerin des Jahres« gewählt.

Das Entrepreneurs-Programm wurde über die Grenzen des Bezirkes hinaus bekannt. In Wera Borodinas Büro klingelte ständig das Telefon. Bewerber erkundigten sich nach Aufnahmebedingungen, Politiker aus anderen Städten, die ein ähnliches Programm starten wollen, baten um Beratung. Sogar aus Moskau hat sich neulich jemand nach der lange in Vergessenheit geratenen Wissenschaftlerin erkundigt.

»Mein Erfolgsrezept?« Vera Borodina zuckt mit den Schultern. »Es gibt kein Erfolgsrezept. Ich vermittele den Leuten einfach das, was für mich schon immer selbstverständlich war. Nämlich ...« Sie blickt Irina auffordernd an, die sich kaum an dem Gespräch beteiligt hat: »Kannst du das übersetzen?«

»Was genau?« »Samostojatelnost«, ergänzt Wera Borodina. Selbstständigkeit. »Tut mir leid«, sagt Irina. »Das muß ich erst im Lexikon nachschlagen.«

Maja ist eine der Bewerberinnen, die, wie mehrere hundert andere, auf einen Platz in Wera Borodinas Programm hoffen. Ihre Telefonnummer habe ich von einem ehemaligen Studenten von Wera Borodina bekommen, den ich im »New York-Pizza« kennen gelernt habe. Wir verabreden ein Treffen. Maja ist 25 und hat an einer Privathochschule in Nowosibirsk Betriebswirtschaft studiert. »Du bist doch Journalistin, oder? Also, dann zeige ich dir etwas, was es in Deutschland bestimmt nicht gibt«, hatte sie am Telefon gesagt. »Was? Laß dich einfach überraschen!« Am folgenden Samstag holt sie mich mit dem Jeep ihres Bruders im Stadtzentrum von Akademgorodok ab. Wir fahren zwei Stunden lang durch ein asphaltstraßenloses Niemandsland, bis am Horizont eine Ansammlung von Häusern auftaucht.

»Dahinten ist es!«

»Das?« Ein Neubaugebiet. Ich bin enttäuscht.

»Siehst du dahinten? Das sollte mal unser Haus werden!«

Ich sehe nur ein Fundament, ein paar Mauern, eine Plastikplane, die im Wind weht. Und muß an den letzten Ausflug mit Grigori vor unserem Streit denken. Wir wollten seine Schwägerin besuchen, in einem Dorf sechzig Kilometer westlich von Nowosibirsk. Mit seinem Zweitwagen, einem Lada, waren wir zunächst die breite Magistrale in Richtung Nowosibirsk gefahren, vorbei am Ufer des Ob-Stausees, an dem sich die Stände der Badeutensilien-Verkäufer in einer endlosen Kette entlang zogen, Hunderte von Plastikdelphinen, Luftmatratzen und Schwimmflügeln, die zwischen den Tankstellen, Snack-Bars und Auto-Rastplätzen fast so etwas wie Urlaubsatmosphäre verbreiteten.

An irgendeiner der vielen unbeschilderten Kreuzungen waren wir auf eine Nebenstraße abgebogen, die sich kilometerweit zwischen Holzhaus-Siedlungen hindurch wand, bis auch die Siedlungen verschwanden und wir in die Endlosigkeit des Graslandes eintauchten. Wilde Wiesen, hüfthoch neben dem Autofenster, darüber ein schmutziggrauer Himmel. Dann verwandelte sich die Straße in einen schlammigen Pfad, der von Schlaglöchern übersät war, in denen der Regen der letzten Tage knöcheltiefe Pfützen gebildet hatte. »Kehr um!« bat Grigoris Frau. »Wir werden noch in diesem Schlamm steckenbleiben.«

Mehr als eine Stunde hatten wir keine Wegweiser gesehen, kein Haus, nicht einmal eine Datschensiedlung. Grigori fluchte: »Den ganzen Vormittag haben wir eingekauft für deine Verwandten! Was sollen wir denn mit den Torten auf dem Rücksitz anfangen?« Und manövrierte den Lada weiter durch die Schlammlöcher.

»Dauert es noch lange bis zu dem Dorf?« fragte ich nach einer weiteren halben Stunde.

»Kommt drauf an«, knurrte Grigori. »Kann sein, daß wir nie dort ankommen!« Er schaltete in den ersten Gang, fuhr an, die Räder seines Ladas drehten durch, er bremste, fuhr erneut an und fluchte, bis sich der Schlamm plötzlich in dunklen, regennassen Teer verwandelte, ein kurzes Stück Straße, das irgend jemand aus unerfindlichen Gründen asphaltiert hatte. Wie eine Geisterstadt tauchte eine Siedlung vor den regennassen Scheiben auf: Häuser, halbfertig, Kräne, Bagger, Baugerüste, die vor sich hin rosteten.

»Grigori, was ist das?« fragte ich verwundert.

»Siehst du doch: Ein Baugebiet!«

»Wer baut denn in so einer verlassenen Gegend?«

»Die, die nach der Wende zu Geld gekommen sind.«

Vor dem Autofenster zogen griechische Tempel mit Marmorsäulen und Putten, englische Landhäuser mit geschwungenen Freitreppen und stuckverzierte Jugendstilvillen vorbei, kitschig-bunte Repliken des alten Europas, die schon seit geraumer Zeit vor sich hin zu rotten schienen; sibirische Luxusträume am Rande der Taiga, die auf unserem Weg in das Schwägerinnen-Dorf immer undurchdringlicher wurde. Es goß in Strömen. Die Piste hinter den Häusern war so verschlammt, daß der Lada steckenblieb. So ist mir als Erinnerung an den letzten Ausflug mit Grigori nicht das Dorf seiner Schwägerin, sondern das Neubaugebiet im Niemandsland geblieben.

Majas Eltern haben in diesem Gebiet ein Grundstück gekauft, als der kurze, heftige Wirtschaftsboom im Bezirk Nowosibirsk 1996 seinen Höhepunkt erreichte. Majas Vater arbeitete als Straßenhändler. Jahrelang hatte er mit dem Ingenieursjob im hohen Norden Sibiriens, der ihm nach dem Studium zugeteilt worden war, gehadert. Nicht nur wegen des eisig-feuchten Klimas dort, sondern vor allem, weil er es haßte, nicht sein eigener Herr zu sein. »Gott sei Dank ist der Kapitalismus für ihn noch zur rechten Zeit zu uns gekommen«, sagt Maja. »Er hat immer davon geträumt, Unternehmer zu werden.«

Auf den wilden Märkten, die die Plätze zwischen den Wohnblocks und das Brachland am Stadtrand belagerten, verkaufte er Deospray, Hautcreme, Strumpfhosen und Make-up, die er bei einem Großhändler aus Frankreich erstanden hatte. Zwei Winter lang harrte er fröstelnd hinter seinem Stand aus, bis er eines Abends auf dem Heimweg vom Busfenster aus ein Schild sah: »Zu vermieten, als Geschäft oder Büro«. Am nächsten Morgen unterschrieb er einen Mietvertrag für einen 100-Quadratmeter-Laden in einer Vorstadtsiedlung und eröffnete eine der ersten Parfümerien von Nowosibirsk. »Das ist der Duft des Westens, hat mein Vater damals immer gesagt«, erzählt Maja. »Westen war für ihn gleichbedeutend mit Freiheit.«

Man könnte es Raubtier-Kapitalismus nennen, was sich in diesen Jahren in Nowosibirsk entwickelte. Oder schlicht das freie Spiel von Angebot und Nachfrage. Wer irgend eine Chance sah, Geld zu machen, ergriff sie. Und gab das schnell Verdiente ebenso schnell wieder aus. Ein Leben ohne Gedanken an den nächsten Tag, den nächsten Monat, das nächste Jahr, ohne Gedanken an Rücklagen, Sicherheiten, Zukunftsvorsorge.

Die Parfümerie lief gut im ersten Jahr. Die Geldkassette im Wohnzimmer füllte sich am Anfang des Monats mit Scheinen. Der Vater mißtraute den neu gegründeten Banken. Doch schon in der Monatsmitte war sie wieder leer, denn er verkaufte nicht nur, sondern kaufte auch, wie im Rausch: eine Highend-Stereoanlage, ein 5000-Dollar-Monstrum mit Heimkino und Dolby-Surround-Boxen, eine italienische Einbauküche und Dior-Handtaschen für seine Frau. Dann genügte ihm auch die Dreizimmerwohnung in dem Block hinter den Bahngleisen nicht mehr. Ein Kunde erzählte ihm von dem Baugebiet am Rand der Taiga. Nach einer kurzen Besichtigung unterschrieb Majas Vater einen zweiten Vertrag: 800 Quadratmeter Sumpfland mit Blick auf Wiesen und Birkenwälder, auf die er sich eine Villa mit Säulenportal träumte.

Fünf Jahre später erlebte Nowosibirsk eine zweite Metamorphose. Große Handelsketten und internationale Firmen hatten den Vertrieb ausländischer Waren übernommen, und die wilden Märkte und kleinen Import-Export-Geschäfte verschwanden so schnell, wie sie aufgetaucht waren. Das alte Grau der Fassaden wurde von riesigen Reklametafeln verdeckt und die neue Armut von Markenkleidungsimitaten und blickdichten Zäunen entlang der Schnellstraßen.

Die wenigen, die es geschafft hatten, ihren schnell erworbenen Reichtum zu retten, fuhren japanische Jeeps und tranken georgischen Cognac auf dem Steg ihrer Bootshäuser am Ob-Stausee. Der Rest – darunter die meisten Staatsangestellten, deren Einkommen kaum für die Miete reichte – schlug sich mit zwei, drei Aushilfsjobs und Gartengemüse von der Datscha durch.

Das Baugrundstück von Majas Familie war schon bezahlt, das Fundament gegossen, als es mit der Parfümerie bergab ging. Maja wollte gerade ihr Studium abbrechen, weil sie ihre Leidenschaft für Design entdeckt hatte und Grafikerin werden wollte. Doch als dem Geschäft ihres Vaters die Pleite drohte, dachte sie: Betriebswirtschaft ist jetzt wichtiger. Ich will doch mithelfen, daß nicht alles, was er aufgebaut hat, zerfällt.

Nach dem Diplom stieg sie in der Firma ihres Vaters ein. Sie prüfte die Bücher und ging mit ihm zur Bank, um einen Überbrückungskredit zu beantragen. Der Bankbeamte wiegelte ab: »Sie haben doch nicht mal ein Konto bei uns! Was können Sie uns denn schon für Sicherheiten bieten?« Auch bei der zweiten und dritten Bank wurden sie weggeschickt. »Wir vergeben grundsätzlich keine Kleinkredite.«

»Ohne Beziehungen läuft in Sibirien gar nichts«, sagt Maja. »Man muß jemanden kennen, der Einfluß hat. Genau wie früher!« Eine ewige Nomenklatura, die sich die Kredite sichert, die Plätze warmhält, die Politik bestimmt. Wie, frage ich mich, sollen unter solchen Bedingungen neue Unternehmen, neue Ideen, dieser »solide Mittelstand« entstehen, für den, wie ich gerade in der »Komsomolskaja Prawda«

gelesen hatte, Präsident Putin sich angeblich so eifrig eingesetzt?

Majas Familie hatte Glück: Sie fanden Freunde und Verwandte, die ihnen Geld liehen und sich dafür eine Gewinnbeteiligung an der Firma versprechen ließen. Und der Vater tat das, was ihm am schwersten fiel: Er hörte auf zu kaufen. Keine Chanel-Taschen mehr, keine Luxusmöbel und keinen Sekt. Er kündigte den Mietvertrag für das Geschäft und zog in ein kleineres in einer Nebenstraße um, in dem nun die Mutter hinter der Ladentheke steht und Maja die Waren bestellt. Keine Luxusdüfte mehr, sondern Körperpflegeprodukte, die sie über Markenvertreiber beziehen, die sich inzwischen in Westsibirien niedergelassen haben: Nivea, Neutrogena, Palmolive. Und die Baustelle im Neubaugebiet legte er still, auf den Rat von Maja hin, die ihm predigte, daß sie jetzt sparen müßten.

Daß Maja immer noch zusammen mit den Eltern in der Dreizimmerwohnung lebt, in der sie aufgewachsen ist – das störe sie eigentlich nur an Tagen wie diesem, an denen sie vor dem Fundament ihrer Villa stehe. »Werdet ihr irgendwann weiterbauen?« frage ich.

»Weiterbauen? Nach vier kalten Wintern? Das Fundament hat doch schon Risse!«

»Und das Geld, das ihr in das Grundstück investiert habt?«

Maja zuckt die Schultern.

»Wie kannst du so gelassen sein?«

»Ach, ich hab gelernt, mich nicht zu lange mit der Vergangenheit aufzuhalten. Man muß hier einfach immer nur nach vorne schauen.«

Die Schwiegereltern von Grigoris Tochter haben mit diesem Nach-vorne-Schauen keine Schwierigkeiten. Kaum hatte sich die Sowjetunion aufgelöst, kaum konnte man Arbeitsplatz und -ort selbst wählen, lösten sie ihre Wohnung in Norilsk auf, einer Nickelarbeiterstadt im Norden Sibiriens, in der der

Winter zehn Monate dauert, und begannen 1000 Kilometer weiter südlich ein neues Leben.

Zuerst zogen sie in eine Provinzstadt in Westsibirien, und der Vater, ein ehemaliger Gewerbeschul-Lehrer, versuchte sich in verschiedenen Jobs: als Markthändler, als Mechaniker, als Autoverkäufer. Dann wurde ihm die Stadt zu klein, zu eng für seinen neuen Traum, Unternehmer zu werden. »Wir wollten neu anfangen«, sagt er.

Der Vater ist Mitte Vierzig, sieht aber mit seinem Drei-Tage-Bart, seiner Sonnenbräune und seinen weiten Combat-Hosen aus, als hätte er soeben erst seine Ausbildung beendet. Natürlich muß ich ihn duzen. Die Mutter, eine hellblonde Mädchenfrau, hat auch nach zwei Geburten eine Figur, die von regelmäßigen Fitneßstudio-Besuchen zeugt, was jedem sofort auffallen muß, denn sie trägt bauch- und beinfrei. Beide sehen aus, als kämen sie gerade aus dem Urlaub. Eine ganz andere Generation als Grigori; eine, in der es ein Wert ist, unbeschwert zu erscheinen.

An der Peripherie von Nowosibirsk, der größten Stadt Sibiriens, kaufte er ein großes Ladengeschäft, in dem er Autos und Tuning-Parts aus Fernost feilbot. Das betreibt er seit ein paar Jahren gemeinsam mit seinem älteren Sohn Micha, Irinas Mann, der sich seit seinem Englisch-Examen um die Auslandsbestellungen kümmert.

Auch Michas Familie hat sich mit ihrem Geschäft übernommen. Das Sortiment war zu groß, die Rücklagen zu gering, als immer mehr Kunden wegblieben.

Es war die Zeit, als der erste große Konsumrausch verflogen war in Nowosibirsk und kaum noch jemand Geld hatte für einen verchromte Doppel-Stoßstange oder einen Toyota-Sportwagen.

Die wirklich Reichen, die Beresowskis und die Businesmeny Sibiriens, kauften lieber in der schwer bewachten Mercedes- oder BMW-Filiale in der Innenstadt.

Trotzdem lebte die Familie weiter wie in den Boomjahren, wohnte in einem zweistöckigen Neubau-Loft, trug Lacoste-Shirts und verbrachte die Sommer-Wochenenden im Bootshaus an der neuen Ob-Marina, in das sie mich zum Barbecue eingeladen haben. Eine Einladung, die ein wenig Unbeschwertheit verspricht – eine verlockende Aussicht nach all den traurigen Geschichten, der verlassenen Baustelle und dem Streit mit Grigori.

Wir sitzen auf dem Bootssteg, grillen selbstmarinierte Schaschliki und trinken georgischen Cognac, während die Nachbarn in der Mittaghitze an ihren Booten werkeln. Im Dunst am Horizont sind die Schornsteine des Nowosibirsker Industriegebietes zu sehen, zehn, zwölf gewaltige Röhren, aus denen graue Wolken aufsteigen. Ein Ausflugsdampfer zieht vorbei, von dessen wimpelgeschmücktem Deck Kinder winken. Weiter draußen versuchen ein paar Surfer, ihre Boards trotz Flaute in Fahrt zu bringen. »Ist es nicht herrlich hier?« sagt Michas Vater. »Ach, man braucht einfach ein bißchen Luxus!«

»Ja, wunderschön. Aber sag mal – daß ihr noch so ruhig seid! Irina hat erzählt, daß es nicht so gut steht um eure Firma?«

»Micha wird seinen Wagen verkaufen. Dann haben wir erst mal wieder ein bißchen Geld.«

»Und wenn es nicht reicht? Was macht ihr, wenn ihr die Firma trotzdem nicht mehr halten könnt?«

»Eine neue gründen!«

»Womit?«

»Ach, das wird sich dann schon finden! Ich hasse es, an morgen zu denken! Das vergällt mir den ganzen Sonntag. Also, Mädchen, keine trüben Gedanken mehr! Wie wär's mit einer kleinen Spritztour im Jeep?«

Der Jeep ist breit wie ein Hummer, ein getuntes russisches Armeefahrzeug mit zitronengelbem Lack und armdickem Überrollbügel. Beim Einsteigen dreht der Vater die Anlage auf. »Sie haben uns ein Denkmal gebaut«, der Sommerhit von »Wir sind Helden«, wummert mit 200 Watt aus den Boxen. »Nicht schlecht, das Lied, was? Hab ich mir gestern aus dem Netz runtergeladen«, brüllt Michas Vater in den Fahrtwind hinein.

Nowosibirsk erscheint seltsam licht und entspannt von unserer erhöhten Perspektive aus: Die Plattenbauten, die Holzhäuser, die maroden Kombinate und stalinistischen Verwaltungsgebäude – eine Filmkulisse, vor der wir entlang brausen. Der Jeep erregt Aufsehen. Leute drehen sich um, lächeln. Ab und zu hupt Michas Vater. Dann winken die Mädchen. Vorstadt-Rock-'n'-Roll, denke ich, und daß nichts in diesem Moment schöner sein könnte.

Silicon Valley liegt in der Taiga

Das Wochenende ist vorbei, doch das Lied »Sie haben uns ein Denkmal gebaut« klingt immer noch in meinem Kopf nach, als ich mich auf die Suche nach den sibirischen Helden, den Trägern des Wandels, die, wie man an der Universität glaubt, Hoffnung und Wohlstand in die Region bringen würden: die Dot.com-Pioniere.

In deutschen Zeitungen heißt es immer, die Zukunft des Internets läge in Indien. Denn in Indien seien die Programmierer nicht nur fleißig, gut ausgebildet und kreativ, sondern auch noch konkurrenzlos billig. Doch Indien, das war einmal, ein strahlender, schnell verglühter Stern am Multimedia-Himmel. Das Silicon Valley des 21. Jahrhunderts liegt in Sibirien. Genauer gesagt: in Nowosibirsk.

Denn hier in Westsibirien werden die besten Programmierer des Landes ausgebildet, die modernsten Multimedia-Agenturen gegründet und die meisten Internet-Cafés. Angeblich. Doch als ich an der Universität nach Adressen frage, schüttelt man den Kopf. »Wir sind nur eine Ausbildungsinstitution. Wir können Ihnen keine Auskunft geben.« Also mache ich mich selbst auf die Suche nach dem Silicon Valley vor meiner Haustür.

Eine zähe Suche, die im neonhellen Stadtzentrum von Nowosibirsk beginnt. »Wo, bitte, ist hier das nächste Internet-Café?« frage ich Passanten auf dem geschäftigen Krasny Prospekt, die, wie es neudeutsch so schön heißt, »medienaffin« aussehen, junge Männer mit bunten T-Shirts und MP3-Playern und Geschäftsfrauen mit ledernen Laptop-Taschen. »Internet-Café? Was soll denn das sein? Hab ich noch nie gehört!« antwortet die erste, eine Mittdreißigerin im dunklen Zweireiher. Zweiter Versuch. Die nächste Frau, die ich anspreche, trägt eine Rolle mit Konstruktionszeichnungen unter dem Arm und hastet wortlos davon – wahrscheinlich ein wichtiger Termin mit dem Bauamt oder einer südostasiatischen Investorengruppe.

Beim dritten Mal stoße ich zumindest auf Verständnis. »Sie wollen Ihre E-Mails lesen? Warten Sie mal, da gab es doch so einen Raum mit PCs«, sagt ein Junge mit David-Beckham-Frisur und Formel-1-Jacke. »Aber wo? Hab ich vergessen, ich brauch so was ja nie. Hab ja Internet zu Hause.« Ich frage und frage, irre durch Ladenpassagen, U-Bahn-Schächte und Bürogebäude, bis ich ermattet vor einem Handyshop stehenbleibe. Es ist brütend heiß. Wer eine Klimaanlage hat, ist froh, wenn er nicht nach draußen muß. So scheinen alle, die im Freien arbeiten müssen, an diesem Tag äußerst schlecht gelaunt.

»Hey, Amerikanskaja! Hier gibt's nichts zu gaffen!« blafft mich einer der muskelbepackten Türsteher an, die den Ladeneingang bewachen.

»Erstens bin ich keine Amerikanerin, zweitens hab ich hier zu tun!« blaffe ich zurück.

»Du willst bestimmt zur Bank! Die ist da drüben!«

»Nein, stellen Sie sich vor! Ich suche ein Internet-Café!«

Um uns sammelt sich eine Horde Jugendlicher, die ihre soeben erworbenen Handys auf der Straße testen. Es bimmelt, fiepst, summt polyphone Anrufmelodien von Eminem, DJ Bobo und den Chemical Brothers, für die im russischen MTV fleißig geworben wird.

»Internet-Café? Sie meinen bestimmt das Extreme«, schaltet sich schließlich einer der Handy-Neubesitzer ein und deutet auf das dunkle, höhlenartige Gewirr der Ladenpassage. »Ist so ’n Computerclub da unten im Keller.«

Also, deshalb weiß keiner, was ich meine, wenn ich nach einem Internet-Café frage. Die heißen hier einfach anders: »Kompjuterny klub«, Computerclub. Als ich vorbei an dem Türsteher, vorbei an Handyshops und CD-Ständen die Treppe in den Keller hinabsteige, wird mir klar, warum. Denn mit einem Café hat das, was sich da auf achtzig Quadratmetern ausbreitet, wenig zu tun. Eher mit einem Jugendzentrum: mit Graffiti besprühte Wände, eine Anlage mit riesigen Boxen, aus denen Hip-Hop in Stadionlautstärke schallt, Tische mit großen Bildschirmen und Plastikstühle, auf denen Teenager in Kapuzenjacken und Baggy-Hosen mit lässig ausgestreckten Beinen lümmeln. Das Extreme ist vor allem ein Treffpunkt für Jugendliche, die sich hier mit Freunden treffen, Computerspiele spielen und Musik hören. Für Trendgetränke, wie sie in deutschen Internet-Cafés serviert werden – Latte Macchiato, Orangina oder Bionade – hat niemand Geld.

»Wäre eh viel zu kompliziert, so was anzubieten«, sagt Tatjana, die Besitzerin. »In Sibirien braucht man dafür eine spezielle Lizenz. Und die kriegt man nur über Beziehungen.« Und weil die nur wenige Jungunternehmer hätten, gebe es in Sibirien kaum Internet-Cafés, wie sie in Moskau oder im Westen üblich seien.

Keiner der Teenager surft im Web, die meisten sitzen zu zweit vor einem der zwanzig flackernden Bildschirme und spielen »Moorhuhnjagd«, »Sim City« oder russische Rambo-Games. Nur in der Ecke neben dem Kassentresen rufen zwei Männer französische Yahoo-Mails ab, bärtige Gestalten in

Shorts und verschwitzten Hemden. Sie seien von der Vereinigung der Extremradfahrer, erzählt einer der beiden, würden von Paris nach Wladiwostok fahren, 12000 Kilometer in einem Jahr, bei den Bauern auf den Dörfern übernachten und sich auf dem Campingkocher ihre Mahlzeiten zubereiten. »Wenn es das Internet nicht gäbe, könnte unsere Reise gar nicht stattfinden«, sagt der Größere von ihnen. »Erstens würde meine Freundin abhauen, wenn sie so lange keinen Kontakt zu mir hätte. Zweitens leben wir von den Reportagen, die wir ins Netz stellen.«

Tatjanas Mann ist »Businesmen«, einer, der mit frisch privatisierten Grundstücken und Häusern spekuliert. Eines Tages hatte ihm ein Geschäftspartner einen Raum in einer neuen Shoppingmall angeboten, zu einem Spottpreis, denn der Raum lag im Keller. Tatjanas Mann fragte, ob sie dort nicht eine Boutique eröffnen wollte. »Mode – das ist nichts für mich. Ich hab's mehr mit Technik«, sagt sie. »Als ich den Laden sah, dachte ich: Daraus mache ich einen Club wie im Westen!« Den Westen kannte Tatjana nur aus den Erzählungen von Freundinnen, die in den Sommerferien nach London oder Berlin gereist waren. Aber das, was sie erzählten, klang so aufregend, daß sie beschloß, etwas davon nach Nowosibirsk zu übertragen: »Die Hauswände sind da nicht grau wie bei uns, sondern mit Graffitis besprüht. Und in den Clubs haben die das auch.« Tatjana besorgte Spraydosen und verpflichtete einen Maler, die Wände des Extreme zu besprühen. Der Maler hatte zu Hause ein paar Death-Metal-Platten, deren Coverdesign er auf die Wände des Extreme übertrug: Horrorgestalten mit Sensen in der Hand, Adler und runenähnliche Schriftzüge. »So was hat kein anderer Club hier in der Gegend – Kunst, die zum Namen paßt!«

Wo denn die anderen Clubs seien? Ich hätte stundenlang gesucht. »Nicht einfach zu finden. Die sind versteckt in irgendwelchen Wohnblocks. Am besten, du suchst die Hauseingänge ab oder fragst in den Postfilialen nach.« Das hört sich nach weiten Entfernungen und beharrlichem Nachfragen an. Ich bitte Grigoris jüngsten Sohn, mich zu begleiten.

Nikolai ist 21, studiert Betriebswirtschaft und hat zu Hause einen neuen Pentium-4-Rechner stehen, an dem er seine gesamte Freizeit verbringt. Von meinem Vorhaben ist er alles andere als begeistert: »Die Hochhaus-Viertel abfahren? Bist du verrückt? Ist dir eigentlich klar, wie groß Nowosibirsk ist?«

»Du fährst sie hin!« befiehlt Grigori in einem Ton, der keine Widerrede duldet, und so ruckeln wir am nächsten Tag mit dem Lada über die Magistrale nach Nowosibirsk, um die Computer-Clubs der Stadt ausfindig zu machen.

»Hättest Du nicht einfach meinen PC benutzen können?« mault Nikolai.

»Mir geht's nicht um Rechner, sondern um die Leute, die sie nutzen.«

»Was ist an denen so spannend? Ich bin ja auch einer.«

Ich wußte, es war besser, darauf nichts zu antworten.

Gleich im ersten Postamt an der Uliza Lenina werden wir fündig: In einem Hinterzimmer surren 15 Rechner mit blauem Posthorn-Logo, an denen sich eine Studienratsgruppe aus dem Rheinland auf ein »Poetik-Kolloquium mit russischen Deutschlehrer-Kollegen vorbereitet. »Im Sommer kommen viele Ausländer«, sagt die Bedienung hinter dem Kassentresen, eine Anglistik-Studentin, die sich hier in den Ferien ein paar Rubel dazu verdient.

In den Computer-Clubs in den Wohnsiedlungen dagegen sind die Einheimischen unter sich. Schüler erledigen mit Hilfe von Online-Lexika ihre Englisch-Hausaufgaben, Mädchen chatten mit ihren Freundinnen, junge Männer spielen »Sim City« oder basteln Power-Point-Präsentationen mit bunten Säulengraphiken und blinkenden Headlines.

Es ist eine neue Generation, die da in notdürftig renovierten Kellerräumen, in ehemaligen Kaufhallen und Pionierheimen in eine virtuelle Welt hineinwächst, die so viel bunter, vielfältiger, grenzenloser erscheint als die reale in den Hochhaussiedlungen am Stadtrand von Nowosibirsk: Mit einem Mausklick erfahren sie, ob Coldplay auch in Rußland auftreten. Mit einem zweiten bewerben sie sich für ein Stipendium in England. Und mit einem letzten lernen sie einen Mann in London kennen. Und träumen sich für ein paar Stunden an einen anderen Ort, in ein anderes Leben.

Eine Welt in einem bläulichen Licht und einer Sprache, die Außenstehenden so fremd und seltsam vorkommen muß wie den jugendlichen Besuchern die sozialistischen Losungen, mit denen ihre Eltern groß wurden. »Scroll mal die Homepage vom MIT runter«, »Log dich mal bei den news groups ein« und »Schalt mal den Pop-up-Blocker aus« statt »Wenn du nach der wahren Lösung suchst – denke an Stalin, und du wirst diese Lösung finden« und »Vom Sozialismus lernen heißt siegen lernen«.

Die unbekannten Seiten dieser Welt lerne ich nun dank »rol.ru.«, »Rustel«, »Solaris« und »deep forest network« kennen, den örtlichen Providern, deren Veranstaltungskalender, Filmarchive, Musik-Bibliotheken und Chatrooms ich an diesem Nachmittag anklicke.

Bei »rol.ru« versuche ich mir eine Woche später in Akademgorodok ein E-Mail-Postfach anzulegen, da die »Hotmail«-Seiten in fast allen Internet-Centern blockiert sind. Im Computerclub des Studentenwohnheims der Uni Akademgorodok setze ich mich vor einen Bildschirm, neugierig beäugt von einer Gruppe Studenten, die über einer Website mit Physik-Formeln brüten. »Exchange student?« fragt mich schließlich einer von ihnen, der wie die Inkarnation eines amerikanischen Nerd aussieht: halblange, strähnige Haare, Jeans mit tiefem Hosenboden und ein T-Shirt mit »Think!«-Aufdruck. »No«, antworte ich, »I do a research on the Silicon Valley of Siberia.« »Oh, I see. You are interested in our web companies? Do you know that we'll become the first net-city in Russia?« Net-city? »Yes, virtual Akademgorodok.«

Ein paar ehemalige Kommilitonen von ihm hätten eine Firma gegründet, die die Stadt komplett vernetzen wolle.

Ein virtuelles Netzwerk – eine sehr demokratische Einrichtung, lobe ich »academ.org.« insgeheim, als ich die Büroräume der Firma im Erdgeschoß eines Mietshauses in der Innenstadt betrete. Doch als ich sie wieder verlasse, bin ich überzeugt: Dieses Netzwerk ist eine Terrorinstrument, wie es sich George Orwell nicht besser hätte ausdenken können. Denn »academ.org.« betreibt nicht nur eine harmlose Website, auf der Studenten über die neuesten Ereignisse in der Stadt berichten, Firmen und öffentliche Einrichtungen ihre Dienste offerieren, Singles nach einem Flirtpartner suchen können, und einen Server, über den man für ein paar Dollar im Monat ins Internet gelangt. Nein, sie »hosten«, wie es in der anglizismenreichen Internetsprache heißt, auch sogenannte Webforen, in denen sich jedermann das vom Herzen schreiben darf, was ihn bewegt. Was für eine geschickte Art, eine Gegenöffentlichkeit herzustellen, denke ich, einen Kontrapunkt zu all den schönfärberischen »Es geht aufwärts«-Parolen in den staatlichen Medien. Aber da Kritik in Sibirien nur in privatem Kreise möglich ist, da es weder eine richtige Lokalzeitung noch richtige Bürgerinitiativen gibt, wird diese Gelegenheit in bedenklich ausufernder Weise genutzt: Da wird gemeckert über XY, der Z beleidigt haben soll, da werden die angeblichen Missetaten von A gerügt, der B ruinieren wolle. Das ärgert B natürlich so gewaltig, daß er eine ebenso gehässige Bemerkung auf die Seite stellt, auf der mittlerweile schon ein veritabler Bürgerkrieg entflammt ist – der sich leider dann im wirklichen Leben fortsetzt.

Ein Krieg, dessen Opfer auch ich – ohne es zu wissen – bereits geworden bin: Kurz nach meinem Besuch in der Firma erfahre ich, daß in einem der Foren eine Ausländerin attackiert wird, die in Deutschland böswillige Texte über die Stadt verbreitet habe; Texte in russischer Übersetzung, die – unter Umgehung aller Urheberrechtsgesetze – gleich mit angefügt sind. Diese Ausländerin bin ich. Und langsam dämmert mir, wieso Grigoris Kollegen von meinem deutschen Webtagebuch wußten, warum sie meine Gedanken kannten, meine Gefühle, mein Befremden. Und warum sie befürchtet hatten, als meine Gastgeber ebenso in die Schußlinie zu geraten wie ich. In einer virtuellen Stadt ist das natürlich ganz einfach!

Ich merke, wie ich überall, wo ich hinkomme, seltsam angestarrt werde, mit einem halb schadenfreudigen, halb feindseligen Blick, unter dem ich mich nicht einmal mehr traue, im »Effes«-Bierzelt mit jungen Physikern zu flirten. So muß sich Bill Clinton gefühlt haben, als im »Mad Drug Report«, der Website eines tratschlustigen Kaliforniers, seine sexuellen Vorlieben öffentlich gemacht wurden, denke ich und verziehe mich auf die Datscha, wo ich, um mich abzulenken, die Lokalnachrichten des Staatsfernsehens an mir vorbeirauschen lasse, Berichte über Grundsteinlegungen in Barabinsk, Kindergarteneröffnungen in Berdsk und Gouverneursbesuche in Omsk, mit sehr viel Händegeschüttel und Funktionärsreden. Es kann einem nicht gut gehen, wenn man sich so etwas stundenlang freiwillig ansieht.

Warum konnte Putin nicht einfach anordnen, *alle* Websites zensieren zu lassen, als er 2000 dieses Gesetz erließ, dessen Name wie ein besonders ausgefeilter Algorithmus klingt – »SORM 2« ? Warum konnte er nicht allen »org.'s«, »com.'s« und »ru's« dieses Landes einen großen Maulkorb verpassen, ihnen jegliche schädigende Meinungsäußerung verbieten – damit ich wieder entspannt im Bierzelt in Akademgorodok sitzen kann?

Leider stand in »SORM 2« nur der schöne Satz, daß alle »ISP's den FSB's Hilfe zu leisten haben bei ihren operativinvestigativen Aktivitäten«, was schlicht bedeutet, daß Geheimdienste bei Providern Gerätschaften installieren dürfen, mit deren Hilfe sie bestimmte Internet-Adressen überwachen können.

»Academ.org.« scheinen die Schlapphüte, die angeblich den Staat und die Demokratie vor feindlichen Elementen schützen, noch nicht im Visier zu haben – was eigentlich nicht verwundert. Denn die Website ist absolut unpolitisch. Niemals würde dort der Präsidenten kritisiert werden, die Partei oder der Staat. Niemals würden dort die Machenschaften der lokalen Mafia angeprangert. Niemals würde dort zum Streik aufgerufen oder der Opposition der Rücken gestärkt werden. Nein, Geheimdienste interessieren sich nicht für eine Klatschbörse, eine Kleinstadt-Bunte, in der jeder ein bißchen über die Reicheren, Schöneren, Erfolgreicheren lästern darf. Oder gegen unbotmäßige Journalisten wie mich.

Also muß ich ganz unkonspirativ mit Pjotr und Aydin reden und ihnen erklären, daß ich mich in ihrer Stadt seit der Veröffentlichung meines Tagebuches weder unbehelligt bewegen noch ruhig schlafen kann. Ich wähle die Nummer, die auf Aydins Visitenkarte steht, die er mir bei meinem Besuch im Büro in die Hand gedrückt hatte. Man könne doch vielleicht mal abends zusammen auf ein Bier …

»Allo? Kto govorit?« Wer ist am Apparat?

»Ich bin's, die Journalistin. Aydin, du mußt mir einen Gefallen tun!«

»Jeden, wenn du heute abend mit mir ausgehst.«

Eigentlich will ich nicht mit Aydin ausgehen, denn Aydin sieht aus wie Dirk Bach, der kugelförmige Dschungelcamp-Conférencier – ganz im Gegenteil zu seinem Kompagnon Pjotr, der einen schlaksigen Intellektuellen-Körper hat und eisblaue Augen, aus denen er mich neulich so lange bedeutungsvoll angesehen hat, bis es mir im Magen kribbelte. Doch ich sage: »Klar, heute abend im ›New York Pizza‹. Nur diese Texte – die müssen weg!«

»Mann, das hätte ich nicht gedacht«, sagt Aydin mitleidig, nachdem ich von den Wirrnissen berichte, in die sie mich gestürzt haben. »Tut mir leid, wird gleich morgen bereinigt, versprochen! Ich meld mich später wegen unserer Verabredung!«

Aydin hat nie wieder angerufen, auch Pjotr hat leider nie zum Telefon gegriffen, um mir noch einmal einen Blick in seine eisblauen Augen zu gestatten. Doch die Texte waren am nächsten Tag verschwunden.

Die Texte. Aber leider nicht die »Offenen Diskussionsforen«, in denen noch eine ganze Woche lang fleißig weiter gegen »die Ausländerin« gehetzt wurde. Aber in diese Foren, so tröste ich mich, dürfen Aydin und Pjotr einfach nicht eingreifen. Denn das wäre ja Zensur, und die, so wird vom zuständigen Ministerium immer wieder betont, sei ja schließlich abgeschafft – was man nicht zuletzt an der Vielfalt der privaten TV-Kanäle sehen könne, die in den letzten Jahren auf Sendung gegangen seien. Allerdings besteht deren Programm meist aus politisch unbedenklichen Hollywood-Komödien, der nicht eben aufrührerischen Polizeihund-Serie »Kommissar Rex« und ununterbrochen durch das Bild flackernden Werbebalken, in denen Sicherheitsdienste aus Tomsk und Autohändler aus Barnaul für ihre Dienste werben.

Aber ich traue mich wieder allein in die Stadt. Und treffe dort gleich den nächsten Internet-Unternehmer. Der heißt Oleg, hat eine Internetfirma und raucht zusammen mit seiner Frau Olga auf dem Hof eine Zigarette.

Oleg spricht ein ziemlich perfektes Englisch, und wir unterhalten uns lange auf dem Hof, bis ein Mitarbeiter den Kopf aus der Tür an der Rückfront herausstreckt und mahnt: »Oleg, vergiß nicht die Website für die Franzosen!«

»Was für Franzosen?«

»Ein Auftrag von France Libre, einer Stiftung, die sich mit der Geschichte der Widerstandsbewegung im Zweiten Weltkrieg befaßt.«

»Die lassen ihre Website in Sibirien bauen?«

»Nicht direkt. Aber ich muß jetzt rein. Komm doch morgen wieder vorbei.«

Am nächsten Morgen führen mir Oleg und Olga am Großbildschirm auf ihrem Schreibtisch die Websites vor, die ihre Firma Eurostudio in den letzten Monaten programmiert hat: Die France-Libre-Homepage, ein Rußland-Forum der Weltbank, eine Infoseite des amerikanischen Verteidigungsministeriums mit Panzern, Aufklärungsflugzeugen und Bodenwaffen samt technischer Daten und einer Erklärung, daß dem Irak-Einsatz ihrer Gerätschaften »große Bedeutung bei der Bekämpfung des Terrorismus« zukäme.

»Unsere beste Arbeit. Leider ist die Seite nie online gegangen«, bedauert Olga. »Die Lage im Irak hatte sich in der Zwischenzeit so zugespitzt, daß die Amis wohl kalte Füße gekriegt haben.«

Wer genau dieser Auftraggeber war, will Olga nicht sagen – nur, daß es nicht das amerikanische Verteidigungsministerium war.

Offshore-Programmierung heißt dieses Verfahren, das der Region Nowosibirsk in den letzten Jahren einen gewaltigen Markt beschert hat und im Prinzip nichts anderes ist als die übliche Kärrnerarbeit-in-Niedriglohnländer-Vergabe-Methode, mit der andere Branchen schon seit Jahrzehnten arbeiten. Nur daß dort das Herstellungsland der Produkte ausgewiesen sein muß. Und so steht in H&M-Hemden »Made in Bangladesh« und unter Ikea-Kerzenleuchtern »Made in China«, aber auf den Homepages von France Libre und dem amerikanischen Verteidigungsministerium kein Hinweis auf »Made in Siberia«.

Im Internet-Offshore-Geschäft ist es auch nicht so, daß sich eine Firma im Westen einen Billigproduzenten im Osten sucht. Hier gehen die Produzenten auf die Auftraggeber zu. Über spezielle Branchenwebsites erfahren Firmen wie Eurostudio, welche Agentur aus Paris, Washington oder London gerade einen großen Auftrag von Behörden oder Konzernen ergattert hat, und schicken dann ihr Angebot. »Die Agenturen im Westen wissen, daß wir hier bestens ausgebildete Programmierer und Webdesigner haben – und daß wir eben konkurrenzlos billig sind«, sagt Olga.

25 Angestellte hat Eurostudio momentan – wenig im Vergleich zu anderen Agenturen in der Region, die in den letzten Jahren rasend schnell gewachsen sind, und zum Teil 100, 200 Mitarbeiter haben. »Aber wenn da nur ein einziger Großauftrag platzt, stehen die alle sofort wieder auf der Straße!«

Olga und Oleg leben heute noch so sparsam wie zu Studentenzeiten. Jeder Rubel fließt in die Firma. »Einmal hab ich mich darüber beschwert, daß wir noch nicht mal mehr Geld für Pampers in der Haushaltskasse hatten«, erinnert sich Olga. »Oleg hat nur gesagt, ich soll Stoffwindeln benutzen.« Das war in der Zeit, als sie noch davon träumte, als Slawistin in einem Buchverlag oder in einem Literaturinstitut eine Anstellung zu finden. Dann löste sich die Sowjetunion auf, und mit ihr viele Buchverlage. Oleg gab seinen Job als Mathematiker an der staatlichen Universität auf, denn die Uni zahlte so wenig, daß sie von dem Geld nicht einmal mehr die Miete für die Zweizimmerwohnung im Zentrum von Akademgorodok aufbringen konnten. Oleg machte sich selbständig.

Heute kümmern sich die beiden nur noch um Auftragsbeschaffung und Buchhaltung. Das Entwerfen und Programmieren der Websites überlassen sie den jungen Informatikern und Webdesignern, die »auch mal eine Doppelschicht verkraften können«. Trotzdem sind sie selbst oft mehr als zwölf Stunden im Büro. Das Gehalt, das sie sich genehmigen, ist nicht höher als das ihrer Mitarbeiter: 700 Dollar. Noch nicht mal eine Einbauküche hätten sie sich angeschafft, kein Sofa, keinen DVD-Player. »Zu Hause hat sich nichts verändert«, sagt Olga. »Was sollten wir da also machen, außer Spülen und Putzen?«

Olga und Oleg sind das erste Paar, das ich in Sibirien kennen lerne, das nicht die klassische Rollenverteilung pflegt. »Oleg ist der perfekte Hausmann«, sagt Olga.

Ich lade die beiden zu einem Essen auf meine Datscha ein, in der es auch einen kleinen Zwei-Flammen-Kocher gibt. »Kannst du auch was Deutsches kochen?« hat Oleg sofort gefragt. Ich überlege, welches Gericht besonders typisch für die deutsche Küche ist, denn ich bin mit den Dinkel-Burgern und Gemüse-Aufläufen meiner Waldorf-Mutter groß geworden.

Leider komme ich nicht mehr dazu, diese Frage zu beantworten. Denn Grigori hat beschlossen, mich auf Reisen zu schicken. Ein Betriebsausflug des Atomforschungsinstitutes. Mir ist nicht wohl dabei. Doch ich weiß, daß Widerspruch sinnlos ist. Denn ein Vorschlag von Grigori ist eine Direktive, die man zu befolgen hat. Als ich erfahre, wohin es gehen soll, ist mein Widerstand ohnehin gebrochen: Wir werden ins Altaigebirge fahren! Altai – wann immer ich dieses Gebirge an der Grenze zur Mongolei auf einer Landkarte erspähte, bekam ich Fernweh. Allein dieser Name: Altaiijj, mit lang gezogener, die Zungenspitze sekundenlang in der Luft verharren lassender Endsilbe: Das klang so sehr nach kargen Höhenzügen, nach Reitern, die auf wilden Ponys der aufgehenden Sonne entgegengaloppierten, daß es mir zu *dem* Sehnsuchtsort schlechthin wurde. Und so sitze ich an einem brütendheißen Freitagmorgen in einem klapperigen Toyota-Bus und fahre mit dreißig Atomforschern gen Süden.

Das Altaigebirge

Betriebsausflug ohne Licht

Wir fahren durch die sandige, baumlose Ebene bei Nowosibirsk. Dann durch die dichten, dunkelgrünen Wälder hinter Berdsk, vorbei an den rauchenden Schloten von Barnaul, über die grünen, sanft gewellten Hügel von Gorno-Altaisk, weiter und weiter in Richtung Altai.

Wenn die Landschaft nicht für vieles entschädigt hätte, hätte ich diese Bustour verflucht. Nach zehnstündiger, von fünf Pannen und mehreren Wodka-Stopps unterbrochenen Fahrt erreichen wir endlich das Schild »Region Altai«. Eigentlich ist es eher eine überdimensionierte stählerne Plastik. Und eigentlich sind wir noch längst nicht am Ziel. Sondern nur auf dem Gipfel des ersten Altai-Passes – dem unzählige weitere folgen sollten. In dunkelster Nacht halten die Busse in einem Hüttencamp am Ufer eines Gebirgssees. »Osero Tolezkoje!« sagt der Busfahrer ehrfürchtig, aber knapp, bevor er mit einem Sixpack unter dem Arm entschwindet. Der Wind, der von den Bergen herüberweht, ist eisig, ich friere in meinem durchgeschwitzten T-Shirt und warte auf ein Wunder. Das Wunder des Altai.

Und das Wunder geschieht. Plötzlich wird es hell, mit Hilfe einer Autobatterie, ein paar alter Glühbirnen und Kabel, die einer der Businsassen an die Decke der größten Hütte genagelt hat. In der Ofentonne knistert ein Feuer, und auf langen Holzböcken warten Teller mit kalten Hähnchenschenkeln. Die Hähnchenschenkel haben eine seltsame Farbe, aber die dicke Frau aus dem Nachbarbus, die nun eine weiße Kochmütze trägt, sagt »Ganz frisch!« und holt Nachschub aus der Küche. Ich greife zu. Bierflaschen werden geöffnet und der unvermeidliche Wodka, von dem die Betriebsausflügler mehr im Gepäck haben als von dem Mineralwasser, nach dem der Herr vom Kernforschungszentrum Jülich verlangt, den ich am Ende des Tisches entdecke. »Unfaßbar! Wie die das in so kurzer Zeit hingekriegt haben, diese Sibirier!« flüstert er mir zu, als ich mit einem doppelten Wodka, zu dem mir Grigori geraten hatte – »nur zur Vorsicht, wegen der Hähnchen! Die lagen heute ein bißchen lange im Warmen!«–, um den Tisch herumwandere. Danach hatte Grigori mir zugeprostet, als sei alles wieder gut zwischen uns. »Dawaj, Mädchen! Trinken wirst du doch inzwischen können, oder?«

Ich stürze den Wodka hinunter, und es schüttelt mich erst einmal gewaltig, denn Grigori hat ihn mit Salz gemischt. Dann gießt er mir noch einen ein, blickt mir in die Augen und nähert sich mit seinem Glas meinem erhobenen Arm, in den er seinen einfädelt. Ich trinke aus seinem Glas, das er an meine Lippen führt, und er aus meinem. »Auf die Freundschaft!« prostet er mir zu. Ich glaube, er war nicht mehr ganz nüchtern.

Ebenfalls leicht angetrunken, trete ich vor die Hütte. Über dem See spannt sich ein Sternenhimmel, wie ich ihn noch nie gesehen habe – und wie ihn kein deutscher Romantiker beschreiben könnte, kein Eichendorff, Mörike oder Hölderlin; ein unbeschreiblich romantischer Altai-Nachthimmel, und ich bin glücklich und traurig zugleich. Vielleicht ist das der Schlüssel zur russischen Seele?

Ich hätte jetzt gern jemanden, der mich in den Arm nimmt. Und wenn es Grigori ist. So viel Romantik ist allein nur schwer auszuhalten.

Um Mitternacht jedoch ist alle Romantik vergessen. Denn um Mitternacht machen sich die Hähnchenschenkel bemerkbar. Oder besser gesagt, das, was in und auf ihnen gelebt hat. Leider gibt es im ganzen Camp nur eine einzige Toilette, ein zugiges Plumpsklo auf einem Hügel über dem See – vor dem sich im Schein einer Taschenlampe schon bald eine kleine Schlange bildet. Eine Schlange von durchfallgeplagten

Ausländern: der Kernforscher aus Jülich, Dan, der Professor aus Amerika, ein Engländer und ein Belgier, die, wie ich, von Grigoris Institut zu diesem Betriebsausflug in den Altai eingeladen wurden. Und ebenfalls nicht wußten, was sie dort erwartete.

Der Jülicher fachsimpelt über die Auswirkungen von unterbrochenen Kühlketten, der Belgier schürt die Salmonellenpanik, der Engländer verzieht das Gesicht zu einer Mister-Bean-Grimasse. Und ich, ich halte den Toilettenverschlag besetzt, so lange, bis es wütend gegen die Tür klopft.

Die sibirischen Kollegen scheinen eine stabilere Darmflora zu haben, denn von ihnen läßt sich niemand blicken in dieser Nacht. Am anderen Morgen sitzen sie am Frühstückstisch und witzeln über die »verweichlichten Europäer«: »Ihr seid einfach zu verwöhnt! Wenn man euch richtig in der Taiga aussetzen würde, wärt ihr nach zwei Tagen am Ende.« Wenn ich ehrlich sein soll – mir reicht schon das Stück Taiga, das unser Camp umgibt. Als das Frühstück verteilt wird, Spiegeleier mit Speck und dick belegte Salamibrote, fordert ein junger Physiker im Tarnanzug uns Durchfallgeplagte auf, kräftig zuzulangen. Er grinst nicht mal dabei. Nach dem Frühstück, sagt er, stünde ein Bootsausflug an, »und bei dem Wellengang braucht man was Solides im Magen«!

Ich bin froh, daß ich keine Spiegeleier gegessen habe, als ich über den schwankenden Steg auf den Ausflugsdampfer klettere. Denn der hat nur eine einzige Toilette an Bord und schaukelt schon beim Ablegen so heftig, daß der Belgier ganz bleich im Gesicht wird. Ein stürmischer Wind bläst von den Bergen herab und bauscht das Wasser zu nervösen Wellen, die über die Bordwand schwappen. Der Jülicher steht in einer bis an die Nasenspitze zugeschnürten Regenjacke am Bug. Nur ab und zu blitzt ein kleines Teleobjektiv aus seiner Kapuze, zoomt auf einen Punkt am nebelverhangenen Ufer, fährt mit einem Schnarren zurück, um sich kurz darauf wieder an einem neuen Punkt festzusaugen.

Immer heftiger schlingert das Schiff, immer tiefer kriecht die Kälte in die Glieder, bis der junge Physiker aus seinem Tarnanzug einen Dreiviertelliter-Flachmann hervorzieht: »Der vertreibt die Kälte!« Ein milder georgischer Cognac rinnt die Kehlen hinab. Mir wird so warm, als würde mich jemand mit einer Höhensonne bestrahlen.

Zehn Minuten später lichtet sich der Himmel, und am Ufer tauchen steile, dichtbewaldete Felsen auf. Kapuzen werden abgesetzt, Regenjacken zusammengerollt. Es ist, als ob die ganze Welt den Atem angehalten hätte: keine Welle, die an die Bordwand klatscht, kein Wind, kein Kamerasurren. Außer dem gleichmäßigen Brummen des Schiffsdiesels ist kein Laut zu hören. Wir stehen an der Reling und starren gebannt auf die Kulisse, die sich da plötzlich vor uns aufgetan hat: der blanke, tiefblaue Spiegel des Sees, der Wald, der in Hunderten von Grüntönen schimmert, die am Horizont aufragenden, glatt polierten Gipfel des Hohen Altai.

Wahrscheinlich war es dieser Anblick, der das deutsche Fernsehteam, das hier vor ein paar Jahren gefilmt hat, dazu veranlaßte, den Osero Tolezkoje zum schönsten See Rußlands zu erklären – ein Tabubruch, denn in Rußland ist man sich darüber einig, daß das nur der Osero Baikal sein kann, der hier ehrfurchtsvoll nur »Heiliges Meer« genannt wird. In Dutzenden von Gedichten, in Liedern, ja selbst in Gebeten wird er beschworen. Ihm werden Heilkräfte zugesprochen und Schicksalsmächte, ihm bringen Buddhisten ebenso ihre Opfer wie Christen und Atheisten.

Der Baikal ist riesig, die Berge dort sind hoch und steil, die Taiga undurchdringlich. Der Zauber des Tolezkoje-Sees ist ein stillerer, einer, der den Betrachter nicht in Ehrfurcht erstarren läßt, sondern milde stimmt. Der Baikal – das sind die Doors, »Riders on a storm«, der Osero Tolezkoje ist Brian Wilson, dessen »Pet Sounds« ich in diesem Moment im Ohr habe, gelassen-unaufdringliche Lieder des kalifornischen Poprevolutionärs, die gegen alle Widrigkeiten dieser Welt immunisieren, unhörbar für die anderen, die bereits wieder in ihre Gespräche über Kinder, die nicht lernen wollen, Gurken, die in diesem Sommer nicht wachsen wollen, und die allgemeine Geldknappheit vertieft sind.

Aber sie sind eine Gemeinschaft, denke ich neidvoll, als das Schiff drei Stunden später am Ostufer des Sees anlegt und sie dicht nebeneinander den Berg hinaufmarschieren: Busfahrer, Direktoren, Köchinnen, Techniker, Physiker und Sekretärinnen, die in diesen Tagen kein »Sie« kennen und keine Hierarchien, die nichts von der üblichen Distanz an den Tag legen, wie sie in Deutschland unter Betriebsausflüglern herrscht, sondern miteinander plaudern, als wären sie alte Freunde.

Ich erinnere mich an einen Nachmittag, an dem ich Kolja, einen der Physiker, der vor mir den Berg hinauftrottet, zum ersten Mal gesehen habe. K., der ehemalige Institutsdirektor, hatte uns an einem Sonntagnachmittag auf sein Datschengrundstück eingeladen, auf dem ein buntes Holzhaus inmitten von Gemüsebeeten stand und eine Saunahütte, in der es nach Eukalyptus und Birkenreisern roch. »Du bist der Älteste. Du darfst als erster in die Sauna«, hatte K. zu Kolja gesagt. Kolja hatte sich gesträubt, sich im Vorraum der Sauna neben einem jungen Chinesen auszuziehen, der seit ein paar Wochen als Gastwissenschaftler in Akademgorodok arbeitete. »Gehen Sie erst mal allein. Mein Körper ist nicht mehr besonders schön!« – »Nein, nach Ihnen. Ich warte draußen«, sagte der Chinese, denn auch in China ist man zu alten Männern besonders höflich. Zehn Minuten später erschien ein verschwitzter Kolja mit einem um die Lenden gewundenen Handtuch vor der Banja. Sein Körper war so mager, daß ich erschrak: Die Brust knochig, die Knie spitz, die Wangen unter dem weißgrauen Vollbart hohl. »Das liegt daran, daß die Preisbindung für Lebensmittel aufgehoben wurde«, sagte einer von Koljas Kollegen, als er mein Erschrecken bemerkte. Kolja verdient, obwohl er einst als der begabteste Physiker seiner Forschungsgruppe galt, kaum noch genug zum Leben.

Grigori ist der einzige, der sich in den letzten Jahren einen Bauch zugelegt hat, dank eines stattlichen Gehalts und eines kaum zu stillenden Appetits: Auf das nächste Stück Lachs, das nächste Ferrero-Küßchen, auf Erfolg, Wohlstand und Ansehen. Beim Essen sah ich, wie Kolja Grigori von der Seite anschaute wie einen Fremden, mit einem scheuen, fast verschämten Blick. Doch als Grigori ihm zuzwinkerte, lächelte Kolja vorsichtig hinter seiner dicken Siebziger-Jahre-Brille, hob sein Glas und murmelte: »Auf uns!«

Es klang, als ob er die alte Zeit heraufbeschwören wollte, in der sie alle eine Gruppe von Gleichgesinnten waren, verbunden durch die gleichen Gehälter, Sorgen und Nöte. Nach dem Toast rückte Kolja auf der Holzbank hinter dem Tisch näher an Grigori heran, ganz betont, so, als wolle er eine Nähe herstellen, die es nicht mehr gab. Während Grigori sich zu einem »optimistischen Macher« entwickelt habe, sei er, Kolja, zu einem melancholischen Grübler geworden. »Das Institut braucht Leute wie ihn«, sagte er zu mir.

Doch auf dem Betriebsausflug ist es so, als sei die alte Zeit zurückgekehrt. Neid, Hierarchien, Gehaltsunterschiede – im Camp am Tolezkoje-See zählt all das nicht. Denn im Camp ist jeder auf den anderen angewiesen. Wenn es nicht Mischa, den Busfahrer, gäbe, der aus Autobatterien und Kabeln eine Lampe basteln kann, und Alexej, der weiß, wie man ein stundenlang brennendes Feuer entfacht, wenn es nicht Ilona und Luda gäbe, die aus Schweineschultern und Kartoffeln auf einem winzigen Gaskocher ein Festmahl für dreißig Leute bereiten, Pjotr und Tanja, die Wasser vom See in die Banja schleppen, und Kolja II, der unten am See die Frauen nacheinander zum Walzer auffordert – dann gäbe es hier weder Licht noch Heizung, weder Essen noch Waschgelegenheiten, weder Ausflüge noch Tanz.

Das Camp gehörte und gehört bis heute der Akademie der Wissenschaften, und es ist noch so ausgestattet wie zu

Sowjetzeiten: ohne Wasserleitungen und Duschen, ohne Toiletten und Zentralheizung; ein Platz für Urlauber, die es gewohnt sind, sich ihre Infrastruktur selbst zu schaffen. Ohnehin ist es ein Wunder, daß dieses Camp noch existiert, denn die Akademie der Wissenschaften, die reichlich knapp bei Kasse ist, hat schon etliche ihrer Grundstücke, die sich in den schönsten Urlaubsregionen Rußlands befinden, verkauft. Und ein solches Grundstück in Seelage, mit eigenem Strand – was für ein Investorentraum!

Würde sich der Tolezkoje-See auf deutschem Boden befinden, stünde hier längst ein Wellness-Hotel mit Saunalandschaft, die Straße durch den Wald wäre geteert, die von Kräutern und Gebirgsblumen übersäte Wiese, auf der unser Bus steht, wäre durch einen Parkplatz ersetzt worden, auf dem Mercedes- und Audi-Limousinen in numerierten Parkbuchten bewacht würden, und am Strand lägen die fitneßstudiogestählten Körper von Vorstandsvorsitzenden, Chefredakteuren und Zahnarztgattinnen in Palisanderholz-Liegestühlen. Nein, wenn dieses Grundstück in Deutschland läge, dann würde es keine fünftägigen Gruppenreisen für umgerechnet sechzig Dollar geben, dann würde Kolja nicht in den Urlaub fahren können und mit Grigori zusammen auf einem Schiff sitzen, das am Ufer unterhalb des Camps anlegt.

Den ganzen Tag waren wir am Wasser gewesen, hatten im »Staatlichen Naturschutzgebiet Altai« nackt in den eiskalten Wasserfällen gebadet, waren in den ebenso kalten See gesprungen. Blau gefroren, hatten wir die Felsen am Ufer erklommen, hatten uns oben im Wald verlaufen und, als wir endlich wieder zum Schiff zurückgefunden hatten, noch mehr Cognac getrunken, so daß wir den Wind kaum bemerkten, der das Schiff auf der Rückfahrt wie betrunken über die Wellen taumeln ließ. Ja, es war ein wunderbarer Gemeinschaftsausflug. Aber bei aller Liebe zur gemeinschaftlichen Aktivität – jetzt noch ein Grillabend am Strand? »Verdrücken gibt's nicht, junge Frau! Heute abend müssen alle ran!« blafft ein

Mann mit Cowboyhut, den Grigori als den Kommunikationsbeauftragten des Instituts vorstellt. Der Job scheint ihm in Fleisch und Blut übergegangen zu sein. »Hütte eins holt Holz aus dem Wald, Hütte zwei hackt, die Frauen kümmern sich um das Fleisch, ihr da drüben schält Kartoffeln«, dekretiert er. »Und du« – er zeigt auf mich –, »du sorgst am besten für die Musik!«

Keine leichte Aufgabe, denn wir haben nichts als ein Autoradio und eine ausgeleierte Kassette mit russischer Hitparaden-Musik, »Zwischen uns ist Liebe«, »Frauen in der Stadt« und andere Liedchen, die wir auf der Fahrt so oft gehört haben, daß eine weitere Wiederholung jeden hier in den Wahnsinn treiben würde. Da schaltet sich Sascha ein, ein vierzigjähriger Gastphysiker aus Moskau, der sich im Bus neben mich gesetzt hatte. Um mir Russisch beizubringen, wie er sagte und was ich ihm nicht so recht glaubte. »Im Dorf ist ein Geschäft. Die haben bestimmt auch Kassetten.«

Das Dorf ist drei Kilometer entfernt, der Weg dorthin unbeleuchtet, doch Sascha marschiert einfach los.

»Was hörst du so für Musik?« fragt er unterwegs, während an uns eine Gruppe junger Männer auf ungesattelten Pferden vorbeigaloppiert. Die Pferde erinnern mich an Folk-Musik, und so antworte ich spontan »Neil Young«.

»Kenn ich nicht«, sagt Sascha. »Wie steht's mit Abba?«

Ich bin froh, daß ich in diesem Moment geschwiegen habe, denn im Dorfladen finden wir eine »Golden Hits of Abba«-Kassette, die mir Sascha in die Hand drückt. »Hier, ist ein Geschenk!«

»Ein Geschenk?«

»Ja. Die mußt du nachher auflegen, damit ich mit dir tanzen kann.«

»Ich bin aber ein ganz schlechter Tänzer!«

»Macht nichts, ich auch.«

Als ich später die Kassette in den Recorder im Bus einlege, den der Fahrer neben dem bei unserer Rückkehr bereits hell lodernden Lagerfeuer geparkt hat, und die ersten Akkorde von »Gimme gimme gimme« über den Strand schallen, ist Sascha verschwunden. Dafür greift Kolja II nach meiner Hand.

Kolja II ist 1,50 Meter groß und reicht mir etwa bis zur Schulter. Aber er ist der beste Tanzpartner, den man sich vorstellen kann. Er schwebt über den Sand, knickt in den Hüften ein wie ein Salsatänzer, reißt mich an sich, umfaßt meine Taille und lacht. »Wenn Kolja Musik hört, dann wird er ein anderer Mensch«, sagt seine Frau, die fast zwei Köpfe größer ist als ihr Mann.

Dann beginnt auch schon der nächste Song: »The day before you came«, ein Engtanz-Stück. Kolja II entschuldigt sich und geht auf seine Frau zu. Ich schaue mich nach Sascha um. Sascha steht am Feuer und stochert mit einem Stock in der Glut.

»Wolltest du nicht tanzen?« frage ich.

»Das Lied ist mir zu langsam«, knurrt er.

»Zu langsam?«

»Ja, die Leute würden reden.«

»Weil wir etwas enger tanzen? Das machen doch die anderen auch.«

Sascha schweigt und stochert weiter. Dann nimmt er eine Axt und zerschlägt den dicken Ast, der neben dem Feuer liegt. Ich weiß nicht, was ich sagen soll. Verlegen stehe ich neben ihm. Da kommt Grigori auf uns zugelaufen und erlöst mich aus meiner Verlegenheit: »Meine Frau hat gesagt, daß du so verloren am Feuer stehst. Darf ich bitten?« – und drängt mich in Richtung Strand. Ich bin erleichtert und ein bißchen gerührt, daß Grigori mich zum Tanz auffordert. Nach unserem Streit, nach all der Sprachlosigkeit der letzten Wochen kommt mir das fast wie ein kleines Wunder vor. Kolja II klatscht, als er uns sieht, Grigori in seinem geringelten Matrosenhemd, der mich mit festem Griff über den Sand schiebt, und ich mit unsicheren Schritten, denn das Lied, das gerade aus dem Bus klingt, »Money Money Money«, hat einen komplizierten

Zweiviertel-Takt. »Was ist mit Sascha los?« raunt Grigori. »Will er nicht?«

»Was meinst Du?«

»Na ja.«

»Wie, na ja! Was soll das heißen?«

»Ich sag nur: Golubyje glasa, himmelblaue Augen!«

»Ach, du meinst, ich ... Ach, Grigori, wir tanzen doch auch ganz gut!«

»Kein Wunder! Ich hab doch auch blaue Augen!« sagt er, grinst und läßt mich stehen.

Mit einem Mal fühle ich mich entsetzlich einsam. Die anderen sind in den Stehblues mit ihrem Partner vertieft oder in ihre Gespräche über Alltagssorgen, die nicht meine sind. Der Himmel, aus dem der Wind auch noch die letzten Wolken vertrieben hat, ist wieder so sternenklar wie in der ersten Nacht; funkelnde Diamanten auf einer schwarzen Oberfläche, darin die Milchstraße wie ein Teppich aus silbrig schimmernden Fäden. Mir geht ein Vers des irischen Nationaldichters William Butler Yeats durch den Kopf, den mir damals, als das Mädchen in der kasachischen Steppe unter einem ebensolchen Himmel tanzte, ein Ire ins Ohr geflüstert hatte: »Hätt ich die reich gestickten Himmelstücher / gewirkt aus goldenem und silbernem Licht, / die blauen und die matten und die dunklen Tücher / von Nacht und Licht und halbem Licht, / ich breitete die Tücher dir zu Füßen: / Doch weil ich arm bin, hab ich nur die Träume; / die Träume breit ich aus vor deinen Füßen: / tritt leicht darauf, du trittst auf meine Träume.«

Ein Strom von Erinnerungen überflutet mich, melancholische Gedanken an vergangene Lieben, die meine Leidenschaft für den Osten noch verstärkt hatten: an François, der auf der Fähre von Helsinki nach Tallin über die russische Seele und den Dualismus philosophierte, an Rolf, der in einer Jurte in der Mongolei die Vorzüge des Nomadenlebens pries, an Nikolas, der mir vor einer Rußland-Reise Tschaikowski auf dem Klavier vorspielte. Mein Herz zieht sich zusammen vor Sehnsucht, und dann kommt plötzlich Sascha, stellt sich neben mich und deutet auf den Himmel. Ein helles Licht, heller als alle anderen Sterne, stürzt vom Himmel herab, fällt und fällt, bis es mit einem letzten Glimmen im See versinkt. Eine Sternschnuppe! »Das heißt, du darfst dir was wünschen!«

»Hast du dir auch etwas gewünscht?«

»Hab gerade vor mich hin geträumt.«

»Wovon?«

»Von einem anderen Land.«

»Was für ein Land?«

»In dem das Leben leichter ist.«

Die letzten Funken des Lagerfeuers verglimmen mit einem lauten Zischen. Der Wind trägt die Asche über den See, von dem nur noch das Geräusch leise plätschernder Wellen zu vernehmen ist. Es ist still geworden im Camp. Die anderen sind längst in ihren Hütten, nur der Physiker im Tarnanzug hat noch mit uns am Strand ausgeharrt, um die letzten Reste des Grillgelages zu beseitigen: kalte Schaschliki und angebissene Folienkartoffeln.

Allein und ohne Taschenlampe versuche ich, meine Hütte zu finden. Es ist so dunkel, daß ich nicht einmal das Gras unter meinen Füßen sehen kann. Es gibt weder elektrisches Licht noch Trampelpfade zwischen den Hütten. Aus dem Hochwald schallen seltsame Laute, ein Rascheln, ein gespenstisches Blöken und Heulen. Hirsche? Füchse? Oder doch Wölfe? Ich muß gestehen: Mit der Fauna des Altai habe ich mich noch nicht allzu intensiv beschäftigt. Zwanzig Minuten lang kämpfe ich mich zunehmend verzweifelt durch die Wiesen, stoße auf eine Hütte, eine weitere, aber die zweistöckige, in der ich mit Grigori, seiner Frau und Kolja II samt Gattin eingemietet bin, bleibt verschwunden. Als ich schon aufgeben und bei Sascha anklopfen will, höre ich ein vertrautes Schnarchen in der Dunkelheit. Grigori!

Leise schleiche ich mich die Treppe hinauf. Die Dielen im Obergeschoß knarren. »Mhhh, da bist du ja endlich!« brummt Grigori verschlafen. »Leg dich schnell hin. Morgen wird's anstrengend.«

»Anstrengend? Wieso?«

»Na, die Wanderung durch die Taiga!«

Eine Wanderung durch die Taiga, o Gott! Erst kann ich nicht einschlafen, dann habe ich einen Alptraum von Männern im Tarnanzug, die mich durch den wegelosen Hochwald hetzen.

»Keine Angst«, beruhigt mich Grigori beim Wecken. »Ne daleko – nicht weit, die Tour.«

Vier Stunden später, schweißtreibende Stunden in profillosen Turnschuhen, in denen wir durch den Matsch gewatet sind, uns durch hüfthohes Gras geschlängelt haben und auf schwankenden Brettern über reißende Gebirgsbäche balanciert sind, wird mir klar: Ne daleko, das bedeutet in einem so riesigen Land mindestens einen Tagesmarsch. Wo immer in Sibirien man diese Frage stellt – »Wie weit ist es bis …?« –, bekommt man die gleiche Auskunft; egal, ob man sich am Bahnschalter nach der Entfernung Nowosibirsk–Krasnojarsk erkundigt – acht Zugstunden – oder nach der Bootsfahrt vom Süd- zum Nordufer des Baikal – 600 Kilometer: »Ne daleko!«

Und so hoffe ich, daß Sascha tatsächlich irgendwann das tut, worauf ich schon auf dem Hinweg gehofft hatte: mir seine Hand zu reichen, wenn wir den reißenden Bach überqueren müssen, mich zu sichern, wenn wir die glitschigen, fast senkrechten Felsen neben dem Wasserfall hinabklettern, mich einzuhaken, wenn wir uns durch den Matsch auf der kleinen Waldlichtung quälen. Und mich zu ermuntern, wenn ich aufgeben will. Die anderen Frauen, die überwiegend Pumps tragen, haben besorgte Helfer neben sich, die sie vor dem Umknicken retten.

Doch Sascha marschiert vorneweg in der Spitzengruppe, die aus dem Physiker im Tarnanzug, einem Marathonläufer, der in der Institutsverwaltung arbeitet, Grigoris Flurnachbarn und einer sehnig-durchtrainierten Betriebsärztin besteht. Wahrscheinlich fürchtet er noch immer, »daß die Leute reden könnten«, wenn er mich unterhakt.

Ich verstehe seine Angst nicht. Wir sind beide unverheiratet, so daß der Verdacht des Ehebruchs gar nicht zur Debatte steht. Und haben uns bisher nur länger unterhalten, wenn wir allein waren. »Ich mag es nicht, wenn wir in der Öffentlichkeit so viel englisch reden«, hatte er mir erklärt.

»Und wenn wir russisch sprechen?«

»Ziemlich mühsam, oder? Du kannst doch gar nicht so gut Russisch!«

Vielleicht ist es hier auch nicht üblich, daß sich ein Mann und eine Frau länger unterhalten? Vielleicht sind Männer hier entweder potentielle Ernährer und Frauen treue Gattinnen oder das heimliche erotische Abenteuer zwischendurch? Und vielleicht hat Sascha Angst, daß ich zumindest eins von beidem im Sinn habe und damit entweder seinen Ruf oder sein Konto ruiniere? Ich weiß es nicht. Ich bin nur froh, daß mich Dan, der Amerikaner, auf dem langen, langen Rückweg einhakt und mich in ein Gespräch über Globalisierung, die Rolle Amerikas als »Weltpolizei« und das »alte Europa« verwickelt.

Als wir den Strand erreichen, nimmt Dan mich freundschaftlich in den Arm, drückt mir einen Bruderkuß auf die Wange, wie er unter den Führern der KPdSU üblich war, rechts, links, rechts, mit geschürzten Lippen und abgewandtem Blick. »Wie auf dem Foto von Stalin und Breshnew!« »By the way: Kannst du eigentlich die ›Internationale‹? Ich hab mir die mal beigebracht, weil man in Amerika damit so gut provozieren kann.«

»Klar!« Ich summe die Melodie an, ein bißchen zu laut. Dan singt mit, halb englisch, halb russisch.

Plötzlich steht Sascha neben uns. »Euch ist wohl gar nichts peinlich, was?«

»Nein«, sagt Dan, nimmt Saschas Arm und verschränkt ihn mit meinem, so daß wir eingehakt über den Sand laufen müssen. »Sollte dir übrigens auch nicht!«

Ein Flirt am Seeufer

Sascha hat meinen Arm nicht mehr losgelassen an diesem Nachmittag. Mit Dan hat er kein Wort geredet, obwohl Dan besser russisch spricht als ich. Statt dessen hat er *mir* etwas zugeraunt, das wie ein Kompliment klang, das ich aber nicht verstand, weil ich bisher nur mit den simplen Schmeicheleien aus den Popsongs vertraut war. Aber es klang gut, ein weicher Singsang, der ab und zu von ein paar harten Konsonanten unterbrochen wurde. Ich schaute in Saschas blaue Augen, lächelte und schwieg.

Wir laufen in der brütenden Mittagshitze über den Strand, wo Sascha sich – verschämt mit dem Rücken zu mir – bis auf die Unterhose auszieht und in den eiskalten See springt. Selbst im Sommer heizt sich der Osero Tolezkoje selten auf mehr als zwölf Grad auf, was zum einen daran liegt, daß er ein Gebirgssee ist, zum anderen, daß er sehr tief ist.

Sascha schwimmt ein paar Meter, dann winkt er. Ich soll ihm folgen. Ich behalte das T-Shirt an, als ich ihm entgegenkraule. Die Kälte des Wassers zieht meine Kopfhaut zusammen, Hände und Füße, der ganze Körper wird taub und gefühllos. So merke ich zunächst gar nicht, daß Sascha mitten auf dem See meine Schultern berührt. »Laß, Sascha! Es ist zu kalt!« flüstere ich, als er auch noch beginnt, mich mit frostigen Lippen auf den Nacken zu küssen, plötzlich, gierig, jäh.

»Was willst du überhaupt von mir?« fährt er mich darauf an, taucht unter meinem Körper hindurch und schwimmt mit kräftigen Beinschlägen zurück zum Ufer.

»Sag mir erst mal, was DU willst!« brülle ich ihm hinterher. Danach spricht er eine ganze Stunde lang nicht mehr mit mir. Stumm trocknen wir uns ab und kehren getrennt zurück ins Camp. Offenbar fühlt sich Sascha in seiner Ehre verletzt. Und ich – habe Schwierigkeiten mit seiner unerwarteten Direktheit.

In Deutschland ist ein Flirt ein Spiel, in dem es darum geht, eine Balance zwischen den Beteiligten herzustellen, ein fein austariertes Gleichgewicht zwischen Annäherung und Rückzug, Scheu und Eroberungsgelüsten; ein Spiel ohne Regeln, aber mit einem festen Rhythmus. Sascha scheint dieses Spiel fremd zu sein. Er agiert, wie ich es zuvor bereits in Akademgorodok erlebt habe bei den Männern, die auf ein erotisches Abenteuer aus waren, mit der Nachbarin, der Kollegin, mit mir: Sie sind einfach auf die Frau zugegangen und haben deutlich gezeigt, was sie wollten – in einer Art, wie es SLK-Fahrer tun, die mit aufgeblendeten Scheinwerfern und sehr viel Testosteron die linke Spur erobern.

Erotik, sagt Schiller, dessen »Briefe über die ästhetische Erziehung des Menschen« meine Vorstellung von Sinneslust nicht unerheblich geprägt haben, sei die Kunst, mit dem Begehren des anderen zu spielen, das Spiel der Abstände zu inszenieren, Akteur und Zuschauer zugleich zu sein und damit diese wunderbare Verdoppelung zu erzeugen, die sich nur aus dem Zusammenspiel von Geist und Fleisch ergeben könne: das Genießen zu genießen, das Gefühl zu fühlen, das Verliebtsein zu lieben. Sex ohne dieses Spiel – das sei ein zwanghaftes Zusteuern auf den Akt, in einem Bereich, der so wunderbar geeignet sei, allen Zwängen und Zielgerichtetheiten zu entfliehen.

Und Sascha? Versteht Sascha etwas von Erotik? Sicher, seine Art, sich im Wasser anzunähern, hat mich nicht gerade begeistert. Aber bestimmt – bestimmt war er einfach nur unbeholfen, verunsichert von meiner Reaktion. Warum ich *ihm* das zugute halte? Ich kann es nicht genau sagen. Ich habe einfach das Gefühl, daß er anders ist als die Männer, die ich bisher in Sibirien getroffen habe, nämlich sanft, einfühlsam und sensibel. Er muß nur aufhören, die anderen nachzuahmen. Denn dabei wirkt er wie ein Schauspieler, der eine Rolle spielt, die er nicht richtig beherrscht. Nein, er ist bestimmt keiner dieser Draufgänger. Ich mag keine Draufgänger. Ich mag Saschas Augen; Augen wie die russische Seele: groß, warm und melancholisch.

»Sascha, warum redest du nicht mehr mit mir?« frage ich ihn beim Abendbrot, als er neben den Mitarbeitern des Institutes seinen Borschtsch löffelt und mich keines Blickes würdigt. Der Mann ist mir einfach ein Rätsel! Aber ein faszinierendes. Warum nur wollte er erst mit mir tanzen – und hat sich dann doch nicht getraut? Warum hat er sich von meiner kurzen, unbedachten Bemerkung im Wasser so abschrecken lassen? Warum war er am Lagerfeuer so unnahbar? Warum gibt er auf, noch bevor es richtig angefangen hat? Was will er von mir – eine Affäre, eine Freundschaft, eine Liebe?

Ich rücke meinen Stuhl neben seinen, schenke ihm Bier nach, schaue ihm direkt in die melancholischen Augen und mache ihm auf englisch ein Kompliment, unsicher, unbeholfen wie ein Mädchen, das zum ersten Mal mit einem Mann flirtet. Irgendwann streiche ich ihm kurz über die Hand. Er scheint es nicht einmal zu bemerken.

Die anderen Männer beginnen zu tuscheln. Was haben sie da zu tuscheln? Machen sie ihre Witze über ihn, den Mann, der sich eine Gelegenheit entgehen läßt, ein kleines, schnelles Sommerabenteuer? Über mich, die ich scheinbar einem Mann hinterherrenne, wo ich doch – wie es sonst von einer Frau in diesen Breiten erwartet wird – abwarten sollte, bis er mich erobert, männlich, direkt, mit wenigen Worten und eindeutigen Gesten? Liegt es daran, daß ich eine »Nemka« bin, eine Deutsche, die aus ihrer Rolle fällt; eine Frau, die ein unaufreizend weites T-Shirt trägt und normalerweise nur über Politik redet – und nun doch nicht das unschuldige, auf Abstand bedachte Wesen ist, für das sie mich gehalten haben? Ich höre zynische Bemerkungen, weiß nicht, wem sie gelten. Aber ich sehe, daß Sascha sich schämt.

Ich laufe in meine Hütte zurück, krame in meinem Rucksack und finde eine Kassette, die ich auf dieser Fahrt bisher vermieden hatte zu hören, weil ich wußte, daß ich Heimweh bekommen würde: eine Zusammenstellung von Hamburger Bands, Tocotronic, Die Sterne, Blumfeld. Mit der Kassette in der Hand wate ich durch das kniehohe, feuchte Gras, sehe Sascha allein am Seeufer im Sand sitzen und drücke sie ihm in die Hand, zusammen mit meinem Walkman. Sascha setzt schweigend den Kopfhörer auf, hört ein paar Minuten zu. Dann stöpsele ich einen zweiten Kopfhörer an den Walkman. Zusammen sitzen wir am Strand, unsere Füße wippen im Rhythmus der Bässe. »Kannst du das mal übersetzen?« fragt Sascha nach einer Weile. Ich werde rot, als ich den Text des Tocotronic-Songs auf englisch wiedergebe: »I want to be something for you.«

»Yes, I like you«, sagt Sascha, wahrscheinlich, weil er sich endlich unbeobachtet fühlt. Dann rutscht er ein bißchen näher an mich heran. Ja, denke ich, das ist die Klassen und Nationen verbindende Kraft der Popmusik; und daß sich manche Dinge leichter in einer Fremdsprache ausdrücken lassen. Denn eine fremde Sprache macht einen zu einem anderen Menschen. Man hört sich reden, mit einem seltsamen Zungenschlag, und vergißt dabei, wer man war für die anderen zu Hause. Man kann vergessen, daß man Moskauer ist, geschieden von seiner ersten und einzigen Liebe. Kann verdrängen, daß man keine Erfahrung im Flirten mit Ausländerinnen hat, die sich so anders verhalten, als man es gewohnt ist.

Und man kann vergessen, daß man Hamburgerin ist und russische Männer bisher für rüde und allzu direkt gehalten hat. In einer fremden Sprache, in einer fremden Umgebung, kann man sich neu erschaffen.

Wir lassen die Beine ins Wasser baumeln und bringen uns in unseren Sprachen alle möglichen Worte bei, die mit Liebe zu tun haben. Dann schlendern wir eingehakt zurück ins Camp. Dort brennt schon wieder ein Lagerfeuer, über dem Grigori und seine Kollegen Stockbrot rösten. Wieder läuft Abba vom Band. Und wieder fordert Kolja II mich zum Tanzen auf. Aber diesmal steht Sascha am Rand der Tanzfläche, für die diesmal die Veranda der Küchenhütte herhalten muß, wartend, bis ein langsames Stück einsetzt. Dann drängt er Kolja II zur Seite, legt den Arm um meine Schultern, dreht sich ein paar Mal mit mir, langsam, tapsig, wird noch langsamer, bleibt stehen und flüstert mir ins Ohr: »Laß uns irgendwo hingehen, wo wir allein sind.«

Wir wandern über Sandwege, durch taufeuchte Wiesen, vorbei an dem kleinen Holzverschlag mit den bunten, über das Flachdach gespannten Lichterketten, vor dem ein paar Männer aus dem Dorf mit Bierdosen sitzen und schweigend rauchen. Rauchschwaden in die Luft zu blasen scheint ihre Form der Verständigung zu sein. Sie blasen mit synchronen, absolut identischen Gesten, eine Art stummes Einverständnis mit der Nacht, dem See, ihrer Gemeinschaft. Wie ein Geist aus einer Flasche, deren Korken entfernt wurde, steigt der Rauch in den Nachthimmel hinauf, eine weiße, sichelförmige Gestalt, wabert eine Weile über dem Holzverschlag, weht dann zu uns hinüber, die wir ein paar Meter über den Rauchern am Waldsaum stehen, ebenso schweigend.

»Zigarette?« fragt mich Sascha nach einer Ewigkeit und hält mir eine Schachtel Marlboro hin. Die Flamme eines Feuerzeugs erhellt die Dunkelheit. Wir ziehen an unseren Marlboros, blasen Kringel in die Luft, die sich im Wald verlieren. Aber unsere Bewegungen sind nicht so synchron wie die der Männer vor der Strandbar.

Es hat aufgeklart, nur über den Altaigipfeln am Horizont hängen noch ein paar faserige Wolken. Ich lege den Kopf in den Nacken und schaue nach oben. Da ist er wieder, dieser

Sternenteppich. Und wieder denke ich an diesen Vers von Yeats, der mich in meiner ersten Nacht im Altai so wehmütig gestimmt hatte: »Tritt leicht darauf, du trittst auf meine Träume.«

Meine Brust wird eng, mein Körper krampft sich zusammen vor Sehnsucht. Ich nehme Saschas Hand und lege sie in meine. Er läßt es geschehen, während er mit der anderen nach einer weiteren Zigarette nestelt. Oh, ich hasse diese Coolness! Ich hasse die russischen Männer! Wäre ich doch in Frankreich, auf dem Dachgarten am Place d' Italie, und würde die schmeichelnden Worte von François hören, Worte wie ein Chanson von Charles Aznavour! Doch denen lauscht jetzt eine mexikanische Militärspezialistin, die François, seines Zeichens Kulturattaché der Grande Nation, von einem Botschaftsempfang aus Kairo mitgebracht hat. Zugegeben: Mein Interesse an französischen Männern war deutlich erlahmt nach diesem Vorfall. Nicht aber meine Bewunderung für das, was mich schon beim ersten Schüleraustausch so für sie eingenommen hatte: ihre raffinierten Flirtkünste. Ein Klischee, ich weiß. Aber ein höchst verführerisches.

Und jetzt halte ich die Hand eines schmächtigen Russen mit melancholischen Augen, der offensichtlich nicht so recht weiß, was er mit mir anfangen soll. Ich will ihm helfen, das herauszufinden. Erzähle ihm von Liebe und Hoffnung und dem unerschütterlichen Moralgerüst meiner protestantischen Verwandtschaft. Sascha wirft kurz ein, daß er Atheist sei. Und seit seiner Scheidung eh an nichts mehr glaube. Ich versuche es mit kleinen erotischen Geschichten, von deutschen Waldparkplätzen und Autos mit beschlagenen Scheiben, Mädchen mit Miniröcken, unter denen sie nichts weiter tragen als eine sorgsam rasierte Bikinizone, von Nacktbade-Partys an der Ostsee und den minderjährigen Voyeuren in den Dünen. »Was bist du denn für eine?« brummt Sascha, aber es klingt nett, ein bißchen verlegen. »Die russischen Frauen überlassen alles dem Mann.«

»Ist das nicht langweilig?«

»Ja, aber wenigstens weiß man, was man machen muß. Aber bei dir ... Hast Du eigentlich schon mal was mit einem Russen gehabt?«

»Nein, ich verstehe eure Flirtrituale nicht.«

»Was für Rituale? Wenn ein Mann eine Frau anspricht, wissen doch beide Bescheid.«

»Genau das!«

Ich hake Sascha ein und wandere mit ihm weiter den Uferweg entlang. Der Bergwald, der tagsüber noch in Hunderten von Grüntönen geleuchtet hatte, ragt wie eine schwarze Wand neben uns auf. Die Luft riecht nach Laub und feuchtem Sand. Wir wandern schweigend, bis hinter uns das Getrappel von Hufen zu hören ist und die Jungen vom Vormittag auf ihren Mongolen-Pferden vorbeipreschen, mit tief geducktem Oberkörper und fest in der Mähne verkrallten Händen. Ich erzähle Sascha von dem tanzenden Mädchen in der Steppe, seiner Verwandlung und – als Sascha wie zufällig seinen Arm um mich legt – von meiner zweiten Nacht in der kasachischen Steppe. Der Nacht in der Banja:

Es war der heißeste Sommer seit Jahren. Selbst um Mitternacht zeigte das Thermometer am Eingang des Sanatoriums selten weniger als 25 Grad an. Die Blätter der Apfelbäume, die die Auffahrt säumten, schnurrten vor Trockenheit zusammen, der Dorfteich war ausgetrocknet, der Steppenboden hart und rissig. Die Ärzte, die Médecins sans Frontières zum Kampf gegen die Tuberkulose nach Kasachstan geschickt hatte, saßen träge unter einer Plastikplane, tranken Bier und sahen den Sanatoriumsmitarbeitern zu, die unter den Apfelbäumen zu den Hits von Ruki wwerch tanzten, einer Technoband, die wie DJ Bobo mit einem Schuß Melancholie klingt und deren Kassetten überall auf den Straßenmärkten in der Umgebung verkauft wurden. »Ich glaube, wir sollten auch tanzen«, sagte ein kanadischer Arzt. »Zu heiß«, entgegneten die anderen und schwiegen weiter hinter ihren Bieren. Doch irgend etwas lag in der Luft, ein Sehnen, ein Kribbeln, eine Lust, die vom süßlichen Duft der Apfelbäume, der schwülen Luft, den schnellen, harten Bässen von Ruki wwerch angefacht wurde und langsam in die Körper sickerte. »Wollen wir nicht mal in die Banja?« fragte der kanadische Arzt schließlich.

Wie auf Kommando erhob sich die Gruppe, obwohl es eigentlich viel zu heiß war für ein Schwitzbad, marschierte an den Tänzern vorbei, die Apfelbaum-Allee entlang, vorbei an dem ausgetrockneten Teich, durch das braune Gras des Gartens bis zum Eingang der Banja, den ein Mann aus dem Dorf bewachte.

»Die Banja ist zu«, blaffte er den Kanadier an, der ihm als erster entgegentrat.

»Geh nach Hause!« befahl der Kanadier und steckte dem Mann ein paar Dollarscheine in die Tasche.

»Aber Männer und Frauen dürfen nicht zusammen ...«

»Verschwinde!« Eingeschüchtert drückte der Wächter ihm einen Schlüsselbund in die Hand und radelte auf einem alten Hollandrad in Richtung Dorf.

Und dann waren wir drin, in der größten Banja, die ich je gesehen habe: drei spärlich beleuchtete Kabinen mit Holzbänken, ein Becken mit trübem Wasser, ein Waschraum mit Duschen, Schläuchen, Bottichen und Birkenruten, ein Zimmer mit orangefarbenen Sesseln, Nierentischen und karierten Vorhängen, die der Kanadier eilig vor die Fenster zerrte.

Wir zogen uns aus. Nur ein amerikanischer Arzt behielt seine Shorts an, knielange Bermudas, über die die zwei Russen ihre Scherze machten.

»Kommst wohl aus dem Mittleren Westen, was?« spöttelte der eine, als der Amerikaner den Schwitzraum betrat.

»Harvard«, sagte der Amerikaner und zog den Gummibund der Hose ein bißchen höher.

»Mach dich locker«, entgegnete der Russe und hielt ihm eine halbleere Flasche Wodka hin.

»Thanks, I don't drink«, gab der Amerikaner zurück. Da packte der andere Russe die Flasche und leerte den Inhalt über die Bermudashorts des Amerikaners. »Ist ja ganz feucht, der Junge!« Die anderen lachten. Eine Französin näherte sich von der Seite, strich über den Bauch des Amerikaners, versenkte ihre Zunge in seinem Bauchnabel und ließ sie kreisen. »Noch nicht feucht genug?«

»I don't like those games«, sagte der Amerikaner und öffnete die Kabinentür. Die Russen und die Französin drängten hinterher, packten den Amerikaner an Armen und Beinen und warfen ihn in den Pool.

Zuerst sprang die Französin hinterher, dann die Russen. Der Amerikaner flüchtete aus dem Wasser. Der erste Russe schwamm auf die Französin zu, die lachend abwehrte, quiekte und zappelte, bis sie der zweite festhielt. Plötzlich waren sechs Körper im Wasser, angelockt von den Schreien und dem Quieken. Grüppchen kraulten aufeinander zu, berührten sich, bildeten Paare. Dann war das Wasser wieder glatt. Kein Schrei war mehr zu hören. Ich sah, wie ein Ire mit der Hand zwischen die Beine der Französin fuhr, ein Franzose prustend seinen Kopf zwischen die Brüste einer Russin steckte, ein Ire den einen Russen berührte, der andere seinen Unterleib mit schnellen Stößen an eine Kanadierin herandrängte. Ich stand am Beckenrand und beobachtete die Szene.

Mit einem Mal schlangen sich zwei Hände von hinten um meine Hüften, eine Stimme befahl mir auf englisch, mich in den Ruheraum zu begeben. Ich wußte nicht, wem diese Stimme gehörte. Im Ruheraum war es dunkel. Die Hände dirigierten mich zu einem Sessel. Ich fiel in ein Polster, und dann spürte ich, wie eine Zunge meine Scham berührte, die Lippen teilte, meinen Hügel umkreiste. Und dann waren plötzlich überall Hände auf meinem Körper, strichen über meinen Bauch, massierten meine Brüste, meinen Hals, mein Gesicht, fuhren in mich hinein, vier Hände, sechs Hände, acht, die aus dem Dunkeln auftauchten und wieder im Dunkeln verschwanden. Ich hörte ein Stöhnen neben mir, und dann nahm ich sie wahr, die Körper, die auf den anderen Sesseln lagen, fragte, wer sie seien, und dann stieß jemand in mich hinein, ich stöhnte auf. Ich stöhnte und vergaß die anderen, bis der Körper auf mir zusammenzuckte und es in meinem Kopf explodierte.

Sekunden später zerrte mich jemand in die Höhe und dirigierte mich zwischen den Sesseln mit den anderen Körpern hindurch. Ich taumelte in den Duschsaal, dessen Neonlicht so stark in meinen Augen blendete, daß ich sie verschloß. »Laß dich ansehen«, sagte die Stimme von eben wieder, und da wußte ich: Es war der Kanadier, der uns in diese Banja geführt hatte. Ich stellte mich unter die Dusche, öffnete den Hahn. Warmes Wasser rann über meinen Kopf, und da waren sie wieder, die Hände, die vielen auf meinem Köper. Ich öffnete die Augen. Neben mir standen der Kanadier, die Französin, der Ire, die Russen, die uns gefolgt waren.

Wir berührten uns, seiften unsere Körper ein, küßten einander verstohlen, ein harmloses, selbstvergessenes Spiel. Kübel wurden mit kaltem Wasser gefüllt, der Kanadier leerte sie über unsere Köpfe. Wir krümmten uns vor Kälte, flüchteten ans andere Ende des Saales. Der Kanadier trieb uns mit den Birkenruten zusammen, ließ sie auf unsere Rücken klatschen. Wir lachten, schrieen auf, in einem halben Dutzend Sprachen.

Irgendwann wurden wir des Spiels müde, trockneten uns ab und hockten uns eng aneinandergelehnt ins Gras vor der Banja, unter einen blaßblauen Steppenhimmel, der in das erste Licht des Morgens getaucht war. »Das ist wohl die internationale Freundschaft, von der man in der Sowjetunion so viel geredet hat«, scherzte einer der Russen. Meschdunarodnaja druschba: Das waren die ersten russischen Wörter, die ich in meinem Leben gelernt und seitdem nie mehr vergessen habe.

»Soso, internationale Freundschaft«, murmelt Sascha. »Wenn das so ist …« Vorsichtig streift er mein T-Shirt ein Stück hoch und streichelt meinen Bauch. Ich zittere in der nächtlichen Kühle. Sascha streichelt weiter, meine Schulterblätter, meinen Hals, mein Gesicht. Dann stopft er mein T-Shirt wieder in die Hose. Auf dem Rückweg küßt er mich, zuerst sanft, dann drängender. Als ich seinen Kuß erwidern will, wendet er sein Gesicht ab. »Nicht zu schnell – hab ich heute von dir gehört. Morgen ist ja auch noch ein Tag.«

»Morgen fahren wir zurück!«

»Ja, ich hab noch eine Flasche Rotwein dabei. Die trinken wir dann ganz in Ruhe im Bus.«

»Sascha, ich wollte nur sagen, ich ...«

»Schscht, ich weiß! I like you, too.«

Mittelsibirien

Mondscheintarif in der Transsibirischen Eisenbahn

Wir flirteten ein bißchen, während wir auf dem Rücksitz des Busses Saschas Rotwein köpften. Es war heiß, wir wurden ziemlich schnell betrunken, und als wir hinter Gorno-Altaisk an einem Straßenmarkt anhielten, um Berghonig und andere Andenken zu kaufen, merkte ich, daß mir außerdem ziemlich schlecht war.

»Du siehst nicht gut aus«, sagte Grigori mitleidig, als er aus dem zweiten Bus stieg. Es folgte die übliche Kranken-Therapie: Eine Wodkaflasche wurde gezückt, ein Becher voll geschenkt, ich wurde zum Trinken genötigt. Die Umstehenden tranken mit, bis wir uns auf dem gleichen Trunkenheitslevel befanden. Der Busfahrer hupte. Wir fuhren weiter.

Die Landschaft zog wie in einem Film vor dem Fenster vorbei. Das Gras auf den sanften Vorbergen des Altai erschien mir so grün wie eine allzu deutlich geratene Hoffnungsmetapher, die Industriekulisse von Barnaul wie ein stählernes Ungeheuer, das aus tausend Schloten rauchte, der Wald bei Berdsk so dunkel und gespenstisch, daß ich froh war, daß der Bus hier nicht eine seiner zahlreichen Pannen hatte. Nein, im Wald von Berdsk lief der Bus einwandfrei. Erst in den Feldern kurz vor Nowosibirsk hüstelte der Motor wieder. Weißer Qualm, dem der Fahrer kaum Beachtung schenkte, wehte über die Straße. Erst als eine Flamme aus dem Heck schlug, hielten wir an. Die Flamme wurde mit Bier gelöscht, der einzigen Flüssigkeit, die sich noch an Bord befand. Vier Männer legten sich mit Schraubenschlüsseln unter den Bus. Irgendwas schien mit dem Keilriemen nicht zu stimmen. Zunächst hielt ich es für einen Scherz, als der Busfahrer uns nach Kondomen fragte. Aber es war kein Scherz. Sascha – ausgerechnet Sascha – zog eine Schachtel aus seiner Jackentasche. Zwei der Gummis wanderten unter die Motorhaube. Ein paar Minuten später fuhr der Bus wieder. Rauchfrei. Und blieb bis Akademgorodok kein einziges Mal mehr liegen.

Beim Abschied nahm mich Sascha – vor den Augen der anderen – tatsächlich in den Arm, nannte mich bei dem Kosenamen, den er mir am Tolezkoje-See gegeben hatte, »Tschjorny drost«, Amsel, eine russische Übersetzung meines französischen Vornamens, und sagte, daß er mich wiedersehen wolle. Ich war gerührt, aber verkniff mir die Tränen. Heimlich schob ich ein Päckchen in seine Jackentasche, ein deutsches Wörterbuch mit einer russischen Widmung: »Für alles, was man in einer Fremdsprache besser ausdrücken kann.« Wahrscheinlich war die Widmung grammatikalisch falsch. Denn Sascha erwähnte sie mit keinem Wort in seiner E-Mail, die er am folgenden Tag aus seinem Büro in Moskau schickte.

Die Erinnerung an die betrunkene Rückfahrt, den Kosenamen und das Versprechen, daß wir uns wiedersehen – all das hilft mir, diese Tage zu überstehen. Ich bin mit Grigori und seiner Frau in die Datschensiedlung zurückgekehrt, und plötzlich ist Grigori wieder so distanziert wie vor unserem Versöhnungstrunk am Osero Tolezkoje. Offensichtlich hat er den Groll, den er gegen mich gehegt hat, nicht vergessen, sondern nur verdrängt. Kaum hatten wir unser Gepäck ausgeladen, war er wieder da.

Es gibt nichts Schlimmeres als eine Beziehung, in der man sich noch täglich über den Weg läuft, auch wenn sie zerbrochen ist. Dieses mißtrauische Umeinanderschleichen, diese verkrampften Gespräche, diese eisige Stimmung – weg hier, denke ich, nur weg! Eine Fahrkarte für die Transsib kaufen und diesen Ort so schnell wie möglich verlassen!

Noch am gleichen Abend teile ich Grigori meinen Entschluß mit. Am nächsten Mittag liegt ein Ticket vor meiner Tür: Nowosibirsk–Irkutsk–Ulan-Ude. »Russischer Sparpreis«, murmelt Grigori, der gerade den Schäferhund aus dem Zwinger läßt. »Als Ausländer hättest du das Doppelte bezahlt.«

Ich weiß nicht, was ich sagen soll. Vor Rührung werden meine Augen ganz feucht. »Trockne dir das Gesicht ab!« ranzt Grigori mich an. »Meine Frau wartet mit dem Essen.« Wahrscheinlich ist er ebenso gerührt wie ich.

Das letzte gemeinsame Essen in Akademgorodok ist ein Festmahl mit Lachs, Kaviar und Sekt. »Worauf sollen wir trinken?« frage ich, als Grigori sein Glas erhebt. »Auf die Internationale Freundschaft!« sagt er mit ernstem Gesicht. Ich kann nicht anders und muß lachen. Grigori fällt ein, seine Frau, sein Sohn, die Tochter und ihr Mann folgen. Es ist, als hätte ich am Korken einer Sektflasche gezogen, so daß der ganze Druck plötzlich entweicht.

Eine lachende Familie – das ist das letzte Bild aus Akademgorodok, an das ich mich erinnere, als ich auf dem Nowosibirsker Bahnhof auf die Abfahrt meines Zuges warte. Bewegen kann ich mich kaum, denn ich stehe eingekeilt zwischen Koffern, Kisten und gewaltigen Paketen mit Fernsehern, Lebensmitteln und Kleidung, die den Bahnsteig in das Warenlager eines Versandhauses verwandeln. Als sich die Türen der Waggons öffnen, bahnen sich Hunderte von Menschen ihren Weg durch die Gepäckberge, knuffen und treten, schreien und schimpfen. Eine Schaffnerin in dunkelblauer Uniform gibt von der Zugtreppe aus eine Lektion in korrektem Verhalten: »Pakete dem Zugpersonal übergeben! Nicht drängeln! Kinder auf dem Arm tragen!« und vor allem: »Fahrscheine und Reisepässe stets bereithalten!«

Denn ein Fahrschein der Transsibirischen Eisenbahn ist eine höchstpersönliche Angelegenheit. Auf der ersten Seite sind Name und Herkunft des Reisenden vermerkt, auf der zweiten Abteil- und Bettnummer. Bett-, nicht Sitznummer! Denn Transsib-Fahrten verbringt man überwiegend in liegendem Zustand. Die Betten sind so dicht übereinander angebracht, daß man auf ihnen nicht aufrecht sitzen kann. Richtig schlafen ist allerdings auch schwierig: Die Matratzen sind so kurz, daß man sich einrollen muß wie ein Wurm, die Abteile insgesamt so eng, daß Körperausdünstungen sich extrem lange darin halten. Es stinkt nach Schweiß und muffiger Kleidung. Daß die meisten Insassen sich abends ausgiebig an rohem Fisch, Zwiebeln und Wodka delektieren, trägt auch nicht unbedingt zur Verbesserung der Raumluft bei.

Aber noch stört mich das nicht. Wir sind gerade einmal eine halbe Stunde unterwegs, und die Schaffnerin hat meinen Abteilnachbarn soeben offiziell mitgeteilt, daß sich unter ihnen eine Deutsche befinde. »Also, machen Sie mir keine Schande! Deutschland ist das Land der Gesetze. Und im Gegensatz zu hier werden sie da sogar befolgt.« Ihr Blick bleibt an dem schnauzbärtigen Mann haften, der konzentriert die Handinnenfläche seiner Nachbarin betrachtet. »Hey, Sie da! Daß wir uns verstehen: Handleserei und Wahrsager-Tätigkeiten sind in staatlichen Beförderungsmitteln untersagt!«

»Wo denken Sie hin? Ich bin Arzt!« verteidigt er sich und zückt eine Visitenkarte, auf der ziemlich viele Titel stehen. »Der Dame war nicht gut. Ich massiere gerade ihre Energiepunkte, eine Methode der tibetischen Medizin.«

»Soso, Sie sind also Spezialist für tibetische Medizin!« sagt die Schaffnerin plötzlich in einem sanfteren Ton. »Ich hätte da auch ein Problem. Sinusitis. Bis wohin fahren Sie denn noch?«

»Steht doch alles auf meinem Ticket!«

»Ja, richtig. Wladiwostok. Das sind ja noch ein paar Tage!«

Du meine Güte, der Mann fährt mit *diesem* Zug von Moskau bis nach Wladiwostok! Neuntausend Kilometer Zuckeltempo und Wassermangel, enge Abteile und Gestank! Man muß schon einen besonderen Grund haben, um sich auf eine körperlich so ruinöse Tour einzulassen. Etwa den, daß man der Bequemlichkeit des modernen Flugverkehrs überdrüssig ist, ein Abenteuer sucht und glaubt, daß einem die Transsib mit ihrem legendenumrankten Image genau das bieten kann. Allein schon der Name: Transsibirische Eisenbahn! Wer muß da nicht sofort an Steppe, an Schneestürme, einsame Kosakendörfer und Gefangenenlager denken?

Als im Mai 1891 der spätere Zar Nikolai II. in Wladiwostok den Grundstein für den Bau der längsten Bahnstrecke der Welt legte, war Sibirien ein weitgehend unbesiedelter Landstrich. Wer ihn durchqueren wollte, dem blieb nur der Moskauer Trakt, eine Piste, die im Winter im Schnee versank, im Sommer im Schlamm und das ganze Jahr über von Straßenräubern belagert wurde. Das sollte sich mit der Transsib ändern. Mit ihrer Hilfe, so hoffte Nikolai, könnten die Rohstoffe, die man dort vermutete – Holz, Kohle, Erz, Nickel, Gold (an Öl und Gas dachte man damals noch nicht) –, in den Westen geschafft und gewinnbringend verkauft werden. Außerdem war es gut, eine Pufferzone zu haben zu den Chinesen und den Mongolen, denen man immer noch nicht so recht traute. Kurz: Mit dem Bau der Eisenbahn würde Rußland seine Macht und seinen Einfluß noch einmal vergrößern.

Die Baukolonnen, die die Gleise verlegen sollten, arbeiteten sich nicht allmählich von Westen nach Osten vor, sondern begannen in beiden Himmelsrichtungen gleichzeitig, um sich schließlich auf halber Strecke zu treffen. Die ersten Teilabschnitte, die fertiggestellt wurden, befanden sich im Fernen Osten und in Westsibirien, die »Ussuribahn« von Wladiwostok nach Chabarowsk und die »Westsibirische Eisenbahn« von Tscheljabinsk in die Stadt Ob. 16 große Flüsse mußten überquert werden, darunter die Wolga, der Ob, der Irtysch, Jenissej und der Amur. Mit der zwei Kilometer langen Eisenbahnbrücke über den Amur wurde 1913 die letzte Lücke im Schienennetz geschlossen.

Drei Jahre später wurde die erste durchgängige Zugfahrt von Moskau nach Wladiwostok gefeiert. Die Zeitungen waren voll des Lobes für die Planer und heldenhaften Arbeiter, die Kälte und Morast, Schneestürmen, Mücken und Krankheiten getrotzt hatten.

Über die, die nicht freiwillig an der Strecke geschuftet hatten, wurde kaum ein Wort verloren: die Strafgefangenen, die zur Zwangsarbeit nach Sibirien verschleppt worden waren; Diebe, Mörder, politische Abweichler, die dort zu Hunderttausenden ihr Leben ließen. Und nach dem Zweiten Weltkrieg, als eine zweite Spur gebaut wurde, auch Rußlanddeutsche. Unter ihnen waren auch Verwandte von Mischa, dem Hamburger Liedersänger, der mir nach einem Gitarrenabend ihre Geschichte erzählt hatte.

Lange Zeit wurden die Waggons auf der 9228 Kilometer langen Strecke von Dieselloks gezogen. Erst seit Dezember 2002 ist die Transsib durchgängig elektrifiziert. Trotzdem fahren die Züge selten schneller als siebzig oder achtzig Stundenkilometer. Denn die Gleise sind schmal, die Steigungen enorm. Vom Baikalufer hinauf auf den Adrianowpaß etwa müssen sie innerhalb von dreißig Kilometern 400 Höhenmeter bewältigen.

Leider erlebe ich nicht, wie unser Zug die Kontinente wechselt, die nur durch einen steinernen Grenzstein im Grasland markierte Grenze zwischen Europa und Asien, von der Transsib-Reisende aus dem Westen immer so schwärmen. Denn der Grenzstein steht im Ural, der sich 2000 Kilometer westlich von Nowosibirsk befindet, meinem Abfahrtsbahnhof. Aber daß wir mehrere Zeitzonen durchfahren, wird mir schmerzlich bewußt, als mich früh am nächsten Morgen die Sonne weckt, die eine Stunde früher als in Nowosibirsk aufgegangen ist.

Viel zu lange haben wir am Abend zuvor mit eingezogenem Kopf auf der untersten Liege gekauert und uns unterhalten: eine Markthändlerin aus Tschita, der Arzt aus Wladiwostok mit seiner Frau und ich. Die beiden sind auf Hochzeitsreise und haben schon tagelange Zugfahrten hinter sich: von Krasnodar nach Rostow am Don, weiter nach Moskau, dann mit der Transsib quer durch Sibirien. »Hochzeitsreise?« fragte die Marktfrau verwundert, denn die beiden sehen aus, als wären sie mindestens fünfzig.

»Ja, zweite Ehe«, sagte der Arzt, der aus Aserbaidschan stammt. Aufgewachsen sei er in einer Kleinstadt an der Grenze zu Dagestan, habe dann in Baku Medizin studiert und sich nach dem Examen in Leningrad als Arzt niedergelassen. »Früher war das kein Problem. War ja alles ein Land. Sowjetunion. Heute würde ich mich da nachts nicht mehr allein auf die Straße trauen. Sind zu viele Neonazis unterwegs. Die sehen sofort, daß ich Kaukasier bin.«

In Wladiwostok, wo seine Frau aufgewachsen ist, sei es für ihn nicht so gefährlich. Deswegen würde er jetzt zu ihr ziehen und ihr in ihrem Reisebüro helfen. Ein Fünf-Mann-Unternehmen, das sie, wie sie mir erzählt, vor ein paar Jahren in der Hoffnung auf einen großen Touristenansturm aus dem Westen eröffnet hat.

Leider habe sich herausgestellt, daß in den westlichen Reiseführern steht, Wladiwostok sei eine Stadt ohne Sehenswürdigkeiten. »Alles Lüge! Wir haben das Meer, den Hafen und jetzt sogar ein Drei-Sterne-Hotel.« Aber er habe schon eine Idee, wie sie die Touristen doch noch ködern könnten: »Kurse in tibetischer Medizin. Ich habe gehört, daß die Leute aus Europa ganz wild auf so etwas sind! Übrigens … zeigen Sie mir doch mal Ihre Hand!«

Ich denke an die Schaffnerin, die »Wahrsager-Tätigkeiten« in ihrem Zug verboten hatte, aber bin zu neugierig auf seine Prophezeiungen.

»Ich sehe … o Gott, hab ich's mir doch gedacht! Sie werden sehr krank werden!«

»Glaub ich nicht! Ich bin kerngesund.«

»Nicht jetzt! In ein, zwei Wochen.«

»Mach die Dame nicht verrückt!« schimpft Olga, seine Frau. »Kommen Sie, wir sollten das Thema wechseln. Sonst läßt er Sie nicht in Ruhe!«

Sie erzählt mir von der Schule ihres zehnjährigen Neffen, an der die Lehrer Listen mit Büchern verteilen, die die Kinder in den nächsten Jahren lesen sollen: Kurzgeschichten von Tschechow, ein paar Romane von Tolstoi, Puschkin- und Achmatowa-Gedichte. Die Eltern würden streng darauf achten, daß das auch geschähe. Schließlich sei das so etwas wie nationales Kulturgut. »Die Kinder sollen doch lernen, stolz auf ihr Land zu sein!«

Stolz auf sein Land zu sein – das war etwas, was *mir* nicht in der Schule beigebracht wurde. Wenn wir im Unterricht über Deutschland sprachen, dann meistens im Zusammenhang mit dem Nationalsozialismus. Im Deutschunterricht lernten wir Celans Verse wie »der Tod ist ein Meister aus Deutschland sein Auge ist blau / er trifft dich mit bleierner Kugel er trifft dich genau«, im Leistungskurs Geschichte diskutierten wir über den Historikerstreit und den Begriff des »Tätervolkes« – mit der Folge, daß ich, als ich das erste Mal allein ins Ausland reiste, fast die ganze Zeit den Mund nicht aufmachte, weil ich nicht wollte, daß jemand meinen Akzent als deutschen identifizierte. Ich schämte mich für dieses Land, das so vorwurfsvoll, starr und behäbig wirkte und so wenig zu bieten schien, was zur Identifikation taugte.

Und so machte ich mich nach dem Abitur auf, um in der Ferne das zu finden, wonach ich zu Hause vergeblich gesucht hatte. Überall, wo ich hinkam, pickte ich mir das heraus, von dem ich glaubte, daß es mir gut zu Gesicht stehen würde: britischen Humor, italienischen Schönheitssinn, amerikanische Lässigkeit. Ich suchte und verwarf, übernahm die eine oder andere Besonderheit, suchte weiter, änderte von Jahr zu Jahr meinen Focus und fühlte mich seltsam wurzellos.

Bis ich feststellte, daß man es in den anderen Ländern gar nicht so schlimm fand, einer Deutschen zu begegnen. Im Gegenteil: Viele bekamen so ein Leuchten in den Augen, wenn ich mein Geburtsland erwähnte. »Vorsprung durch Technik!« schwärmte ein chinesischer Ingenieur, während er mir die Heidelberger Druckmaschinen vorführte, die in seinem Kombinat ratterten. In San Francisco wurde ich prompt auf einen Joint eingeladen, als ich vor einem Studentencafé in Haight Ashbury zugab, daß ich aus Germany sei. »Oh, how lovely! The country of Gretchen and Rudi Dutschke!« brach es aus den Mate-Tee-Trinkern an meinem Tisch heraus. »Come on, have a smoke with us!«

Als die Grünen in Berlin in die Regierung gewählt wurden, erzählte ich bei einem Oasis-Konzert in Manchester das erste Mal ungefragt etwas über mein Land, dessen Name im Rausch des Regierungswechsels beinahe so lässig klang wie »Cool Britania«. Mit einem roten Kanzler und einem grünen Außenminister würde diese Republik endlich zu dem Staat werden, von dem ich immer geträumt hatte: eine Mischung aus Alternativbewegung und sozialer Marktwirtschaft, aus Schillerschem Idealismus und postmodernem Pragmatismus, aus Hoch- und Popkultur. Ein offenes, veränderungsbereites Land, das zu mir und meiner Patchwork-Biographie paßte.

Ich glaube nicht, daß es stimmt, was die Frau aus Wladiwostok gesagt hat: daß der russische Patriotismus heute noch viel mit der Lektüre der Nationalliteratur zu tun hat. Zwar hat fast jeder Russe, den ich auf meiner Reise kennengelernt habe, mit größtem Stolz über seine Heimat geredet. Aber die russischen Klassiker hatte kaum einer freiwillig gelesen, und wenn, dann eher, weil er »die Sprache darin so schön« fand.

In den Buchläden in Nowosibirsk jedenfalls, die so zahlreich sind wie Kneipen in meinem Viertel in Hamburg, habe ich vor allem internationale Bestseller gesehen: Paul Auster, Henning Mankell und Haruki Murakami, der in Rußland ein fast noch größerer Star ist als in Japan, und Ildikò von

Kürthys »Mondscheintarif«, den auch die Marktfrau aus Tschita in ihrem Gepäck hat.

Wir unterhalten uns über die Flirts der »Mondscheintarif«-Protagonistin und die Fernbeziehung von Anton Tschechow und Olga Knipper, während der Zug durch die pfannkuchenplatte Ebene zwischen Kemerowo und Krasnojarsk schaukelt. Langweilig ist diese Landschaft trotzdem nicht. Ich sehe Wiesen, die sich bis zum Horizont erstrecken, Birkenhaine, Sandwege und Dörfer mit verwitterten Holzhäusern, die von Kartoffelfeldern umzingelt sind. Ab und zu schließt ein Bauer mit seinem Ural-Motorrad zu unserem Waggon auf, winkt und dreht, als wir zurückwinken, stolz wieder in Richtung Dorf ab. Der Sommer hier trägt die Farben der russischen Flagge: das satte Blau des Himmels, das warme Rot der Holzhäuser, das sanfte Weiß der Kartoffelblüten. Ich wünschte, wir könnten für eine Weile anhalten und diesen Sommer ins Abteil lassen.

Die Sonne versinkt in den Wiesen. Um halb zehn wird das Bettzeug verteilt, geblümte, frisch gestärkte Laken und ein knubbeliges Kopfkissen, auf dem ich weit nach Mitternacht, als die anderen endlich ihren Trockenfisch gegessen, ihren Tee getrunken und ihre Brotreste verstaut haben, einschlafe.

Kurz nach Sonnenaufgang erreichen wir Krasnojarsk. Das Grasland ist einer Industriekulisse von endzeitartiger Anmutung gewichen: Chemiewerke und Stahlfabriken recken ihre Schlote in den rußgeschwärzten Himmel, verfallene Fabriken, verrostete Metalltürme, Strommasten und lecke Rohre ziehen am Fenster vorbei, die der Autor meines Reiseführers wohl geflissentlich verschwiegen hat, als er Krasnojarsk als »eine der schönsten Städte Sibiriens« beschrieb. Aber vielleicht hat er sich nur auf die Innenstadt bezogen. Die, so sagt Elschin, sei nämlich ganz schön. Es gebe Straßenzüge mit kunstvoll verzierten Holzhäusern, Parks und baumgesäumte Straßen.

Ich sehe nur den Bahnsteig, auf dem Babuschkas, die sich überall auf den Bahnhöfen entlang der Transsib mit dem Verkauf von Gartengemüse, Waldbeeren und Fisch ein Zubrot verdienen, ihre Waren ausgebreitet haben. Die Fische, die mir eine zahnlose Alte schmackhaft zu machen versucht, kämen frisch aus dem Jenissej. Doch das Leben dort scheint ihnen nicht gut bekommen zu sein: Ihre Haut ist weiß, die Pupillen sind weit, die Bäuche aufgebläht. Wahrscheinlich haben sie zu viel Schwermetall abbekommen. Auch ihr Geruch ist nicht gerade einladend. Trotzdem greift die Marktfrau aus Chabarowsk zu. O nein, denke ich. Bis Irkutsk sind es noch über 1000 Kilometer! Eigentlich will ich überhaupt nichts auf dem Bahnsteig kaufen, denn seit einem Typhus, der mich ein paar Jahre zuvor aus Südkasachstan direkt ins Hamburger Tropeninstitut geführt hat, vermute ich überall heimtükkische Bakterien. Aber ich habe Hunger und kann die Kohlsuppe, die im Speisewagen serviert wird, nicht mehr sehen. Ich kaufe ein Pfund Blaubeeren, das mir in einer aus Zeitungspapier gefalteten Spitztüte überreicht wird.

Dann mahnt die Schaffnerin auch schon zum Einsteigen; eine wesentlich jüngere Schaffnerin als die, die in Nowosibirsk Dienst hatte, mit sanft-schmeichelnder Stimme, blonder Mähne und einem Uniformrock, der so kurz ist, daß er gerade das Nötigste bedeckt. Die Uniform, die man ihr bei der Einstellung überreicht habe, sei zu unweiblich gewesen, sagt sie. Da habe sie einfach den Rock abgeschnitten. Alle jungen Kolleginnen machten das so. Schließlich wollten sie trotz ihres Jobs einen Ehemann finden.

Diese Mischung aus amtlicher Strenge und offen zur Schau getragenen Reizen – ich muß zugeben: nicht schlecht! Die Männer auf dem Bahnsteig schauen verstohlen auf die nackten Beine der Schaffnerin. Die lächelt stolz und ein wenig verlegen, dreht sich noch einmal auf den Abteilstufen um und führt dann die Signalpfeife zum Mund.

Als sie später meine Fahrkarte kontrolliert, mustert sie mein Fred-Perry-Shirt mit dem aufgedruckten Lorbeerkranz, meine Levis, die ausgetretenen Converse-Turnschuhe.

»Was machen Sie hier so alleine?«
»Ein Forschungsprojekt.«
»Und Ihr Mann?«
»Ich bin nicht verheiratet.«

Jetzt folgen bestimmt wieder die üblichen Fragen, mit denen ich während meiner Reise schon so oft konfrontiert wurde: Wieso nicht? Wollen Sie noch? Und was ist mit Kindern?

Doch die Schaffnerin will nichts von alldem wissen. »Sie haben's gut! Hier wird man komisch angeschaut, wenn man mit 25 noch ledig ist.«

»Wie alt sind Sie denn?«

»26.«

»Hört sich nach einem Problem an.«

»In Deutschland würde ich mir bestimmt nicht den Kopf darüber zerbrechen. Aber in Sibirien? Man hat es allein einfach schwerer. Den ersten vernünftigen Kerl, der mir über den Weg läuft, werde ich heiraten.«

»Was ist ein vernünftiger Kerl?«

»Einer, der Geld nach Hause bringt, wenig trinkt und mich gut behandelt.«

»Ist so was so schwer zu finden?«

»Sonst wäre ich ja nicht mehr Single!«

»Aber verliebt waren Sie schon mal, oder?«

»Ja, aber was bedeutet schon Verliebtsein? Hauptsache, man kommt gut miteinander aus. Liebe kann wachsen.«

Punkt zehn Uhr wird im »Zug Nr. 6« das Bettzeug verteilt, die Schuhe abgestreift und die letzten Lunchpakete ausgewickelt. Die Frau des Arztes bietet mir Fladenbrot mit Warenje an, selbstgemachte Konfitüre aus den Himbeeren, die hinter ihrem Haus wachsen, und reicht mir dazu einen Becher mit Tee. Wodka gibt es nicht. »Kaukasier trinken so ein Gesöff nicht«, feixt der Arzt und reicht einen Flachmann im Abteil herum. Ein weicher, öliger Cognac rinnt durch meine

Kehle. »Spitzen-Cognac, was? Ja, Bergkarabach ist nicht der einzige Grund, warum sich Aserbaidschan und Armenien bekriegen!« Er grinst, wie immer, wenn er das Gefühl hat, daß seine Frau peinlich berührt ist. »Es geht vor allem darum, wer den besseren Cognac brennt.«

»Und? Ist das inzwischen entschieden?«

»So entschieden wie die Sache mit Bergkarabach.«

Morgens um sieben Uhr treffen wir in Irkutsk ein, das mein Reiseführer als das »Paris des Ostens« bezeichnet. Ich hoffe, daß seine Zuschreibungen diesmal etwas treffender sind als in Krasnojarsk. Der Bahnhof jedenfalls sieht ganz vielversprechend aus: ein langgestrecktes Gebäude mit einer mintgrün gestrichenen Jugendstilfassade, Lampen mit schmiedeeiserner Fassung, ein Gewimmel von Gepäckträgern, Händlern und Passagieren, die sich vor dem Ausgang drängen und eine heitere, beinahe europäische Atmosphäre verbreiten, die tatsächlich ein wenig an die französische Hauptstadt erinnert.

Mit einem Marschrutka fahre ich in die Gegenwart einer Stadt, die von einer dunklen Geschichte gezeichnet ist. Ab 1825 legten hier die Dekabristen, die nach dem mißglückten Aufstand gegen den Zaren Nikolai I. nach Sibirien verbannt wurden, auf dem Fußmarsch in ihre Verbannungsorte eine Zwischenstation ein. Viele von ihnen entschlossen sich nach der Entlassung aus dem Arbeitslager, sich in den Dörfern am Rand der Stadt anzusiedeln. Einige ließen sich auch, wie die Familien Wolkonski und Trubezkoj, direkt im Zentrum nieder. Sie waren Adlige, Wissenschaftler und Künstler, die Irkutsk in kürzester Zeit in das kulturelle Zentrum Sibiriens verwandelten, Theater und Museen gründeten, die erste Universität Ostsibiriens und eine Dependance der Russischen Geographischen Gesellschaft.

Nach den beiden Weltkriegen traf jeweils eine neue Verbanntengeneration in der Stadt ein, unter ihnen viele Rußlanddeutsche, die sich hier nach der Entlassung aus der

Zwangsarbeit ein neues Leben aufbauten. Jede Generation errichtete Häuser, Verwaltungsgebäude und Kirchen im Stil ihrer alten Heimat. Diese architektonische Vielfalt respektierten auch die Sowjets. Plattenbauten errichteten sie nur an der Peripherie der Stadt. So ist Irkutsk heute eine der wenigen Städte Sibiriens, die von verschiedensten Epochen geprägt ist. Im Jahr 2000 wurde die Stadt als erste in Rußland in die »UNESCO-Liste des Welterbes der Menschheit« aufgenommen.

Die Häuser haben einen frischen Anstrich, die Kirchen sind restauriert, in der Markthalle werden Waren aus der ganzen Welt angeboten: Rosen aus dem Kaukasus, Würste aus Deutschland, Schokolade aus der Schweiz und T-Shirts aus China. In die Ladengeschäfte an der Karl-Marx-Straße sind Parfümerien und Designerboutiquen gezogen, die Gucci- und Prada-Kleider für die neuen Reichen bereithalten. Im »Wiener Café« versammeln sich um die Mittagszeit die Irkutsker »Businesmeny« zum Geschäftsessen, drei Gänge für umgerechnet 15 Euro, ein für sibirische Verhältnisse astronomisch hoher Preis. In den Bierzelten, die auf den Wiesen am Fluß aufgebaut sind, treffen sich Transsib-Touristen, die durch ihren Einheitslook – Trekkinghosen, dickprofilige Turnschuhe und Gürteltaschen – leicht erkennbar sind.

Zu Tausenden belagern sie im Sommer die Stadt, genießen ein, zwei Tage lang den Komfort der Hotels und Restaurants und entschwinden dann mit einem Linienbus in Richtung Baikalsee, zu ungeheizten Holzhütten, Plumpsklos und Freiluftduschen.

Westeuropäisch wirkt Irkutsk nur im Stadtzentrum. Die Vororte sehen aus wie in Warschau, Kischinau oder Minsk: Graue Plattenbauten inmitten von Brachen, auf denen das Unkraut hüfthoch wuchert, marode Kombinate, Straßenmärkte, wo chinesische Radios, Plastikhandtaschen und Zigaretten feilgeboten werden – eine trostlose Kulisse, die an den Film »Blade Runner« erinnert oder an eine dieser Fernsehreportagen, die vor allem einen Zweck verfolgen: zu zeigen, wie sehr der Osten auf den Hund gekommen sei; eine Fortsetzung des Kalten Krieges mit anderen Mitteln: Man beschimpft den Gegner nicht mehr, sondern zeigt einfach die Düsternis des feindlichen Territoriums und unterlegt das Ganze mit einer Tonspur des Mitleids. Seht her, scheinen diese Filme zu sagen, schaut genau hin, werte Zuschauer mit 35-Stunden-Woche und gepflegtem Eigenheim: All das hat der Kommunismus angerichtet! Seid froh, daß ihr auf der richtigen Seite steht und ein geregeltes Dasein habt!

Sicher, wer diese Vorstädte zum ersten Mal betritt, wird sich zunächst einmal ziemlich unbehaust fühlen. So vieles, das dem Verfall preisgegeben ist, ungepflegt, gedankenlos, ästhetisch betrachtet ein Greuel ist; keine baumgesäumten Straßen, keine verwunschenen Winkel, keine gemütlichen Cafés zum Verweilen, nichts, was einen mit seiner Schönheit erfreuen, aus dem Alltag reißen, schwelgen lassen könnte.

Aber es ist eine Energie in diesen Vorstädten, die aus ihrer Roheit erwächst, ein pochender, vibrierender Rhythmus, der einem einen Adrenalinstoß versetzt, die Schritte beschleunigt, lebendig macht. Mit jeder Stunde, die ich durch die Siedlungen an den Angara-Hängen wandere, nehme ich diese Energie stärker wahr. Mädchen mit Schleifen im Haar, Mofa-Jungen mit tätowierten Oberarmen, Studenten mit Büchertaschen unterm Arm, Greise mit Plastiktüten, Arbeiter mit verschwitzten Gesichtern – Menschen, überall sehe ich Menschen, die zwischen den Häuserblocks hin und her eilen, Nachbarn grüßen, sich in die Schlange vor dem Brotkiosk einreihen, Lebensmittel aus dem Supermarkt schleppen, Autos starten, hupen. Es ist etwas Vorwärtsstrebendes in ihren Bewegungen, etwas seltsam Konzentriertes und Ernsthaftes. Mir gefällt dieses Bild eines Alltags ohne Kulissen, unverfälscht, auf das Wesentliche reduziert. Es verbirgt nichts: nicht die Brüchigkeit des Lebens, die verlorenen Hoffnungen, das Straucheln und Sich-wieder-Aufrappeln. Es ist ein Gegenbild zu der wohlgeordneten Welt, in der aufgewachsen bin und in der ich jedes Scheitern als persönliche Schwäche ausgelegt wird.

Mit dem Zimmerschlüssel einer Vorstadtherberge ausgestattet, bin ich Teil dieser neuen Welt geworden. Ich wandere durch die Straßen, als wären sie meine. Ich nehme das Grau nicht mehr wahr, sondern freue mich an den kleinen optischen Reizen: dem gelben kyrillischen Schriftzug des »Hot-Dog-Grill«, den revolutionsroten Haaren der Brotverkäuferin, dem goldenen Hammer-und-Sichel-Emblem am Tor einer Metallfabrik. Passanten grüßen und zucken zusammen, wenn sie meinen Akzent hören. Einer bleibt stehen, auf dem mit Gras bewachsenen Pfad vor dem Eingang zur Technischen Universität, ein junger Mann, der sich als Jewgeni vorstellt und mich mit Fragen überschüttet. Er will sein Englisch ausprobieren, denke ich. Ob ich aus Deutschland käme, will er wissen. Ob ich Touristin sei oder Austauschstudentin? Was ich hier in der Vorstadt mache? Was ich schon von der Innenstadt gesehen habe? Und ob ich schon das Dekabristenmuseum besichtigt hätte? »Das ist das beste Museum Sibiriens. Sie interessieren sich doch für Geschichte, oder? Wenn Sie Zeit haben, führe ich Sie hin.«

»Was ist denn so Besonderes an diesem Museum?«

»Sie haben wohl noch nichts über die Dekabristen gelesen, was?«

»Ein bißchen. Aber Sie scheinen sich da ja ganz gut auszukennen.«

»Klar. Waren ja schließlich meine Vorfahren.«
»Dekabristen? Die Wolkonskis? Das waren Ihre …?«
»Ur-Urgroßeltern.«

Wir fahren mit der Straßenbahn zum Dekabristenmuseum, das in der Uliza Dserschinskogo liegt, einer stillen Straße zwischen den Konsummeilen, Touristencafés und Bierzelten. Der schlichte, mehrgeschossige Bau, den sich die Familie Trubezkoj mit dem Geld von Verwandten – die Verbannten selbst durften nichts von ihrem Vermögen nach Sibirien mitnehmen – als Wohnsitz errichten ließ, ist prächtig möbliert: verspiegelte Mahagonitische, mit Schnitzereien reich verzierte Bücherregale, schwere Teppiche, golddurchwirkte Vorhänge, gerahmte Stiche an den Wänden, die Mitglieder der adligen Familie zeigen.

Am Eingang sitzt eine Pförtnerin hinter einer dicken Glasscheibe, die mich, als sie meinen Akzent hört, in fließendem Englisch darauf hinweist, daß ich den Eintritt auch in Euro zahlen könne.

Die Ausstellung ist so detailverliebt, wie ich es noch in keinem Museum in Sibirien gesehen habe. Überall hängen Erklärungstafeln, Hinweisschilder und Bildunterschriften mit Daten und Fakten. Vor den Tafeln stehen junge Museumsführerinnen inmitten von Holländer-, Amerikaner- und Franzosengruppen und erzählen weitschweifig vom Leben der Dekabristenfamilien.

Uns ist es zu voll, und so verziehen wir uns ins Nachbarhaus, das Haus der Wolkonskis, das offiziell nicht zum Museum gehört, aber für Besucher offen steht.

Dieses Haus war Mitte des 19. Jahrhunderts so etwas wie das kulturelle Zentrum von Irkutsk. Die Wolkonskis luden Freunde und Bekannte zu Lesungen, Ausstellungen und Gala-Diners ein, man diskutierte über Philosophie, Politik und die Zukunft Rußlands. In einem der Salons steht ein Flügel, auf dem Maria Wolkonskaja, aber auch Pianisten aus dem fernen Moskau und Petersburg Konzerte gaben, zu denen die ganze Stadt kam.

Die Wolkonskis waren eine der ältesten Adelsfamilien Rußlands; eine Familie, deren Vorfahre Fürst Michail Tschernigowski im 14. Jahrhundert im Moskauer Befreiungskrieg erfolgreich gegen die Mongolen gekämpft hatte und zum Lohn Ländereien geschenkt bekam, die südlich von Moskau am Ufer der Wolkona lagen. Mit der Ausweitung des Moskowiterreiches stiegen die Wolkonskis zu Militärbefehlshabern und Gouverneuren im Dienste der Zaren auf und gehörten um 1800 schließlich zu den engsten Vertrauten von Zar Alexander und seiner Familie. Mit ihr bewohnten sie gemeinsam den Winterpalast in Petersburg und die Sommerresidenz Zarskoje Selo.

Anfang des 19. Jahrhunderts fiel Napoleon mit seinen Truppen in Rußland ein. Auf dem Höhepunkt der Kämpfe bat der Zar den 24jährigen Sergej Wolkonski, der nach seinem Dienst als Fähnrich in der Armee in den kaiserlichen Stab berufen worden war, ihm über die Moral der Truppe Bericht zu erstatten. »Sie können stolz sein: Jeder einzelne Bauer ist ein Held«, begann der Fürst. Als der Zar nach dem Adel fragte, entgegnete er: »Eure Majestät! Ich schäme mich, diesem Stand anzugehören! Außer Worten war hier nichts zu vernehmen.« So steht es in den »Sapiski«, den »Aufzeichnungen« von Sergej Wolkonski, die in den Archiven in Moskau liegen.

Wie für viele adlige Offiziere bedeutete es auch für Sergej Wolkonski einen vollständigen Bruch mit seinem Weltbild, als er sah, daß sich die Bauern auf dem Schlachtfeld als die eigentlichen Patrioten erwiesen, die »wie Bürger für ihr Vaterland kämpften«. Dieselben Bauern, die von den Adligen als Leibeigene gehalten und »oft wie Tiere behandelt« wurden, teilten nun während der Schlachten ihre Vorräte mit den Offizieren, versorgten Verwundete auf den Dörfern, widerstanden Eis und Schnee und waren es letztendlich, die

die Grande Armée 1812 zum Rückzug nach Europa zwangen.

Nach diesen Erlebnissen »versuchten wir, ihre Liebe und ihr Vertrauen durch Freundschaft zu gewinnen«, schreibt Wolkonski. Noch während des Krieges gründeten die Offiziere Feldschulen, in denen die Bauern, die zumeist Analphabeten waren, Lesen und Schreiben lernen sollten, und riefen Debattierzirkel ins Leben, in denen sie mit ihnen über soziale Gerechtigkeit und die Abschaffung der Leibeigenschaft sprachen.

Nach dem Krieg kehrten die Offiziere mit dem Gefühl, den Leibeigenen gegenüber eine Verpflichtung zu haben, auf ihre Landsitze zurück. Sie ließen Krankenhäuser errichten, Dorfschulen und Waisenhäuser und nahmen die Witwen von im Kampf gefallenen Soldaten in ihre Paläste auf. Einigen war das noch nicht genug Engagement. Sie wollten selbst »Männer des Volkes« werden, tauschten ihre Anzüge gegen Bauernkaftane, ließen sich trotz Verbot des Zaren Bärte wachsen und sprachen statt Französisch, wie es unter Adligen üblich war, nur noch Russisch. Das waren nicht nur die Marotten einer beschämten Offiziersgeneration; nicht nur Protestaktionen, mit denen sie sich von ihren Eltern abheben wollte. Es war ein Bekenntnis zur Nation.

1814 reiste Sergej Wolkonski zum Wiener Friedenskongreß, dann weiter nach Paris und London. Er wollte die politischen Reformer und jungen Liberalen des Westens kennenlernen und sich mit den Prinzipien der konstitutionellen Monarchie vertraut machen – und fühlte sich nach seiner Rückkehr nach Petersburg in den Überzeugungen bestätigt, die er im Krieg gewonnen hatte. Erstens: Jeder Mensch, gleich, welchen Standes, besitzt eine unantastbare Würde. Zweitens: Das autokratische System Rußlands bedarf dringend einer Reform.

Das Jahr im Westen hatte ihn, den einstigen Zarenfreund, verändert. Nicht verändert hatte sich dagegen das Land, in das er zurückgekehrte, ebensowenig wie seine Familie, von der er sich mehr und mehr entfremdete. Genauso erging es den meisten »Kindern von 1812«, Offizieren, Künstlern und Philosophen, die fortan die Prinzipien ihrer Eltern ablehnten: unbedingten Gehorsam, Hierarchie, Gesetzes- und Standestreue, Förmlichkeit und Etikette; Prinzipien, die sie für die »russische Sklavenmentalität« verantwortlich machten. Der Essayist Alexander Herzen beispielsweise, dem die Erfindung des Begriffs der »russischen Seele« zugeschrieben wird, notierte mißbilligend über seinen Vater, daß der »jedes Gefühl Sentimentalität nannte«.

Eine ganze Generation probte den Aufstand. Junge Adlige wurden zu Musikern, Dichtern, Philosophen, die in der Kunst ihre neuen Überzeugungen kundtaten. Das wirkte wie ein Fanal, hatte man sich als Adliger doch entweder als Beamter oder als Offizier in den Dienst des Zaren zu stellen.

Alexander Puschkin war einer der ersten, die sich dieser Pflicht entzogen. Ihm folgten Rimski-Korsakow, Mussorgski und Tschaikowski. Sie brachen mit den Regeln ihres Standes und definierten sich als Mitglieder der »Intelligenzija«, die sich nicht mehr länger dem »Staat«, sondern der »Nation« verpflichtet fühlte. Es war eine geistige Revolte, die schließlich in einer politischen gipfelte.

1816 gründeten sechs junge Offiziere den »Rettungsbund«, eine Vereinigung, die die Errichtung einer konstitutionellen Monarchie anstrebte. Doch die Mitglieder konnten sich nicht einigen, wie dieses Ziel zu erreichen sei. Sollten sie Zar Alexander töten? Oder sollten sie abwarten, bis er starb, und dem nächsten Zar drohen, ihm – falls er sich ihren Reformideen widersetzen sollte – den Treueeid zu verweigern?

1826 erledigte sich dieser Streit von selbst. Denn der Zar starb plötzlich und unerwartet eines natürlichen Todes. Sergej Wolkonski, der Mitglied der Zelle Tultschin wurde, bekam den Auftrag, Gleichgesinnte für eine Verschwörung gegen den neuen Zaren Nikolai zu gewinnen. Mit 3000 putschbereiten

Soldaten rückte der Bund, dessen Mitglieder später nach dem Monat dekabr (Dezember), in dem die Revolte stattfand, als »Dekabristen« bezeichnet wurden, in Petersburg ein, wo gerade vor dem Palast das offizielle Treuegelöbnis zelebriert wurde, das die Armee auf den neuen Herrscher ablegen sollte. Sie hofften, daß die Petersburger Soldaten sie in ihrem Vorhaben unterstützen würden.

»Konstitution«, riefen die adligen Anführer der Aufständischen, als sie vor dem Palast eintrafen. Doch die meisten Soldaten kannten die Bedeutung dieses Wortes nicht und standen untätig herum – statt, wie geplant, den Winterpalast zu stürmen.

500 Dekabristen wurden verhaftet, 121 des Hochverrats angeklagt. Unter ihnen war auch Sergej Wolkonski, der von den Putschisten dem Hof am nächsten gestanden hatte – und dementsprechend hart bestraft wurde. Ihm wurden die Adelstitel aberkannt und die Verfügungsgewalt über seinen Besitz entzogen, danach wurde er zu zwanzig Jahren Zwangsarbeit und lebenslanger Verbannung in Sibirien verurteilt.

Als er in Ketten seinen Fußmarsch gen Osten antrat, verleugnete seine Mutter, Fürstin Alexandra, ihn bei Hofe. Die Treue zum Thron war ihr wichtiger als die Liebe zu ihrem Sohn. Seine Frau Maria allerdings folgte ihm in die Verbannung. Zuerst wurden sie in die Strafkolonie nach Nerschinsk an der chinesischen Grenze gebracht, später nach Tschita, wo sie sich freier bewegen durften und ein Arbeiterkollektiv gründeten. 1844 gestattete man ihnen, nach Irkutsk zu ziehen. Sergej erwarb ein Haus für seine Familie. Das Geld, das die Verwandten nach Sibirien schickten, reichte für ein komfortables Leben.

Je härter der Alltag in Irkutsk werde, desto öfter denke er über dieses Kapitel der russischen Geschichte nach, sagt Jewgeni. Denn es mache ihm bewußt, daß er zu einer Nation gehöre, die sich nicht über technische Erfindungen oder wirtschaftliches Geschick, über meßbare Leistungen und vorzeigbare Erfolge definiere, sondern über ihre Geistesgeschichte.

Er erzählt von den Slawophilen, Anhängern einer philosophischen Strömung, die um 1830 aus der Dekabristenbewegung hervorgegangen ist und die für die Rückbesinnung auf die Religiosität der Kiewer Rus, die Unverbildetheit und ganzheitliche Lebensweise des Bauerntums warb, die nach ihrer Ansicht der westlichen, von Formen und Gesetzen geprägten Lebensweise überlegen war. Die Slawophilen letztendlich waren es, die den Mythos von der russischen Seele begründeten, indem sie die »natürliche, unverfälschte« Lebensweise und die Religiosität der Bauern idealisierten und als Gegenbild zur europäischen Kultur anpriesen.

In den 1870er Jahren griffen die Narodniki, »Volkstümler«, diese Gedanken auf und entwickelten daraus die Idee einer demokratischen Gesellschaft, in der jeder Mensch die gleichen Rechte und Pflichten haben sollte – für diese Zeit geradezu revolutionäre Gedanken. Im Westen hatten die Aufklärung, die Französische Revolution und der Humanismus für eine weitgehende Aufhebung der Standesschranken gesorgt. Statt von ständischen Rechten und Pflichten sprach man von Volk, Nation und demokratischen Rechten. In Rußland dagegen herrschte immer noch die alte ständische Gesellschaft.

Nachdem der Adel unter Peter dem Großen gezwungen worden war, die russischen Bräuche und Verhaltensweisen zu vergessen und sich europäisch zu geben – und somit in einer Parallelwelt lebte, die mit dem Leben des Volkes nur wenig zu tun hatte – mußte erst wieder eine neue Definition dessen gefunden werden, was »russisch« war.

Der Begriff der Nation, der Zugehörigkeit zu einem größeren Ganzen, existierte nur in den Köpfen einer Minderheit. Die Ereignisse von 1812 hatten zwar einiges aufgebrochen, aber das Nationalgefühl wuchs erst langsam, unterstützt von den Theorien der Slawophilen und Volkstümler, die die Hoffnung aufgriffen, die besonders die Adligen hegten: dem mächtigen Westen etwas Eigenes entgegenzusetzen. Etwas wie die russische Seele, von dem man sagen konnte: Seht her, das haben nur wir!

»Nicht anfassen!« mahnt die Museumswärterin, als Jewgeni den Deckel von der Tastatur des Wolkonski-Flügels hebt. Doch Jewgeni hört nicht. Er setzt sich auf den Klavierschemel und legt die Hände auf die Tasten. »Ich kann nicht gut spielen«, sagt er, aber schlägt weiter Ton um Ton an. E-e-f-g g-f-e-d-c-c-d-e-e-d-d, eine Melodie, die mir bekannt vorkommt: Schillers Ode an die Freude. Zuerst summe ich nur, dann singe ich leise die Verse mit.

Etwas rührt kräftig in meiner Magengegend, steigt höher, gurgelt in meiner Kehle, so ergriffen bin ich plötzlich. Ich weine im Salonzimmer der Wolkonskis, weine, weil mir wieder klargeworden ist, welche Kraft der menschliche Geist besitzt und welches Veränderungspotential eine Idee in sich bergen kann. Und ich weine, weil ich den Glauben wieder gewonnen habe, daß nichts umsonst ist; daß sich die Welt am Ende vielleicht doch noch zum Besseren fügen läßt. Durch die Kraft einer Überzeugung, die Entschlossenheit einer Spezies, über der das Diktum von Hobbes wie ein Menetekel zu hängen scheint: Homo homini lupus.

Erste Hilfe in der Vorstadt

Am Abend im Hotel Akademija, das zwischen Wohnblocks in einem Flachbau eingezwängt ist, will ich ein Bad nehmen. Doch das warme Wasser ist abgestellt. Dann will ich einen Kaffee trinken. Doch die Bedienung an der Bar hat Schichtende. Hier scheint man, genau wie in Akademgorodok, immer noch der Überzeugung zu sein, daß Kunden lästig und schnellstmöglich loszuwerden sind.

Resigniert schalte ich den Fernseher auf der Kommode an und zappe mich durch die Programme, auf der Suche nach dem BBC World Service. Es gibt nichts, was tröstlicher wirken könnte in Stunden wie diesen, in denen man allein in einem Hotelzimmer im Ausland sitzt und das Gefühl hat, in einem Raumschiff durchs All zu schweben und den Kontakt zur Erde verloren zu haben. Wenn man dann in diesem Raumschiff das BBC-Signal hört – eine Ambient-Sequenz, die langsam ihrem Höhepunkt entgegenwabert – und die Countdown-Anzeige für die Kurznachrichten auf dem Bildschirm erscheint, dann ist es, als wäre dieser Kontakt plötzlich wiederhergestellt.

Doch im Hotel Akademija gibt es kein BBC. Das einzige, was mit Hilfe der Zimmerantenne zu empfangen ist, sind die staatlichen russischen Sender, in denen an diesem Abend vor allem über erfolgreiche Regierungsinitiativen und noch erfolgreichere Staatsbesuche berichtet wird. Und die verstärken das Raumschiff-Gefühl eher noch, als es abzuschwächen.

Ich liege auf meinem Siebziger-Jahre-Kunstholzbett und starre durch die Scheiben auf die erleuchteten Fensterhöhlen der Wohnblocks. Ich sehne mich nach Gesellschaft; ein Bedürfnis, das von den Hunderten von Gestalten, die sich wie Schatten hinter den zugezogenen Vorhängen hin und her bewegen, den endlosen Häuserzeilen, den riesigen Plätzen, den schieren Dimensionen der Vorstadt noch verstärkt wird; eine Umgebung, die geradezu dazu geschaffen scheint, einen zu einem wahren Sowjetmenschen zu erziehen, der für eine Verheißung lebt, die größer ist als die kleine, enge Welt vor dem Fenster, ein irdisches Paradies, das durch harte Arbeit und den rechten Glauben zu erlangen ist.

Ich schalte den Fernseher aus und wähle aus Sehnsucht nach einer menschlichen Stimme die Nummer von Sascha in Mos-

Der Traum vom schnellen Reichtum

Junge Burjatin in Ulan-Ude

Hochzeit mit Lenin

Buddhistische Prozession

Auf dem Weg zur Disko

Die Punkband »Orgasmus Nostradamus«

Vorstadtwohnblocks

»Baikal-Amazone« Swetlana

Schamanistisches Ritual

kau. Seit Tagen hatten wir keinen Kontakt mehr. Es wird ein kurzes Gespräch. Sascha ist erschreckend kurz angebunden. Vielleicht telefoniert er einfach ebenso ungern auf englisch wie ich auf russisch. Doch vielleicht will er auch nichts mehr mit mir zu tun haben.

»Schluß damit!« ermahne ich mich. Sich allein im tiefsten Sibirien Gedanken über einen Mann im 5000 Kilometer entfernten Moskau zu machen kann äußerst depressionsfördernd sein.

Zur Ablenkung nehme ich mir meinen Reiseführer vor und lese das Kapitel »Listwjanka«, wo ich eigentlich morgen hinfahren wollte. Der Text klingt nicht gerade einladend: »Listwjanka, siebzig Kilometer südlich von Irkutsk, ist der meistbesuchte Ort am Baikalsee. Der Großteil der örtlichen Bevölkerung lebt heutzutage vom Tourismus. Zahlreiche Cafés, Restaurants und Kneipen ziehen sich an der fünf Kilometer langen Uferstraße entlang.«

Ich habe mir den Baikal immer als einen mystischen Ort vorgestellt, der vom globalen Tourismus noch weitgehend unberührt ist, ein Ort der Stille und der inneren Einkehr. Und nun das: Restaurants, Cafés und Kneipen – ein Ferienort für die Massen, vielleicht gar ein Mini-Ballermann am Baikal! Ich würde nie auf die Idee kommen, irgendwohin zu fahren, nur weil dieser Ort in irgendeinem Reiseführer gelobt wird. Im Urlaub möchte ich Träumen nachhängen können. Und das klappt selten an solchen Orten. Vielleicht sollte ich doch besser in Irkutsk bleiben, ein paar russisch-orthodoxe Kirchen besichtigen und dann direkt weiterfahren nach Osten; dorthin, wo es keine Touristen und keinen Trubel gibt, sondern nur ein paar einsame Dörfer in der Taiga.

Doch am nächsten Morgen sitze ich wie geplant im Bus nach Listwjanka. Denn das Limnologische Forschungsinstitut Irkutsk hat mich eingeladen, auf einem Forschungsschiff drei Tage und Nächte über den westlichen Baikal zu fahren. Im Bus sitzen drei Engländer, die sich, wie Engländer es anscheinend gerne tun, über britische Pop-Bands streiten. »Oasis ist einfach die beste Band aller Zeiten«, sagt einer. »Ach, hör doch auf mit diesen Prolls! Hast du mal auf die Texte gehört? Hirnlos! Kein Vergleich mit Blur!« »Was hört ihr denn für altes Zeug?« mischt sich der dritte ein. »Jetzt gibt's doch nur noch Kean und Coldplay!«

Der Streit ist unangemessen laut. Die anderen Mitfahrer drehen sich verständnislos um. Ich kann die Engländer ein bißchen verstehen. Für mich war Britpop immer *die* Musik schlechthin. Ich mochte die Melodien, die Texte, ihre Lässigkeit und Ironie. Und ich habe mehrfach miterlebt, daß man, wenn man in England über Pop diskutiert, gleich die großen Grundsatzfragen mitverhandelt hat: Muß Pop zwangsläufig links sein? Sollte er die Tugenden der Arbeiterklasse verkörpern wie bei Oasis? Oder durfte er den Alltag des Bildungsbürgertums beschreiben wie bei Blur, im Weltschmerz ertrinken wie bei Coldplay oder einfach nur von der Vergänglichkeit der Liebe erzählen wie bei Kean?

Und doch bin ich froh, seit Tagen nur Russen-Pop gehört zu haben. Eine Musik, die einem solche geistigen Verrenkungen erspart. Mir ist nicht nach Diskurs zumute, sondern nach Dahinschmelzen. Und da kommen Songs, deren Refrain »Zwischen uns ist Liebe« oder »Wo ist meine Geliebte?« lautet, nicht ungelegen. Insbesondere, weil solche Worte auf russisch viel weicher, zärtlicher, herzzerreißender klingen: »Eto meschdu nami lubow« und »Gdje moja ljubimaja?« Außerdem vermitteln die Stimmen der Sängerinnen und Sänger eine größere Intensität. Da ist keine Spur von der Coolness, die westliche Popbands ausstrahlen, wenn sie sich die Schwierigkeiten des Lebens vornehmen, kein Fünkchen Ironie, wenn es um Gefühle geht. Selbst das billigste russische Popsternchen klingt noch so, als würde es all das selbst durchlitten haben, was es besingt, die ganze Palette von Lust, Liebe und Schmerz in einem Diskohit, dessen Wirkung man sich nicht entziehen kann. Trotz des unsäglichen Beatgestampfes, für das man Dieter Bohlen oder DJ Bobo die Pest an den Hals wünschen möchte, erzeugt es ein Kribbeln im Unterleib, ein Brennen im Herzen, eine Sehnsucht im Kopf. Und das macht so euphorisch, so kopflos glücklich, daß man nicht mehr daran denkt, daß man gerade eine One-Hit-Wonder-Compilation für zehn Rubel in seinem Walkman laufen hat, für die man sich zu Hause zutiefst schämen würde.

Nein, ich will nicht mit den Engländern diskutieren. Europa ist im Moment sehr weit weg. Ich sitze allein in der hintersten Sitzreihe des Busses und sehe die Kirchen von Irkutsk am Fenster vorbeiziehen, die ich eigentlich besichtigen wollte: die Erlöserkirche, die Christi-Erscheinungs-Kirche, die Kirche der Kreuzerhöhung, die mit ihren Zwiebeltürmen, ihren goldenen Kuppeln, ihren bunten Friesen und leuchtendweißen Fassaden wie eine Erscheinung aus einer anderen Welt wirken; einer Welt des Glanzes und der Erhöhung inmitten von Plattenbauten, Fabriken, Schnellstraßen und Sportstadien, den Errungenschaften einer Zeit, als in Irkutsk die kirchliche Orthodoxie durch eine weltliche ersetzt wurde und der Glaube an eine höhere Macht durch den an die Allmacht der menschlichen Spezies, die die Natur bezwingen und sich eines Tages sogar selbst erlösen würde. Was brauchte es da noch einen Gott und Orte, ihm zu huldigen? Kirchen zu Lagerhäusern, hieß die Devise im Sozialismus. Die Altäre wurden entfernt, die Priester vertrieben und die Kirchenschiffe ihrem neuen Zweck übergeben. Die jahrhundertealte Pracht begann sich aufzulösen.

Nach dem Ende der Sowjetunion ließ die Stadt die Kirchen entrümpeln und sorgfältig restaurieren. Schließlich galten sie bei den Europäern, die mit der Transsib durchs Land reisten, als Touristenattraktion. Trotz der Besucherkolonnen, die sich täglich durch sie hindurchwälzten, wurden sie wieder zu den Rückzugsorten, die sie einmal gewesen waren; zu Kokons, in die man sich von den spirituellen Gesängen des Chores und den würdevollen Gesten des Patriarchen einspinnen lassen und für ein paar Minuten zu einem neuen Menschen werden konnte.

So hatte ich es jedenfalls empfunden, als ich drei Wochen zuvor in der Alexander-Newski-Kathedrale in Nowosibirsk stand und zunächst skeptisch beobachtete, wie Frauen mit schwarzen Kopftüchern der Mutter-Gottes-Figur die Füße küßten, ein Priester vortrat und ein unsichtbarer Chor einsetzte. Er sang eine Melodie in Moll, so klar, so unfaßbar sanft und entrückt und so voller Trost, daß mir die Tränen in die Augen schossen. Es war, als wäre ich blind gewesen und jemand hätte mich unverhofft wieder sehend gemacht. Ein Gefühl der Erlösung von allem, was mich unbewußt beschwert hatte; eine Last, die man erst in dem Moment richtig spürt, in dem einem jemand bedeutet, man könne sie ablegen.

Der Gesang schwoll an, verebbte, setzte erneut ein im melancholischsten h-Moll und vereinigte sich schließlich in einem erlösenden Dur-Akkord. Und das alles ohne Orgel! Eine seltsame Wärme durchflutete meinen Körper. Ich mußte mich an einem Pfeiler abstützen, so bewegt war ich in diesem Moment. Und dann sah ich die Sänger auf der Empore, sah ihre Versunken-, ihre Nach-innen-Gekehrtheit. Sie sind in einer anderen Welt, dachte ich, und haben dich mitgenommen. Ich hatte ein Gefühl, das sich nur mit einem sehr großen Wort benennen läßt: Elevation. Es gab keine Trennung mehr zwischen mir und der Welt; ich war außer mir und mir dabei so nah wie nie zuvor.

»Ja, ich glaube«, murmelte ich auf russisch das Glaubensbekenntnis mit. Auf deutsch hätte ich das niemals über die Lippen gebracht. Wie gerne hätte ich diesem Glauben einen Namen gegeben. Gott? Nein, das paßte nicht. Es klang viel zu fromm. Das war ich nicht und bin ich auch nicht geworden. Aber dafür ein vollständigerer Mensch.

Wir fahren an der Angara entlang, die in weiten Bögen um die Stadt mäandert, als wäre sie nie begradigt worden. Die Angara ist der einzige Fluß, der aus dem gewaltigen, 636 Kilometer langen und achtzig Kilometer breiten Baikalsee austritt. Zuflüsse dagegen gibt es – nach neuester Zählung – ganze 336. Um diese seltsame Diskrepanz rankt sich nicht nur ein Roman von Thomas Strittmatter, sondern auch eine sibirische Sage: Der alte Vater Baikal hatte über 300 Söhne, um die er sich kaum kümmerte. Um so mehr dagegen um seine einzige Tochter, die er umhegte und der er jeden Wunsch von den Augen ablas. Die Tochter fühlte sich erdrückt von dieser väterlichen Liebe. Eines Tages hörte sie, wie die Möwen vom stolzen Jüngling Jenissej schwärmten. Ohne ihn je gesehen zu haben, verliebte sich die Angara und stahl sich eines Nachts davon, um ihn zu treffen. Der Vater, der ihr Verschwinden erst am nächsten Morgen bemerkte, schleuderte ihr einen Felsbrocken hinterher. Aber er traf nur einen Kleiderzipfel. Unbeschadet erreichte die Angara den Jenissej. Die beiden heirateten und traten gemeinsam die Reise zum Nördlichen Eismeer an. Der Felsbrocken erinnerte den Vater fortan ständig an den Verlust seiner Tochter.

Heute dient er den Schamanen als Kultstätte. An dem großen Kreisverkehr im Stadtteil Solnjetschny, an dem die schmale Straße zum Baikalsee abzweigt, ergießt sich die Angara in ein Staubecken, an dessen Rand eine Flotte von Passagierschiffen vor Anker liegt. Zweimal wöchentlich verkehren die Schnellboote »Komet« und »Meteor« zwischen Irkutsk und dem am Nordufer des Baikalsees gelegenen Sewerobaikalsk; eine 500 Kilometer lange Strecke, die sie in knapp zwölf Stunden zurücklegen. Die Siedlungen am Baikalsee sind schwer zu erreichen. Die Transsibirische Eisenbahn führt nur am Südufer entlang, die Baikal-Amur-Magistrale, ein sozialistisches Prestigeobjekt, dessen Bau erst 1984 vollendet wurde, erreicht nur den nördlichsten Seezipfel bei Nischneangarsk. Eine durchgehende Straße gibt es nicht. Das Ufer ist felsig, das Land dahinter bergig und dünn besiedelt.

Die Straße von Irkutsk nach Listwjanka ist neu asphaltiert. Der Busfahrer erzählt, daß sich vor Jahren ein amerikanischer Politiker in der Gegend angekündigt hätte. Man habe ein paar Millionen Rubel berappt, damit er bequem zum Baikal fahren konnte. Leider habe der Amerikaner seinen Besuch im letzten Moment abgesagt. »Wäre nicht schlecht, wenn sich öfter mal ein paar Politiker anmelden würden. Dann sähe es hier am Baikal bald ganz anders aus!«

Ich hoffe, daß das nicht so schnell geschieht, denn das, was ich in Listwjanka sehe, reicht mir für ein paar Stunden schlechte Laune. Im Winter wohnen in Listwjanka auf dem schmalen Uferstreifen und den Steilhängen über dem See 1500 Menschen. Im Sommer sind es oft doppelt so viele. Kaum wird es ein bißchen wärmer, treffen die Touristenbusse im Stundentakt im Dorf ein.

Doch die meisten Touristen bleiben nur für ein, zwei Nächte. Denn Listwjanka ist ein Kaff ohne Attraktionen, ein langgezogenes, häßliches Straßendorf. In Sibirien wird zwar immer behauptet, daß es der am besten ausgebaute Ferienort am Baikal sei. Aber das bedeutet überhaupt nichts, denn es gibt kaum Konkurrenz. Sicher, hier stehen mehr Hotels als anderswo. Aber auch das relativiert sich, wenn man weiß, daß es in den meisten Baikalorten überhaupt kein Hotel gibt.

Wer sich zu Fuß durchs Dorf bewegen will, atmet dichte Abgaswolken ein. Die zehn, fünfzehn Bars, die die Straße säumen, sind plastikbestuhlt, neonbeleuchtet und schließen früh. Wanderwege sind äußerst dünn gesät, und einen Badestrand gibt es gar nicht. Doch der wäre ohnehin nur etwas für ein paar Hartgesottene – der Baikal wird auch in den heißesten Sommern selten wärmer als zwölf, dreizehn Grad. Das liegt daran, daß der See mit 1637 Metern sehr tief, genauer gesagt, der tiefste See der Erde ist. Und der größte Süßwassersee noch dazu. 23000 Kubikkilometer Wasser faßt sein Becken, zwanzig Prozent des gesamten Welt-Süßwasserbestandes.

Würden alle Flüsse des Planeten in den Baikal fließen, bräuchten sie ein Jahr, um ihn zu füllen.

Im Winter ist der See von einer mehr als einen Meter dicken Eisschicht bedeckt, die, sobald sie fest genug ist, zur Straße wird und die Ufer verbindet, die in eisfreien Monaten kaum erreichbar sind. Die Dörfer auf beiden Seiten rücken enger zusammen, tauschen Waren aus, feiern. Denn im Winter gibt es so gut wie keine Touristen am Baikal.

Warum bin ich nicht im Winter gekommen, fluche ich, als unser Bus das Ortseingangsschild von Listwjanka passiert. Die Touristen, die uns entgegenkommen, erfüllen jedes Backpacker-Klischee: Sie sehen betont jugendlich aus, haben aber wahrscheinlich längst die Vierzig erreicht, tragen Trekkingrucksäcke auf dem Rücken, die wahrscheinlich fast so teuer sind wie ein Louis-Vuitton-Koffer, und Wandersandalen an den Füßen, die im Land der großen Mückenschwärme etwa so praktisch sind wie Pumps in den Alpen. Es ist das Publikum, das sich »anders reisen« auf die Fahnen geschrieben hat, die es im Winter auf Kuba, Costa Rica oder Gomera schwenkt und im Sommer in Weltregionen, die in intellektuellen Kreisen als unverfälscht und kulturell anspruchsvoll gelten, aber noch nicht von »Studiosus« und ähnlichen Anbietern erschlossen sind. Ich darf das sagen, weil ich selbst einmal dazu gehört habe, eine Low-Budget-Reisende mit dem »Sierra II« auf den Schultern und Ökotourismus-Ideen im Kopf, die all die politisch korrekten Ziele – damals ging es eher um Politik als um Kultur – bereist hat, über die man heute nur noch milde lächelt.

Listwjanka hat sich inzwischen genau auf die Bedürfnisse dieser Spezies eingestellt: Die Bauern vermieten Zimmer in ihrer »seit Generationen im Familienbesitz befindlichen Isba«, auf einem Hügel wurde ein Jurtencamp errichtet, und die Mini-Supermärkte entlang der Straße haben Müsliriegel, Knäckebrot und Grillwürstchen in ihr Angebot aufgenommen. Auf dem kleinen Markt am Hafen wird Handwerkskitsch verkauft: bemalte Holzdöschen, Schöpflöffel, Ohrringe mit Vogelfedern und Silberringe mit esoterischen Symbolen. Fischer grillen auf langen Metallrosten Omul und Charius, in der Hoffnung, daß die Touristen sich auch einmal an einheimische Lebensmittel herantrauen. Es riecht nach Fett, Schweiß und Holzkohle.

Ich bin froh, daß wir bald ablegen. Nach einem kurzen Besuch im Baikalmuseum, in dem mir die in Äthanol konservierte Fauna des Sees – Robbenbabys, Omul in verschiedensten Entwicklungsstadien, Fische aller Arten und Größen – aus überdimensionierten Weckgläsern entgegenglotzte, besteige ich das Schiff des Limnologischen Forschungsinstitutes, das am Kai unterhalb der Hauptstraße vor Anker liegt.

Ein Kapitän mit blauer Unformmütze schüttelt mir zur Begrüßung die Hand; eine förmliche Geste, die nicht so recht zu der äußerst lässigen Stimmung auf dem Schiff paßt.

Meine Kajüte scheint direkt über dem Maschinenraum zu liegen. Jedenfalls vibriert der Boden aufs heftigste, als der Schiffsmotor anspringt, der Stuhl fällt um, der Spind wackelt. Das Bett ist zum Glück festgedübelt. Unter der Decke verlaufen dicke Rohre, die Wärme abstrahlen wie eine Höhensonne. Je kräftiger die Maschinen arbeiten, desto heißer wird es in der Kabine. Dabei waren es beim Start schon mehr als dreißig Grad hier drin.

Die Schiffssirene tutet drei Mal, als wir ablegen, ein langgezogenes, markerschütterndes Signal. Außer den vier Wissenschaftlern vom Limnologischen Forschungsinstitut sind noch ein paar Physiker und Chemiker aus Europa mit an Bord. Abends gehen die anderen Ausländer von Bord und werden zu einem Hotel gefahren. Die Kabinen seien zu unbequem, hatten die Reiseorganisatoren entschieden. Nur ich muß bleiben. Mich hat man zu den Russen gerechnet, was mich ausnahmsweise ärgert. Die Hitze ist nicht einmal das Schlimmste. Viel schlimmer ist die Schiffsbesatzung. Denn die ist nachts sturzbetrunken.

Fünf Stunden lang leeren die Männer unter Deck Flaschen; zuerst Wodka, dann Wein, dann das ganze wieder von vorn. Zwischendurch grölen sie Lieder, die sich eigentlich gar nicht zum Grölen eignen: traurige Baikalballaden, die von Strafgefangenen und ihrer Flucht über den See handeln. Ich begehe den Fehler, mich auch zu einem Wodka überreden zu lassen, denn irgendwann werden sie unberechenbar. Mal heult sich der eine, ein magerer Rothaariger mit abgebrochenen Vorderzähnen, an meiner Schulter über den Tod seines Sohnes aus, mal schimpft er über meine Unnahbarkeit, mal fragt mich ein bärtiger Mittfünfziger nach meiner Familie und macht mir dann das, was man früher einen unsittlichen Antrag genannt hätte. Zuerst bitte ich ihn in gepflegtem Universitätsrussisch darum, mich »nicht weiter zu belästigen«. Dann probiere ich all die Flüche aus, die ich in den letzten Wochen auf der Straße gehört habe. Endlich scheint es bis in sein benebeltes Gehirn durchgedrungen zu sein, daß ich etwas anderes wollte als er. Nämlich schlafen gehen. Allein. »I am sorry, lady«, murmelt er, während ich ihn anschreie.

Doch eine halbe Stunde später wummert es an meine Kabinentür, die ich vorsichtshalber mit einem Stuhl blockiert habe. Es rüttelt an der Türklinke, und dann wird es offenbar jemandem auf dem Flur schlecht. Ich friemele mir Ohropax in die Ohren, ziehe die Decke über den Kopf und hoffe, daß sich der Bärtige bald verziehen werde. Endlich höre ich, wie schwere Schritte über das Oberdeck stolpern. Den Schritten folgt Gesang. Und irgendwann habe ich das Gefühl, einen Sträflingschor zu hören, der auf einer Galeere über den Baikal rudert.

Am Morgen gegen neun sind die Österreicher, die Amerikaner und die Briten wieder an Bord und die Russen so erstaunlich nüchtern, daß ich mich frage, ob man als Russe mit einer besonderen Leber auf die Welt kommt; einem Organ, das sich in einem jahrhundertelangen Selektionsprozeß an die

Bedingungen angepaßt hat, unter denen es in diesem Land zu arbeiten hat. Im Speiseraum unter Deck steht schon das Frühstück bereit. Es gibt Brot und Wurst, Bliny mit saurer Sahne und Warenje, die die Limnologen, vielseitig begabt wie fast alle Wissenschaftler, die mir bisher in Sibirien begegnet sind, selbst eingekocht haben.

Limnologen sind Gewässerkundler, die sich mit der Ökologie von Flüssen und Seen beschäftigen. Die Irkutsker Limnologen verbringen – anders als viele Kollegen aus dem Westen – einen Großteil ihrer Arbeitszeit auf dem Wasser, fahren bei plus dreißig und minus vierzig Grad, bei Sturm, Schnee und Regen über den Baikal, um Wassertemperatur und ph-Wert zu messen, Wasserqualität zu untersuchen und Flora und Fauna zu studieren. An Bord unseres Schiffes befindet sich ein kleines Labor. Im größeren an Land halten sie sich nur selten auf, denn dessen Gerätschaften sind so veraltet, daß »Besucher aus dem Westen staunen, daß man so überhaupt noch arbeiten kann«, wie einer der Männer sagt. Er habe oft darüber nachgedacht wegzugehen. Doch dann habe er sich wieder daran erinnert, daß er hier eine wichtige Aufgabe habe: den Umweltschutz am Baikal voranzutreiben.

In den sechziger Jahren wurde am Südufer des Sees in Baikalsk eine Papiermühle gebaut, die ihre Abwässer ebenso ungefiltert in den See einleitete wie die in den Siebzigern in Selenginsk unweit des Westufers errichtete. Die Wasserqualität des Baikal nahm immer mehr ab, die Fischer in der Nähe der beiden Städte kehrten mit leeren Netzen nach Hause zurück. Im Taigawald an den südlichen Ufern starben die Bäume.

Wissenschaftler wandten sich in Zeitungsartikeln gegen die mangelnden Schutzvorkehrungen der Werke und den sorglosen Umgang mit der Natur. Doch die Politiker wiesen die Kritik zurück: Die Papiermühlen seien unverzichtbar für die wirtschaftliche Entwicklung der Region. Außerdem habe der Baikal enorme Selbstreinigungskräfte.

»Umweltschutz« war in der Sowjetunion so etwas wie ein Unwort. Denn die Industrialisierungspolitik war eine der wichtigsten Säulen des Regierungsprogramms. Gigantische Kraftwerke, Kohlegruben, Staudämme wurden gebaut – Mammutprojekte, die von der Überlegenheit des Kommunismus künden sollten. Je heftiger ein Schornstein rauchte, je mehr es stank und lärmte, desto mehr sah das nach Fortschritt aus und danach, daß sich der Glaube, der Mensch könne sich die Natur untertan machen, bewahrheiten würde. Daß dabei ganze Landstriche ökologisch verwüstet wurden – darüber wurde kaum ein Wort verloren. Wer dennoch den Mund aufmachte, fand sich bald in unberührter Natur wieder – in einem Lager in den unwirtlichsten Regionen des Landes.

So war es nicht nur in Rußland, sondern auch in China, wo heute unter dem Schlagwort »Go West« nichts anderes geschieht als fünfzig Jahre zuvor in Sibirien: In einer entlegenen Region des Landes wird massiv Industrie angesiedelt, und gigantische Infrastrukturprojekte wie der Bau der Eisenbahn über den Himalaja werden verwirklicht, ohne Berücksichtigung der langfristigen Folgen, ohne auf die Wissenschaftler im eigenen Land und die Experten aus dem Westen zu hören, die inzwischen die Schäden vor Augen haben, die die Großprojekte ihrer eigenen Regierungen aus den siebziger Jahren verursacht haben.

Daß sich heute am Baikal internationale und lokale Umweltschutz-Organisationen für die Wasser- und Luftreinhaltung engagieren, ist nicht zuletzt dem Mut und der Hartnäckigkeit der Limnologen zu verdanken, die immer wieder vor den Folgen der Industrialisierung am Baikal warnten. Es gibt Umweltschutz-AGs an Schulen und Universitäten, Öko-Camps, in denen Freiwillige aus der ganzen Welt arbeiten, und jedes Jahr reisen ausländische Wissenschaftler unterschiedlichster Fachrichtungen an, um mit russischen Kollegen über Umweltstandards zu beraten. Die UNESCO erklärte den Baikal sogar zum Weltnaturerbe. Danach wurde in der Regierung kurzzeitig darüber diskutiert, die Papiermühlen in Abfüllanlagen für Mineralwasser umzuwandeln. Doch bis jetzt ist alles beim alten geblieben. Nur ein paar Filter wurden installiert.

Um uns herum ist nur noch Wasser, Wasser bis zum Horizont, das in hundert Blautönen glitzert. Das muß ein Meer sein, über das wir hier mit unserem knatternden Diesel fahren!

»Heiliges Meer«: so nennen in der Tat die meisten Russen den Baikal – wegen seiner gewaltigen Ausmaße und vor allem wegen der Götter, die nach schamanischem Glauben an und in ihm wohnen sollen.

Vier Stunden sind wir unterwegs, und noch immer ist kein Land zu sehen. Die Ausländer liegen auf dem blanken Boden des Oberdecks, die Anoraks, zu Kissen zusammengeknüllt, unter dem Kopf, und lassen sich bräunen. Ein kalter Wind fegt über den See, an dessen Ufer es mindestens sechs, sieben Grad kälter ist als im Binnenland, der Baikal hat sein eigenes Mikroklima. Aber die Sonne, die jetzt am Mittag steil am Himmel steht, brennt angenehm auf der Haut. Eine dösende Stille hat sich auf dem Deck breitgemacht – die Platten mit den Kaviarschnittchen sind ein bißchen zu maßlos geplündert worden.

Ich nicke neben dem großen, rotweiß gestrichenen Schornstein ein, bis mich eine Schiffssirene aus dem Schlaf reißt. Ich blicke hoch und sehe, wie der Kapitän das Schiff an einem Pfosten am Ufer vertäut. Ein fremdes Ufer mit einem kleinen Sandstrand, Holzhütten und Wald. Unendendlich viel Wald, der sich an den steilen, nebelverhangenen Bergrücken hinaufzieht. Über dem See hängen jetzt dichte Regenwolken. Das einzige, was noch von der Sonne beschienen wird, ist ein Schild: Basa otdycha, Erholungscamp.

Unter dem Schild sitzen drei Frauen in Windjacken, die, ihrem Gesichtsausdruck nach zu urteilen, von diesem Camp nicht gerade begeistert zu sein scheinen, das nur per Boot zu erreichen ist und in dem die einzige Ablenkung die täglichen drei Mahlzeiten in der Kantinenbaracke sind.

Fröstelnd marschiere ich hinter den Amerikanern, den Engländern und den Österreichern über den Anleger. Als wir die Kantinenbaracke erreichen, setzt ein heftiger Schauer ein. Leider hat sie um diese Zeit geschlossen. Mit klitschnassen Strümpfen und quietschenden Sohlen erklimmen wir den ersten Felsen, der wie ein vorstehender Schneidezahn in den See ragt. Die einzigen, die noch trocken sind, sind die schlechtwettergewohnten Engländer, die tatsächlich einen Regenschirm im Gepäck haben. Der Bergpfad führt durch einen Fichtenwald hinauf zu einer Aussichtsplattform, die wie ein Adlernest auf dem Gipfel thront. Von oben sehen wir eine blaugraue, gekräuselte Fläche, die sich bis zum Horizont erstreckt, ein stürmisches Meer, das seine Launen austobt. Plötzlich reißen die Wolken einen Spaltbreit auf, bahnen eine Schneise für die Sonne, die unseren Gipfel mit der Aussichtsplattform plötzlich wie eine Theaterbühne ausleuchtet.

Ein kleiner Sonnenstrahl, und schon beschließen die Engländer, schwimmen zu gehen. Die Queen wäre bestimmt stolz auf ihre Untertanen, denn es ist noch immer windig, und das Baikalwasser so kalt, daß es sofort die Muskeln krampfen und das Herz wie wahnsinnig schlagen läßt. Aber immerhin folge ich ihnen nach einigen Ablehnungsversuchen, noch vor den Russen, die fröstelnd am Ufer warten.

In der Ferne tutet eine Schiffssirene. Halb angezogen, mit um die Hüften geknoteten T-Shirts, rennen wir auf den hölzernen Pier zu. Unter Deck steht Wodka für uns bereit, zum Aufwärmen. Wir prosten uns zu. Während das Schiff auf den Baikal hinaustuckert, reden wir in vier verschiedenen Sprachen durcheinander und verstehen uns wunderbar.

Das war der letzte Nachmittag, an dem ich mich so unbeschwert gefühlt habe. Eineinhalb Tage später hing ich am

Tropf eines Vorstadtkrankenhauses und wünschte mir nichts sehnlicher, als zu sterben.

Es hatte im Zug von Irkutsk nach Ulan-Ude begonnen, mit leichten Magenkrämpfen um Mitternacht, die sich von Stunde zu Stunde steigerten. Das Essen, dachte ich anfangs. Irgendwas hast du nicht vertragen, so was passiert oft auf Reisen. Doch ich hatte nichts Magenunfreundliches gegessen. Nur einen Gemüseeintopf und dazu trockenes Brot. Zu den Krämpfen kam ein Schüttelfrost; ich zitterte, fror, schwitzte, mein Kopf wurde heiß und schwer. Das Fieber nahm meinen Körper in die Mangel. Mein Herz raste wie verrückt; ich hatte das Gefühl, zu halluzinieren.

Hinter den Gardinen waren schemenhaft die Berge des südlichen Baikalufers zu erkennen, die bis in den Himmel zu ragen schienen, dann eine Stahlbrücke, die über einen gewaltigen Abgrund führte. Aber vielleicht sah alles auch nur aus der Perspektive von jemandem, der auf der untersten Pritsche hilflos zusammengekrümmt lag, so gewaltig aus.

»Pomogitje!« flehte ich den einzigen Abteilnachbarn an, der noch wach war, weil das das einzige russische Wort war, das mir in diesem Moment einfiel, »helfen Sie mir!« Der Nachbar brummte etwas Unverständliches, dann zog er seine Ballonseidenhose an und verschwand auf dem Gang. Fünf Minuten später leuchtete mir eine Schaffnerin mit einer Taschenlampe ins Gesicht. »Ganz ruhig! In vier Stunden sind Sie beim Arzt!« raunte sie und reichte mir einen Plastikbecher mit Tee.

Ich hielt durch bis Ulan-Ude, wo bereits ein Ambulanzwagen auf dem Bahnsteig wartete, den die Schaffnerin per Funk bestellt haben mußte; ein klappriger Minibus, der aussah wie die Plastikautos aus den Kinderüberraschungseiern: plattnasig, rundlich und niedlich. Ich konzentrierte mich ganz auf das Design des Wagens, um nicht daran denken zu müssen, daß neben mir noch eine ältere Frau auf der Bahre lag, der

der Arzt eine Sauerstoffmaske aufgesetzt hatte. Außerdem hatte ich Angst vor dem Krankenhaus. Eine Klinik in einer sibirischen Provinzstadt ... ich rechnete mit dem Schlimmsten: riesige Säle mit wimmernden Patienten, nicht sterilisierte Nadeln, Medikamentenmangel. Von außen schienen sich meine Befürchtungen zu bestätigen. Den Mauern fehlte es an Putz und dem Eingang an Fliesen. Nicht einmal eine Krankenauffahrt gab es. Die letzten Meter bis zum Eingang mußte ich zu Fuß gehen.

Im Aufnahmeraum wurde ich von einem alten russischen und einem jungen burjatischen Arzt mit Handschlag begrüßt, als ob sie damit dem Nationalitätenproporz dieser Region Rechnung tragen wollten. Eine halbe Stunde lang befragten die beiden mich gnadenlos, obwohl ich Mühe hatte, zu sprechen. Welche Symptome ich hätte, wollten sie wissen, und seit wann; was ich gegessen hätte, mit wem und wo. Und dann endlich unterbreiteten sie mir ihre Diagnose, die ich zunächst gar nicht glauben wollte: Allem Anschein nach hätte ich eine Vergiftung. »Aber ich habe doch gar keinen Fisch gegessen.«

»Sie haben auch keine *Fisch*vergiftung.«

»Was dann?«

»Das wird sich hoffentlich noch herausstellen. Ein Labor haben wir hier allerdings nicht.«

Dann führte mich eine Krankenschwester mit geblümtem Kopftuch ins Nebenzimmer und stellte mir einen Blecheimer mit etwa fünf Litern Salzwasser vor die Füße. »Alles austrinken!« befahl sie. »Sie wollen doch nicht, daß wir Ihnen den Magen auspumpen? Sterile Schläuche haben wir nämlich nicht mehr auf der Station.« Ich glaube, es genügt, an dieser Stelle mitzuteilen, daß das, was sich in der nächsten halben Stunde in diesem Nebenzimmer abspielte, ziemlich eklig war. Eklig und schmerzhaft, denn fünf Liter Salzwasser erzeugen heftige Konvulsionen im Magen.

Als der Eimer endlich leer war, nahm mir die Schwester vier Röhrchen Blut ab, mit der sterilen Spritze, die ich seit Jahren ungenutzt in meinem Reiserucksack mit mir herumgetragen hatte. Ich lernte das russische Wort für »Tropf« kennen, das mir so gut gefiel, daß es mir gar nichts mehr ausmachte, an einen solchen »kapelniza« angeschlossen zu werden.

Ein paar Stunden lag ich in einem frischbezogenen Bett in einem Stationszimmer, das extra für mich, die erste Europäerin seit Eröffnung des Krankenhauses, geräumt wurde. Doch fünf Minuten später flog die Tür auf, die Kinder aus den Nachbarzimmern rannten herein, starrten mich an wie ein Alien und tuschelten, bis sie von einer der Krankenschwestern verscheucht wurden. Abwechselnd setzten sich die Krankenschwestern neben mein Bett, erzählten von ihren Familien, flößten mir Tee ein, wischten mir mit einem feuchten Lappen den Schweiß von der Stirn. Eine solche Intensivbetreuung hätte ich in einem deutschen Krankenhaus sicher nicht bekommen. Jedenfalls nicht nach der Gesundheitsreform.

Am Nachmittag steht plötzlich ein Besucher in meinem Zimmer: ein Berliner Fotograf, dem ich noch auf dem Bahnsteig eine SMS geschickt hatte und der – welch ein Glück – gerade in Ulan-Ude für eine Ausstellung fotografierte. Begleitet wird er von seiner russischen Freundin. »Bringt mich hier weg!« flehe ich, denn die Vorstellung, auf dieser Station die Nacht verbringen zu müssen, versetzt mich in Panik. Eine Nacht mit diesen Klinikgerüchen – geronnenes Blut, Desinfektionsmittel und Moder –, diesem Wimmern aus den Nachbarzimmern und vor allen Dingen allein in einem Zimmer in einer fremden Stadt – das überstieg mein psychisches Fassungsvermögen deutlich. »Ich hab einen Zettel mit einer Adresse von der Bekannten einer ehemaligen Kommilitonin meiner Russischlehrerin.«

»Bist du sicher, daß du da unterkommen kannst?« fragt der Fotograf.

»Auf meine Mails hat sich leider bisher niemand gemeldet. Am besten, wir fahren da einfach mal vorbei.«

Die Freundin des Fotografen schaut auf den Zettel. »Uliza Kalaschnikowa? Das ist auf der anderen Seite des Flusses. Mit dem Marschrutka eine halbe Stunde.«

Gegen den Protest der Ärzte schleppe ich mich, gestützt auf die Freundin, aus dem Zimmer, die Treppen hinunter und bis zur Marschrutka-Haltestelle. »Uliza Kalaschnikowa? Da müssen Sie an der Haltestelle Bolniza skoraja pomoschtsch aussteigen!« sagt der Fahrer des Marschrutka, dem ich den Zettel hinhalte. Na, denke ich, der Name paßt! »Skoraja pomoschtsch« heißt auf russisch »Erste Hilfe«.

Single sein in Ulan-Ude

Es ist bereits Schlafenszeit, als wir endlich bei der Adresse auf dem Zettel klingeln. Eine ganze Stunde waren wir durch den »Oktoberbezirk« geirrt, bis wir endlich die Uliza Kalaschnikowa 68 und den Aufgang Nummer acht gefunden hatten. Ich sehnte mich nach einem kühlen, dunklen Zimmer. Selbst um zehn Uhr abends war es noch unerträglich heiß.

Die Uliza Kalaschnikowa ist lang und reichlich unorthodox bebaut: In unregelmäßigen Abständen wachsen hohe und niedrige Wohnblocks aus dem Sand; irgendwo dazwischen hat jemand ein Schulgebäude und ein kleines Einkaufszentrum platziert. Zwischen den Häusern dehnen sich betonierte Flächen mit Teppichstangen, Holzbänken und Blumenkübeln, in denen Unkraut wuchert.

Die fünfstöckigen Wohnblocks, die sich rechts der Straße um eine vertrocknete Wiese gruppieren, sind kaum voneinander zu unterscheiden. Alle haben die gleiche schmutzigweiße Fassade, die gleichen quadratischen Fenster, die gleichen blauen Eingangstüren, an denen – eine weitere Gemeinsamkeit – überall die Hausnummern fehlen. So bleibt uns nichts anderes übrig, als von Eingang zu Eingang zu wandern, an Wohnungstüren zu klopfen und schließlich die einzigen Menschen, die noch auf der Straße sind – zwei junge Männer mit Glatzen und Bomberjacken, die Dobermänner an Würgehalsbändern hinter sich herzerren –, nach der Nummer 68 zu fragen. »Was wollt ihr?« blafft uns der Größere von ihnen an. »Bleib ruhig!« beschwichtigt der andere. »Das Haus mit dem Pilz davor müßte es sein.«

Was für ein Pilz? »Können Sie uns ...« Die Dobermänner fletschen die Zähne. Wir wagen nicht, weiterzufragen und entfernen uns über den von Wäscheleinen überspannten Rasen. Am Rand der Rasenfläche sind vier absolut identische Ladas hintereinander geparkt, von deren Rückspiegeln Duftbäume herabbaumeln, Wald-, Wiesen- und Eukalyptusduftspender, die es in fast jeder Tankstelle der Welt zu kaufen gibt und die dafür gesorgt haben, daß Autos mittlerweile überall gleich riechen. Zwischen den Ladas kriecht ein kleiner Mischling hervor, schnüffelt kurz an einer Hinterachse, will das Bein heben und entscheidet sich dann doch für einen Pfahl am Rande des Grasstreifens. Dieser Pfahl trägt eine Kappe. Eine rotweiß gepunktete Pilzkappe, deren praktischer Nutzen uns verschlossen bleibt. Wahrscheinlich der Einfall eines sozialistischen Designers, der die Siedlung damit ein wenig auflockern wollte. Dann sehen wir eine blaue Haustür, gehen vier Treppen hoch und stehen endlich da, wo wir schon längst stehen wollten.

Natalja trägt ein Nachthemd und Badelatschen und scheint nicht im geringsten verwundert, als sie uns sieht. Und sie duzt mich sofort. »Priwet! Du bist sicher die Frau aus Hamburg, die mir geschrieben hat!«

»Wir kommen gerade aus dem Krankenhaus. Sie hat wahrscheinlich eine Vergiftung«, schaltet sich die Freundin des Fotografen ein und erzählt die Geschichte vom Baikaltörn, der Salzwasser-Therapie und dem Verdacht der Ärzte.

Natalja nimmt mir meinen Rucksack ab, wuchtet ihn in das kleinere der beiden Zimmer, bugsiert mich, die ich mittlerweile vor Schwäche zittere, aufs Wohnzimmersofa, legt mir eine Decke um die Schultern, schaltet den Fernseher ein, und ich sehe Carrie, Charlotte, Samantha und Miranda durch New York laufen – »Sex and the city« in einer unsagbar schlecht synchronisierten Version. Über die amerikanische ist einfach noch eine russische Tonspur gelegt worden. Heraus kommt ein Gemisch, das an internationale Konferenzen erinnert, wo man mit dem einen Ohr den Redner hört, mit dem anderen das, was der Synchrondolmetscher übersetzt. Das zweisprachige Stimmengemurmel schläfert mich ein, und so weiß ich bis heute nicht, wie die Geschichte mit Carrie und ihrem russischen Liebhaber ausgegangen ist.

In den folgenden Tagen sehe ich mir mit Natalja mindestens ein Dutzend Serien an. In den Werbepausen huscht sie in die Küche, kocht Tee für mich, und dann sitzen wir wieder schweigend nebeneinander und lassen uns von »Kommissar Rex« und »The X-Files« berieseln. Fernsehen scheint eine ihrer Lieblingsbeschäftigungen zu sein. Noch nie habe ich jemanden kennen gelernt, der so konzentriert auf den Bildschirm starrt. Es sieht fast so aus, als würde sie meditieren. Mir tun diese im bläulichen Schimmer verdösten Stunden gut: Ich bin nicht mehr allein, kann den Kopf abschalten und mich von der Vergiftung erholen.

Natalja ist der erste Single in meinem Alter, den ich in Sibirien kennenlerne. Und die erste Frau, die sich nicht schminkt, bevor sie das Haus verläßt. Natalja behauptet, daß sie keine Zeit für einen Freund habe und kein Geld für Makeup – das letzte Gehalt, das sie bekommen habe, sei das von März gewesen.

Inzwischen haben wir Juli. Aber wenigstens hat sie jetzt eine Untermieterin, die ihr monatlich 2500 Rubel einbringt.

Als Natalja vor 14 Jahren das Baikal-Dorf verließ, in dem sie aufgewachsen war, wollte sie vor allem eins: herausfinden, wer sie war. Sie schrieb sich an der Uni Ulan-Ude für burjatische Geschichte und Kultur ein; ein Fach, von dem sie hoffte, daß es ihr helfen würde, ihre burjatischen Wurzeln besser kennenzulernen, die zu Sowjetzeiten keine Rolle spielen durften.

1923 hatten die Sowjets die Region in Ostsibirien, die überwiegend von Burjaten, einem mongolischen Volksstamm, bewohnt war, zur »Burjatisch-Mongolischen Autonomen Sowjetrepublik« erklärt und Russen aus dem ganzen Land mit hohen Gehältern und günstigen Wohnungen angelockt. Arbeiter aus ganz Rußland fanden in den neu errichteten Metallfabriken Arbeit, viele Burjaten verließen ihre Heimat, um in den Metropolen Westrußlands zu studieren, oder gingen ins Ausland, wo sie ungehindert ihrem buddhistischen Glauben nachgehen konnten. Denn 1970 wurde die burjatische Sprache an den Schulen verboten, burjatische Gebräuche und Riten wurden aus dem Alltag verbannt und die buddhistischen Klöster, die geistigen Zentren der Region, zerstört. Heute sind in Burjatien nur noch 35 Prozent der Einwohner Burjaten, die Mehrheit bilden Russen, Ukrainer und Tataren. Doch diese Minderheit hat begonnen, ihre Kultur wiederzuentdecken, und wird dabei von der Regierung in Moskau unterstützt. Anders als in Tschetschenien will in Burjatien kaum jemand die Unabhängigkeit der Republik. Die meisten wollen einfach besser verstehen, wer sie sind.

An den Wochenenden fuhr Natalja mit dem Bus ins Lamakloster am Stadtrand und beschäftigte sich intensiv mit dem Lamaismus, der Religion ihrer Eltern, zu der sie nun, in der Stadt, nicht nur spirituell, sondern auch intellektuell Zugang fand.

Der Lamaismus ist eine buddhistische Philosophie, die im 7. Jahrhundert in Tibet durch Verschmelzung des indischen Buddhismus mit Elementen tibetischer Geister- und Dämonenverehrung entstanden ist. Kern dieser Lehre ist der Glaube, daß alle Menschen Erlösung und Erleuchtung erreichen können; und zwar vor allem dadurch, daß sie sich für andere aufopfern. Das unterscheidet sie von anderen Formen des Buddhismus, nach denen Erleuchtung erst mit Erreichen des Nirwana möglich ist. Barmherzigkeit ist im Lamaismus, ähnlich wie im Christentum, so etwas wie eine Kardinaltugend. Nur würden Lamaisten das niemals so bezeichnen. Ihnen geht es nicht um eine Bewertung des menschlichen Verhaltens nach moralischen Kategorien, sondern darum, in ihrem Leid gefangenen Menschen zu einem besseren Karma zu verhelfen. Denn von diesem Karma hängt ab, wie man wiedergeboren wird: als Bettler oder Vorstandsvorsitzender, als Dieb oder Politiker.

Lamaisten glauben, daß ihr religiöses Oberhaupt, der Dalai Lama, eine irdische Erscheinungsform von Buddha ist. Aber nicht nur von Buddha, sondern auch von barmherzigen Mönchen, die bereits erleuchtet sind und deren göttliches Wesen nach ihrem Tod auf ein neugeborenes Kind übergeht.

In den burjatischen Klosterläden werden Zeichnungen dieser Kinder für ein paar Rubel feilgeboten. Nataljas Wohnung ist voll von diesen Bildern, auf denen pummelige, entrückt lächelnde Wesen mit schwarzen Haaren und mandelförmigen Augen abgebildet sind. Eine davon hängt über dem Sofa, auf dem sie nachmittags meditiert. Ich frage, was diese Meditation bewirke. »Gelassenheit«, antwortet Natalja. »Und von der braucht man hier eine ganze Menge.«

Als sie mit 23 die Magisterprüfung bestanden hatte, fand sie zunächst keinen Job. Nach langer Suche entschied sie sich schließlich, eine Stelle im Verwaltungsbüro der Uni anzunehmen. »Ist sicher nicht mein Traumjob«, sagt sie. »Aber ich wollte endlich mal Geld verdienen, um mir eine Wohnung leisten zu können.« Als sie die zwei Zimmer im »Oktober-Bezirk« besichtigte, hatte sie das Gefühl, in einen Palast geraten zu sein.

Ich nicht. Mich stört es, daß wochenlang kein warmes Wasser aus dem Hahn fließt, daß die Fenster so schlecht isoliert sind, daß jeder Laster, der auf der Straße vorbeidonnert, die Scheiben klirren läßt; daß es pro Zimmer nur eine nackte Glühbirne zur Beleuchtung gibt und die Matratze, die Natalja für mich auf den Boden gelegt hat, fleckig und klumpig ist.

Am dritten Tag in der Uliza Kalaschnikowa, als langsam die Kraft wieder in meinen Körper zurückkehrt, frage ich

Natalja, wieso sie nichts dagegen unternehme, daß im Viertel einfach so wochenlang die Warmwasserversorgung gekappt worden sei, daß die maroden Fensterrahmen nicht ausgetauscht würden; ja, und warum sie nicht endlich mal ihren Arbeitgeber anrufe, um ihr Gehalt anzumahnen. Ich weiß, das ist eine Marotte von mir, alles regeln zu wollen, zu steuern, die Dinge im Griff zu haben. Ich kann ungeklärte Zustände nicht gut aushalten. Doch Natalja sagt: »Man sollte nicht zuviel Energie mit Dingen verschwenden, die man sowieso nicht ändern kann.«

Wenn Natalja abends vom Einkaufen zurückkommt, mit einer Handvoll Kartoffeln, einem Kopf Salat und einem Topf saurer Sahne, denke ich daran, wie gut Spaghetti Arrabbiata schmecken können, wie sehr ich einen gut gefüllten Kühlschrank und ein Gewürzregal vermisse und wie abwechslungsreich meine tägliche Kost in Hamburg war. Und dann kocht Natalja im einzigen Topf, der in der Küche zu finden ist, ihre Salzkartoffeln, rührt Sahne unter die Salatblätter und sagt, daß sie das fast jeden Tag esse. Und daß sie gar nichts anderes brauche.

Ich beginne, Natalja zu bewundern. Wie kann ein Mensch mit so wenig auskommen, so gelassen in die Zukunft schauen, frage ich mich. Und vor allem so zufrieden sein. Ich dagegen, die ich in Hamburg eine ziemlich gesicherte Existenz habe, mache mir ständig Sorgen: um Geld, das nicht reichen, Beziehungen, die nicht tragen, die Liebe, die ich nicht finden könnte.

Wir verbringen viele Abende zusammen am Küchentisch und reden über ganz alltägliche Dinge: die Buspreise, das neue Kino, das in der Fußgängerzone eröffnet hat, über Filme und Bücher. Im Radio verliest ein Sprecher die Tagesnachrichten auf burjatisch, einer Sprache mongolischen Ursprungs, die nach Steppe, nach Weite und schamanischen Beschwörungsformeln klingt. Vor den Holzhäusern auf dem Berghang gegenüber spielen ein paar Jungen Fußball. Das Leben plätschert gemächlich dahin und gewinnt in der Gemächlichkeit an Kontur. Jedes Ding, jede Geste, jedes Wort hat auf einmal seine Bedeutung – genau wie in diesem Schlüsselsatz der deutschen Romantik, den man uns in der Schule eingebleut und den ich bis jetzt nie wirklich verstanden hatte: »Schläft ein Lied in allen Dingen / träumt in einem fort und fort / und die Welt hebt an zu singen / kennst du nur das Zauberwort«.

Zum ersten Mal hatte ich die Ruhe wahrzunehmen, wie gleißend hell die Sonne über den Häuserblocks stand. Wie warm Nataljas Stimme klang, wenn sie von ihrem Dorf erzählte. Wie angenehm es war, sich in einfachen russischen Sätzen über den Buddhismus zu unterhalten, und genauso angenehm, einfach nur dazusitzen und zu schweigen, während draußen der Sommer seinem Höhepunkt entgegenstrebte, schwül, intensiv, in hunderterlei Farben leuchtend. Ich begann diese Existenz im Heute zu genießen, dieses Einssein mit der Welt, das scheinbar zufriedener macht als alles, was ich früher für dieses Gefühl verantwortlich gemacht hatte: Arbeit, Leistung, Selbstüberwindung. Die ständigen Fragen in meinem Kopf verstummten, ich wurde ruhig und vergaß für eine Weile alle Zukunftsängste.

Ja, es lag ein stiller Zauber über diesen Abenden am Küchentisch, den ich einmal nicht der russischen Seele, sondern Nataljas buddhistischer Gelassenheit zurechnete, die wie ein besänftigendes Korrektiv auf meine Protestantenseele wirkte.

Natalja trinkt und raucht nicht, sie hat keine Affären und geht selten aus. Am liebsten trifft sie sich mit Seseg, ihrer besten Freundin, zum Tee im Wohnzimmer. Sie reden über ihre Sonntagsausflüge ins Kloster, über die Buchenholz-Schrankwände, die gerade im Möbelhaus an der Uliza Baltachinowa im Angebot sind, tauschen die neusten Klatschgeschichten aus dem Bekanntenkreis aus und hören Musik, Beethoven und burjatischen Schmusepop.

Manchmal lästern sie auch, in einem Gemisch aus Burjatisch und Russisch, über die, die, wie Seseg es ausdrückt, »nur für das Geld leben«: die Nowyje Bogatyje, die neuen Reichen, die in ihren Toyota-Jeeps über die Schlaglochpisten von Ulan-Ude holpern und im »Indigo-Nachtclub«, den man nur in Anzug und Abendkleid betreten darf, ihre Geschäftsabschlüsse mit Krimsekt und Beluga-Kaviar feiern: den Bau von Supermärkten, Diskos und Reihenhaus-Wohnsiedlungen wie die im Oktober-Bezirk, ein paar hundert Meter von Nataljas sozialistischem Wohnblock entfernt, die alle Stile repräsentieren, die die europäische Architektur im letzten Jahrtausend hervorgebracht hat – ein bißchen Rokoko, ein bißchen Bauhaus, dazu Backsteingotik und sehr viel Achtziger-Jahre-Glamour. Geld, meint Seseg, sei heute das, was der Sozialismus früher war: eine Ideologie, der die Leute blind folgen. Auf jeden Fall nichts, was glücklich mache, denn Glück habe viel mit geistiger Unabhängigkeit zu tun.

Nein, sie hätte früher bestimmt nicht anders gelebt als heute, würde auch bei der burjatischen Telefongesellschaft arbeiten, die dann eben noch als Staatsbetrieb laufen würde, und würde wahrscheinlich auch ein Zimmer in einer Kommunalka bewohnen.

Eine Kommunalka ist eine Gemeinschaftswohnung, die nicht mit einer deutschen WG zu vergleichen ist. Die Bewohner werden vom Vermieter zusammengewürfelt, privater Kontakt ist selten, und man tut gut daran, Wertsachen einzuschließen und sein Fach im Kühlschrank mit einem Schloß zu sichern. »Natürlich träumt man da manchmal von einer eigenen Wohnung«, sagt Seseg. »Aber es muß ja nicht jeder Traum Realität werden.«

Der größte, den sie hatte, erfüllte sich vor ein paar Jahren: im Ausland zu studieren. Seseg wollte wissen, wie er sich anfühlt, dieser Westen, den sie sich so entspannt vorstellte, ein

Hort bürgerlichen Wohlstands, in dem man sich mit den schönen Dingen des Lebens beschäftigen konnte: Literatur, Musik, Kunstgeschichte.

Sie bewarb sich für ein Austauschprogramm und bekam ein DAAD-Stipendium für die Uni Bielefeld. Als sie in Ostwestfalen landete, war sie entsetzt. Denn das Deutschland ihrer Vorstellungen hatte wenig mit dem realen gemein. Diese Hektik und Enge! Diese vielen Menschen überall, die ständig mit irgend etwas Wichtigem beschäftigt zu sein schienen – nein, hier halte ich es nicht aus, dachte Seseg und vergrub sich in ihrem Zimmer.

Zum Glück befand sich dieses Zimmer in einer WG. Ihre Mitbewohner, Austauschstudenten wie sie, klopften an ihre Tür, luden sie ein, mit ihnen zu kochen oder sie auf ihren Ausflügen in den Teutoburger Wald zu begleiten. »Die haben sich auch fremd gefühlt«, sagt Seseg. »Nur sind die anders damit umgegangen.«

Seseg begann sich für das Fremde zu öffnen, als ihr bewußt wurde, daß sie es nur verstehen, aber nicht nachahmen mußte. Je mehr sie sich auf Deutschland einließ, umso mehr Rußland entdeckte sie in sich, und als sie nach den neun Monaten wieder bei ihren Eltern in Ulan-Ude eintraf, fühlte sie sich so heimisch wie nie zuvor.

Sie beschloß, sich einen Job zu suchen und zu bleiben. Als das Angebot von Burnet kam, einer lokalen Telefongesellschaft, griff sie zu, obwohl sie sich mit ihrem Studium und ihren Deutschkenntnissen überqualifiziert fühlte. Aber Wirtschaftsunternehmen, meint sie, würden in Rußland nun einmal besser zahlen als Unis und Schulen, und überhaupt sei es ein Riesenglück, in diesen Zeiten eine feste Stelle zu haben, in denen so viele Akademiker auf der Straße stünden oder – wie Natalja – monatelang auf ihr Gehalt warten müßten.

Seseg ist nicht besonders selbstbewußt. Das hat damit zu tun, daß ihr irgendwer mal gesagt hat, sie sei häßlich. Dabei würde sie jeder, der sie von nahem sieht, als Schönheit bezeichnen: ein fein geschnittenes Gesicht mit hoher Stirn und mandelförmigen Augen, schulterlange, blauschwarze Haare, ein mädchenhafter Körper mit schmalen Schultern und kleinen, hohen Brüsten. Von fern allerdings wirkt sie mit ihrer Metallbrille und ihren Streifenblusen wie eines dieser seltsam geschlechtslosen Wesen, die während meines Studiums in Heidelberg von morgens um neun bis abends um zehn in der Uni saßen und sich die Seele aus dem Leib paukten, bebrillte Chinesinnen und Koreanerinnen in unauffälligen Gewändern, die entweder Konzertpianistin oder Mathematikerin werden wollten und alles auszublenden schienen, was sie auf dem Weg dahin behindern könnte: Männer, Leidenschaften und entspannt auf den Neckarwiesen verdöste Sommer.

Aber Seseg ist anders. Sie arbeitet weder ungesund lange, noch lassen sie sinnliche Freuden kalt. Nein, Seseg hat für sibirische Verhältnisse einfach einen ziemlich ungewöhnlichen Geschmack. Enge Tops, hochhackige Schuhe und blondierte Mähnen findet sie abscheulich. Seseg will intellektuell aussehen. Und sagt, daß es schwierig sei, in Ulan-Ude die passenden Sachen dafür zu finden.

Sesegs Freundinnen sind durchweg unverheiratete Akademikerinnen, die in einer eigenen Wohnung oder in einer Kommunalka leben. Bis auf Ljudmila, die noch zu Hause bei ihrer Mutter und ihrem Bruder in einer Dreizimmerwohnung am Revolutionsplatz wohnt. Ljudmila ist 39, hat dank eines Fullbright-Stipendiums, eineinhalb Jahre in Amerika studiert und ist dort mit einem Fachgebiet in Berührung gekommen, das so viel mit ihrem eigenen Leben zu tun hatte, daß sie sich vornahm, darin zu promovieren: »Intercultural Studies«.

Ljudmila ist das, was man heute als »zwischen den Kulturen aufgewachsen« bezeichnen würde. Sie hat einen burjatischen Vater und eine russische Mutter, deren Genmischung ihr zu einem außergewöhnlichen Aussehen verhalf: lange, sehnige Glieder, ein Gesicht mit breiten Backenknochen und spitzer Nase, schwarze Haare und Augen und eine schneewittchenweiße Haut. Die Mutter sprach mit ihr burjatisch und nahm sie mit ins buddhistische Kloster, der Vater brachte ihr Russisch bei und erklärte ihr die marxistische Philosophie. Doch Ljudmila war das noch nicht genug. Sie wollte eine dritte Kultur kennenlernen: die des Westens. So schrieb sie sich nach der Schule an der Uni Ulan-Ude für Deutsch und Englisch ein, pflegte Brieffreundschaften und später E-Mail-Bekanntschaften mit Gleichaltrigen aus Deutschland und Amerika. Nach dem Studium bekam sie einen Anruf von einem Firmenkonsortium, das eine Großbaustelle in Ostsibirien betreute: Ob sie nicht für die ausländischen Ingenieure dolmetschen könne, die die Baikal-Amur-Magistrale bauten?

Zwei Jahre wohnte Ljudmila in einem Arbeitscamp in der Taiga, übersetze Worte wie »Flachzange« und »Naßbohrer« vom Deutschen und Englischen ins Russische, ließ sich von Klaus aus Baden-Württemberg in ein Dorfgasthaus einladen, von Mike, dem Engländer, britische Filme auf DVD vorführen und von Nosumo, dem Japaner, seine Sony-Playstation erklären. Sie schlichtete Konflikte, die »durch unterschiedliche Arbeitsauffassungen« entstanden waren, ertrug Enge, Langeweile und rauhe Manieren und »lernte mehr über kulturelle Unterschiede, als das beste Uni-Seminar je vermitteln könnte«.

Nach den zwei Jahren war sie um 60000 Dollar reicher und beschloß, endlich ihre Doktorarbeit zu beginnen. Das Geld legte sie, wie ihr die deutschen Ingenieure geraten hatten, auf eine Bank. Doch die Bank, die erst kurz zuvor eröffnet hatte, kollabierte. Die 60000 Dollar waren hin. Ljudmila mußte ihre Promotion aufschieben und sich eine Arbeit suchen, um ihren Lebensunterhalt zu finanzieren. Sie jobbte als Englischlehrin, als Dozentin an der Uni und als Dolmetscherin. Sie arbeitete so viel, daß sie krank wurde, rätselhafte Schmerzen im Knie ließen sie nicht mehr schlafen. Sie konnte weder laufen noch sitzen. Zwei Mal wurde sie operiert. Doch die Schmerzen wollten nicht nachlassen.

In ihrer Verzweiflung suchte sie eine Schamanin auf. Die erklärte ihr, daß erst ihre Seele zur Ruhe kommen müßte, bevor ihr Körper heilen würde. Ljudmila wurde zum ersten Mal bewußt, unter welchen Druck sie sich gesetzt hatte in all den Jahren: »Geld, Wissen, Erfolg – ich dachte, das sei alles ungeheuer wichtig!« Sie kündigte die Jobs, zog wieder bei ihrer Mutter ein, las viel, fuhr am Wochenende zum Meditieren ins Kloster, trank Tee aus Heilkräutern, die die Schamanin am Baikalsee gesammelt hatte. Der Druck ließ nach. Und mit dem Druck verschwanden auch die Schmerzen.

An dem Tag, an dem ihr die Ärzte bestätigten, daß sie gesund sei, fuhr sie nach Moskau und suchte sich einen Doktorvater. An der Uni traf sie einen zehn Jahre jüngeren Mann, der ihr kurz darauf einen Heiratsantrag machte. Sie überlegte – und lehnte ab. »Eine Affäre, das wäre das einzige gewesen, was ich ihm anbieten konnte. Ich hab mich einfach noch zu jung zum Heiraten gefühlt. Ich hatte doch noch so viele Pläne für mich selbst«, sagt sie, als ich sie frage, warum. Ljudmila ist 38. Und der Antrag des Moskauers war der erste ihres Lebens. Denn Ljudmila hatte immer einen so eigenen Kopf, daß sie vielen Männern in ihrer Umgebung, die sanfte, anpassungsfähige Frauen gewohnt waren, Angst machte. »Ich laß mir von niemandem vorschreiben, wie ich zu sein habe«, sagte sie immer, wenn sich wieder einmal ein Typ über ihren Ehrgeiz, ihre spontanen Ideen oder ihre roten Lederhosen, pinkfarbenen T-Shirts und Audrey-Hepburn-Sonnenbrillen, die sie auch bei trübem Wetter trug, mokierte; ein Kleidungsstil, den man in Deutschland wohl als individuell oder allenfalls als schrill bezeichnen würde. In Burjatien hieß es nur: »Die hat es wohl nötig, aufzufallen!« Ljudmila kümmert das wenig. Im Gegenteil: Sie genießt es, aufzufallen.

Ihre Mutter förderte den Individualismus der Tochter. Sie habe das Kollektivdenken, das man ihr bei den Komsomolzen eingeimpft habe, nie gemocht; Ljudmila solle selbst entscheiden, wer sie ist und welches Leben sie führen wolle.

Die Mutter hat mich zu ihrer Geburtstagsfeier eingeladen. Sie ist neugierig auf die Frau aus dem Land, dessen Sprache sie einst studiert hat und das sie nur ein einziges Mal, in den fünfziger Jahren gesehen hat. Genauer gesagt: den östlichen Teil dieses Landes, der sich den Namen DDR gegeben und die besten Germanistikstudentinnen aus Ulan-Ude zu einem Freundschaftsbesuch nach Sachsen eingeladen hatte. Den westlichen bekam sie nicht zu sehen. Denn Westreisen waren auch für den besten Germanisten verboten. Nach ihrer Rückkehr aus der DDR wurde sie Lehrerin an einer Oberschule in Ulan-Ude, wo sie bis zu ihrer Pensionierung Deutsch unterrichtete.

Die Mutter hat gekocht: Zwiebelrostbraten und Bratkartoffeln, ein Rezept, das sie aus Deutschland mitgebracht habe, wie sie stolz erzählt.

»Ja, vor über fünfzig Jahren«, sagt Ljudmila kopfschüttelnd. »Seitdem hat es das bei uns an jedem Feiertag gegeben!«

»Und? Schmeckt es dir etwa nicht? So was Gutes gibt es hier in Burjatien einfach nicht!« entgegnet die Mutter.

Fast zwei Köpfe ist sie kleiner als ihre Tochter, aber mindestens genauso lebhaft. Sie läuft vom Wohnzimmer in die Küche, schneidet den Braten an, füllt die Teller, erzählt auf russisch von ihrem Besuch in Dresden, von der zerbombten Frauenkirche, zitiert dabei Schiller, Goethe und Kant, räumt Geschirr zur Seite, gießt Cognac in die Gläser, die sie nur zu besonderen Anlässen aus dem Pappkarton in der Vitrine holt, prostet uns zu, erzählt weiter. Ihre Hände gestikulieren wie aufgescheuchte Vögel. Ljudmila übersetzt Satz für Satz ins Englische, um sicherzugehen, daß ich auch alles verstehe.

»Wir könnten auch deutsch reden, aber meine Mutter hat Angst, daß sie Grammatikfehler macht.«

»Ach, Ljudmila, mußt du denn gleich wieder alles verraten!« kontert die Mutter, ziemlich fehlerfrei, auf deutsch, und beginnt dann, mir in meiner Sprache Fragen zu stellen, die ich meist erst nach einigem Nachdenken verstehe; nicht, weil das Deutsch der Mutter in irgendeiner Weise holprig oder fehlerhaft wäre. Sondern weil viele Ausdrücke, die sie benutzt, mir als Westdeutscher nicht so vertraut sind, »gesellschaftliches Wissen«, »das Vertrauen der Werktätigen besitzen« und KomIntern.

Ich bemühe mich, auf russisch zu antworten – ich weiß nicht mehr, warum, ob aus Höflichkeit, aus Gedankenlosigkeit oder aus einem seltsamen Ehrgeiz heraus –, und merke, wie die Mutter, ganz Lehrerin, jeden Fehler registriert. Aber sie korrigiert mich nicht. Wahrscheinlich rätselt sie auch, woher ich diese ganzen politischen Phrasen habe, die mir plötzlich über die Zunge stolpern, diese Vokabeln wie »NÖP«, Neue ökonomische Politik, und diese Sprüche von »Einheit von Partei und Volk«. Und ich denke wieder einmal darüber nach, was es bewirken kann, von einer Lehrerin unterrichtet worden zu sein, die in einer Epoche, die zu Ende gegangen ist, ihren Beruf erlernt hat, so wie meine Russischlehrerin in Deutschland.

Ljudmila ist der erste Mensch in Sibirien, mit dem ich über alles, über wirklich alles, reden kann: über Männer und Frauen, über Freundschaften und Liebe, über Literatur, Philosophie und Pop, über Sehnsüchte und Träume. Und das nicht nur, weil sie so perfekt englisch spricht. Ljudmila denkt analytisch und rational wie ich, folgt aber auf der anderen Seite auch vertrauensvoll ihrer Intuition. Sie versteht, wie ich Sibirien sehe, und macht mir gleichzeitig die sibirische Sicht der Dinge verständlich. Sie ist das Vertraute und das Fremde zugleich, ist Nähe und Ferne, mein Westen und mein Osten.

Ich muß lachen, als Ljudmila in einem Café grinsend einen Toast auf die »internationale Freundschaft« ausspricht und ihr Glas auf die unsrige erhebt – meine ersten russischen Wörter, die wieder einmal in einem neuen Bedeutungszusammenhang erscheinen! Und ich denke, daß es mir nun so ähnlich geht wie Seseg damals in ihrer Bielefelder Wohngemeinschaft: Je mehr ich das Unbekannte, je mehr Rußland ich in mich aufnehme, desto bewußter wird mir das Deutsche an mir. Warum habe ich nur die ganze Zeit geglaubt, ich müßte die Russen nachahmen, um den russischen Rock 'n' Roll, die russische Seele zu finden? Ich habe sie doch schon ein paar Mal gespürt, in Kasachstan, in Nowosibirsk und im Altai, als einen leisen, melancholischen Hauch, der meine Gefühle verwirrt und mich wach und lebendig gemacht hat; und so ist es doch nur wahrscheinlich, daß ich sie die ganze Zeit in mir getragen habe – und vielleicht nur ein bißchen intensiver in mich hineinhorchen muß, um sie auch wahrzunehmen.

Ljudmila ist der Mensch, der mir dabei am meisten geholfen hat, allein durch ihr Verständnis. Wir schlendern durch die neue Fußgängerzone von Ulan-Ude, die erste und bisher einzige in Sibirien, die von einem Trupp chinesischer Wanderarbeiter erbaut wurde. Die Chinesen haben die Fassaden der Häuser renoviert und sie in einem sanften Pastellton verputzt, mit Mosaiken verziertes Pflaster verlegt, ein Kino gebaut und ein Museum für Stadtgeschichte, in dem kurz vor meiner Ankunft die erste Ausstellung eröffnet wurde.

Eine Ausstellung, die vor zwanzig Jahren bestimmt nicht möglich gewesen wäre; zeigt sie doch überwiegend die burjatischen Seiten Ulan-Udes.

Wir lösen ein Ticket und lesen auf den Schautafeln, daß Ulan-Ude 1666 als Kosakenfestung gegründet wurde und seine Blütezeit bereits im 19. Jahrhundert erlebte, 100 Jahre vor den meisten anderen Städten Sibiriens. Das hatte die Stadt vor allem ihrer Lage, nicht weit von der mongolischen und der chinesischen Grenze, zum anderen ihrer Anbindung an den »Moskauer Trakt« zu verdanken, der einzigen Handelsroute von Ost nach West, über die fast der gesamte Tee-, Pelz- und Seidenhandel zwischen China, der Mongolei und Rußland abgewickelt wurde.

Bereits 1795 wurden in Ulan-Ude die ersten Steinhäuser erbaut, luxuriös ausgestattete Kaufmannsvillen, die bis heute das Straßenbild in der Innenstadt prägen. Damals hieß die Stadt noch, ihren militärischen Ursprüngen folgend, Werchne Udinsk, Winterlager Udinsk. 1934 wurde sie von der Regierung in Ulan-Ude (Rote Ude) umbenannt, nach dem Fluß Ude, der sich hier am Fuße der Berge mit der Selenga vereinigt, denn in den 1930er Jahren war es Usus, Städten ethnische Namen zu geben. Teil dieser Politik war es aber auch, die Städte zu industrialisieren, und so wurde der ehemalige Militär- und Handelsposten an der Ude zu einem Zentrum des Metallbaus.

Maschinenfabriken wurden aus dem Boden gestampft und ein Waggonwerk, in dem auch Ljudmilas Freunde jahrzehntelang arbeiteten – bis sie zu Beginn des neuen Jahrtausends entlassen wurden. Zu dieser Zeit gingen die meisten Unternehmen in Ulan-Ude bankrott, weil sie keine Absatzmärkte mehr für ihre Produkte fanden. Zu alt war ihr Maschinenpark, zu teuer wären die notwendigen Investitionen gewesen, zu viele Arbeiter, Ingenieure und Verwaltungsleute standen auf ihrer Gehaltsliste – das alte Lied des Kapitalismus.

Trotzdem sind die Zukunftsperspektiven der Stadt nicht so trist wie in vielen anderen ehemaligen Industriezentren Rußlands. Denn Ulan-Ude hat etwas entdeckt, was es einzigartig macht: seine buddhistische Vergangenheit. Eine Vergangenheit, die Stück für Stück wieder in die Gegenwart integriert wurde. Klöster, die von den Kommunisten zerstört worden waren, wurden wiederaufgebaut und für Touristen zur Besichtigung freigegeben. 2002 eröffneten Historiker die erste Buddhismus-Ausstellung in der Stadt. Die ostsibirische Niederlassung der Russischen Wissenschaftsakademie gründete ein Forschungsinstitut für tibetische Medizin, Forscher aus der ganzen Welt versammeln sich zu Medizinkongressen und Baikal-Symposien, Touristen entdecken per Pferd oder Jeep die Steppen und Wälder der Taiga, lassen sich von lokalen Reiseveranstaltern in ein Feriencamp am Ostufer des Baikal lotsen oder suchen, in der Hoffnung auf Heilung oder ein paar Stunden exotische Unterhaltung, einen der vielen hundert Schamanen auf, die nun wieder frei praktizieren dürfen.

Ljudmila will mir ihre Schamanin vorstellen, die sie von den Knieschmerzen befreit hatte. »Die sieht dir einmal in die Augen und weiß Bescheid«, schwärmt sie.

»Worüber weiß sie Bescheid?«

»Über deine Widersprüche.«

»Ich glaube, die kenne ich selbst ganz gut.«

»Aber vielleicht nur oberflächlich?«

»Die Oberfläche reicht mir im Moment. Mehr kennenzulernen würde mich überfordern.«

»Also lieber ein Besuch bei Lenin?«

»Lenin? Ich dachte, der liege einbalsamiert in einem Moskauer Mausoleum?«

»Ja, aber dafür haben wir seinen Kopf.«

In der Mittagshitze schleppen wir uns die Hauptstraße von Ulan-Ude entlang, die Uliza Lenina, die nicht umbenannt wurde und sich am Theater, den Museen und dem ehemaligen Funktionärshotel Burjatia vorbei den Berg hinauf bis zu einem gigantischen Platz zieht, der von IHM überragt wird: Wladimir Iljitsch Uljanow, Künstlername: Lenin. Der Mann, dem Rußland die Revolution der Bolschewiki und die erste kommunistische Diktatur zu verdanken hat. Und den man deshalb im Rest des Landes so weit wie möglich aus dem öffentlichen Leben verbannt hat.

Ulan-Ude wollte das auch, war dazu aber nicht in der Lage. Denn der fünf Meter hohe Lenin-Kopf, den ein sozialistischer Künstler in den siebziger Jahren aus Granit gemeißelt hat, war so stabil und schwer, daß er sich weder zerschlagen noch abtransportieren ließ. Zuerst ärgerte man sich darüber in der Stadtregierung. Dann stellte man fest, daß der Granitkopf inzwischen zu einer Attraktion für Touristen geworden war. Seit den späten Neunzigern wird er sogar im »Lonely Planet«, in deutschen, englischen, französischen und japanischen Reiseführern als wichtigste Sehenswürdigkeit Ulan-Udes gepriesen.

Tausende von Transsib-Reisende knipsen sich gegenseitig mit ihren Digitalkameras vor dem streng dreinblickenden Revolutionär, grölen die Internationale oder brüllen – offenbar von Fidel Castro und Kuba-Reisen beeinflußt – »La luce continua, compañeros«.

Den wenigsten von ihnen dürfte aufgefallen sein, daß es sich bei dem Revolutionsführer hinter ihnen nicht um den Lenin handelt, den sie – wenn überhaupt – aus den Geschichtsbüchern kennen. Denn der Lenin von Ulan-Ude trägt keine russisch-europäischen Gesichtszüge wie der echte, sondern asiatisch-burjatische – ganz so, als ob der Künstler, der ihn erschaffen hat, damit ausdrücken wollte: Seht her! Lenin war ein Mann des burjatischen Volkes, Burjatien ist ein Teil der Sowjetunion!

»Warum sollten wir hier auch eine eigene burjatische Kultur und eigene Helden brauchen, wo wir doch die sowjetische hatten?« fragt Ljudmila mit ironisch-scharfem Unterton in der Stimme, während wir im Club »Roter Oktober« auf unsere Colas warten. »Kein Wunder, daß nach der Wende hier so viele ein unabhängiges Burjatien gefordert haben!«

Ich habe noch nie eine Frau in meinem Alter kennengelernt, die so oft das Wort »Unabhängigkeit« in den Mund nimmt, ja, dieses Wort geradezu als ein Schlüsselwort für sich anzusehen scheint, als Schlüssel für die Entwicklung Burjatiens und ihre eigene, persönliche Entwicklung. Ich glaube, das hängt damit zusammen, das sie Alice Schwarzer nicht kennt, keine Uni-Seminare mit dem unvermeidlichen Zusatz »feministisch« hinter sich bringen mußte und Vokabeln wie »Frauenrechte« und »Quotenregelung« noch ohne ironischen

Unterton aussprechen kann. Außerdem ist sie Burjatin und »froh, endlich ein bißchen stolz darauf sein zu dürfen«.

Doch Ljudmila sollte nicht die einzige bleiben. Am nächsten Tag lerne ich die Baikal-Amazonen kennen, Mitglieder eines Vereines, der sich einem besonderen Ziel verschrieben hat: die Sache der Frauen in Sibirien voranzutreiben. Mit der Kraft von vier Zylindern und 60 PS.

Eine Lada-Rallye mit den Baikal-Amazonen

Es ist der erste August, und der Sommer scheint sich aus Sibirien verabschieden zu wollen. Ein kalter Wind fegt durch das Tal der Selenga, dunkle Wolken jagen über den Himmel, und die Leute laufen in Wattejacken durch die Straßen, als wir mit Schätzchen dem Baikal entgegenfahren.

»Schätzchen« heißt auf russisch »Lada« und ist immer noch das beliebteste Auto des Landes. Nicht nur, weil es so wenig kostet, sondern weil es jeder, der im Besitz von ein paar Zangen und Schraubenschlüsseln ist, selbst reparieren kann. Das Modell, in dem wir, der Berliner Fotograf, seine Freundin und ich, auf der Rückbank sitzen, heißt VAZ-2101 und gehört Swetlana, der Chefin der Baikal-Amazonen. Swetlana ist 42 und arbeitet seit ein paar Jahren hauptberuflich in einer Werbeagentur, die sich um die touristische Vermarktung des Staates Burjatien bemüht. Im Nebenberuf ist sie Schamanin, ein Job, den man sich, wie sie sagt, nicht aussuchen könne. Man merke einfach irgendwann, daß man Dinge sieht, die andere nicht sehen, und sei dann verpflichtet, diese Gabe zu nutzen – zum Wohle anderer. Swetlana kommt dieser Verpflichtung fast ausschließlich bei den Baikal-Amazonen nach. Sie sammelt Heilkräuter, ertastet mit bloßen Händen Krankheiten, löst Energieblockaden. Bei mir hat sie während der Fahrt eine Verhärtung in der rechten Handinnenfläche ertastet, eine kleine, druckempfindliche Stelle zwischen Daumen und Zeigefinger – »chronische Sinusitis, ganz klar. Bei dir ist eine Energiebahn gestört.«

»Und was kann man dagegen machen?«

»Vor allem lockerer werden.«

»Sonst nichts?«

»Gib mal deine Hand. Ich versuche die Blockade aufzulösen.«

»Danke, vielleicht später«, sage ich, denn Swetlana fährt gerade mit sechzig Stundenkilometern in eine Haarnadelkurve ein. Die Straße, auf der kaum zwei Autos aneinander vorbei passen, windet sich vom Tal der Selenga aus in steilen Kehren das Baikalgebirge hinauf, das bis zu 2400 Meter über dem See aufragt. Svetlana schaltet wie ein Rennfahrer, jagt den Motor bis in den höchsten Drehzahlbereich, tritt das Gaspedal durch, schneidet eine Kurve an, schaltet einen Gang runter, drosselt per Motorbremse die Geschwindigkeit. Der Fahrtwind zerwirbelt ihre dicken, hüftlangen schwarzen Locken, die ihr bald wie Antennen vom Kopf abstehen. Wie ein Schamane in Trance sieht sie in diesem Moment aus. Dafür klingt das, was aus ihrem Mund kommt, sehr weltlich. »Scheißkarre!« brüllt sie, als der Lada kurz vor der Paßhöhe schlapp zu machen droht. Der Motor stottert wie bei einem Zweitakter. Wir fahren so langsam, daß man beinahe neben dem Auto hergehen könnte.

»Wir müssen ein Opfer bringen«, befiehlt Swetlana. »Schnell, werft ein bißchen Kleingeld aus dem Fenster!« Wir sehen, wie in den Autos hinter uns ebenfalls die Scheiben heruntergekurbelt und Münzen herausgeschleudert werden. Als wir endlich unsere Rubelstücke aus der Geldbörse gekramt haben, schimpft Swetlana: »Viel zu langsam! Wir sind längst vorbei!«

Da wird uns klar, daß wir soeben an einem heiligen Ort vorbeigefahren sind, einer Art buddhistischem Lourdes, zu dem die Sibirier pilgern, um die Geister gnädig zu stimmen. Mit Münzen und mit Wodka, der, wie Swetlana erklärt, in alle Himmelsrichtungen verschüttet werden muß. Warum, sagt sie nicht. Ich vermute, weil man nie genau wissen kann, wo sich die Geister gerade aufhalten.

Dafür erfahren wir von ihr, warum dieser Ort, den wir leider verpaßt haben, so besonders ist: »Habt ihr gesehen? Da stand ein Baum auf einem Hügel, ganz allein, abseits von den anderen. Wenn man neben ihm steht, spürt man den Wind, den Regen und die Sonne viel intensiver. Denn von ihm geht eine besondere Energie aus.«

»Was für eine Energie?«

»Ach, das kann man mit Worten einfach nicht richtig erklären.«

Bäume repräsentieren nach schamanischer Tradition das Zentrum der Welt, den Ort, an dem sich Himmel und Erde berühren. Bäume wie unserer, die an exponierten Stellen wachsen, werden »Ongonmodon« genannt. In ihnen wohnen mächtige Geister, sogenannte »Ongon«, die Schamanen bei ihren Ritualen helfen. Um diese Geister auf ihren Reisen zu versorgen, werden kleine Kleiderfetzen um die Äste der »Ongonmodon« geknotet, Tabakstücke an den Stamm gekrümelt, Wodka verschüttet, Münzen gestreut. Je besser man die Götter versorgt, desto gewogener sind sie einem. Und wir? Nicht eine einzige Kopeke haben wir geopfert!

»Beim nächsten Ongonmodon müssen wir wenigstens einen Schluck Wodka opfern! Sonst werden wir auf dieser Reise kein Glück haben«, sagt Swetlana.

»Wann kommt der?«

»Zehn Minuten. Ihr könnt den Wodka schon mal öffnen.«

Diesmal bleiben wir sogar stehen, füllen einen Plastikbecher mit Wodka und verschütten den Inhalt in alle Himmelsrichtungen. Swetlana murmelt irgendetwas Burjatisches dazu, das wie eine Beschwörungsformel klingt. Ich traue mich nicht, nachzufragen. Vielleicht ist die Formel geheim. Oder zumindest sehr persönlich.

Wir haben die Berge hinter uns gelassen und fahren durch das weite, fruchtbare Selenga-Delta. Kornfelder, Obsthaine, Wiesen, darin eingebettet Dörfer mit Holzhäusern und buckligen Heustadeln – eine satte Sommerlandschaft, die verborgen hinter den Baikalbergen ihren Dornröschenschlaf schläft. Zwischen zwei Feldern zweigt ein Sandweg ab, der am Ufer des Flusses endet. Swetlana stoppt den Lada mit kreischenden Bremsen. Am Ufer liegt eine Schlepper-Fähre vertäut, ein kleines, stark motorisiertes Boot, das die Frachtbrücke zieht, auf der wir, sechs weitere Ladas und zwei Busse stehen. Daß dieses winzige Boot eine so große Last ziehen kann! Das Stahlseil, das Boot und Brücke verbindet, sieht jedenfalls ziemlich brüchig aus. Der Fährmann brüllt ein Kommando in sein Megaphon, die Schiffsglocke bimmelt, und mit einem Ruck setzt sich die Brücke in Bewegung. Das Seil hält. Wir stehen an Deck und fotografieren; leider keinen romantischen, unberührten Flußlauf, sondern acht Betonpfeiler, die aus dem Wasser ragen. Hier sollte einmal eine Brücke entstehen, sagt der Fährmann, eine gewaltige Brücke, deren Dimensionen an die Düsseldorfer Rheinbrücke erinnern. Nur ist die Selenga nicht der Rhein, sondern an dieser Stelle noch ein verhältnismäßig schmaler Fluß. Ob er dann arbeitslos würde, frage ich den Fährmann. »Theoretisch schon. Aber die haben eh' kein Geld, um die Brücke fertig zu bauen.«

Vom gegenüberliegenden Ufer sehen wir eines der Zellulosewerke, das mit seinen Abwässern den Baikal verschmutzt, zwei stählerne Schornsteine, die am Horizont aufragen. Graue Rauchfähnchen treiben träge an den Berghängen am Horizont empor und tauchen schließlich unter in dem ebenso grauen Wolkenhimmel. Dieses Werk soll eine dieser berüchtigten Dreckschleudern sein? Wir sind doch noch kilometerweit vom See entfernt!

Das Selenga-Delta liegt hinter uns, wir nähern uns der Taiga. Der Wald neben der Straße wird dichter, ein Birkendschungel mit hüfthohem Gestrüpp, Sprößlingen, Farnen. Wir fahren wie durch einen Tunnel, an dessen Ende uns der Baikal erwartet. Der blaue, endlose, magische Baikal, diesmal ganz ohne Rucksacktouristen. Die einzigen Fremden weit und breit sind wir, die Baikal-Amazonen. Denn auch wir drei Westler gehören inzwischen ein bißchen dazu, seit uns Swetlana die grüne Klubnadel ans Revers geheftet hat. Aber wir dürfen uns ausruhen, während die echten Amazonen ihre bisher größte Aktion vorbereiten: eine Lada-Rallye von Sibirien bis nach Frankreich, die, so sagt Swetlana salbungsvoll, »Vorurteile abbauen und Freundschaften fördern soll«: Vorurteile gegen die Marke Lada, gegen Rußland und gegen Frauen. Und die Freundschaft mit den ehemaligen Klassenfeinden. Eine Friedensfahrt auf vier Rädern sozusagen.

Die Friedensfahrt ist nicht die erste große Reise der Baikal-Amazonen. 2003 sind sie mit ihren Ladas nach Tschetschenien gefahren, um die burjatischen Soldaten, die dort in der Armee Dienst tun mußten, mit Lebensmitteln und Winterjacken zu versorgen. Auf den Fotos, die Swetlana uns zeigt, steht sie in nagelneuem Tarnanzug, der von ihren 100 Kilo gut ausgefüllt ist, neben ein paar schmächtigen jungen Männern, die mit verblichenen Uniformjacken und leeren Gesichtern an einem Panzerspürwagen lehnen. Swetlana, ein General, der sich in den Gefechtswirren schützend vor seine Armee stellt. Ein General und eine Glucke zugleich, die ihre verängstigten Kücken zu trösten sucht.

Nein, sie habe sich nicht gefürchtet in Tschetschenien, sagt sie. Als sie mit ihren Ladas über die Dörfer gefahren seien, hätten die Tschetschenen freundlich gewunken, sie oft sogar zum Essen in ihre Häuser gebeten. »Das lag wohl daran, daß wir nicht so russisch aussehen mit unseren schwarzen Haaren. Da war so eine Art heimliches Einverständnis zwischen ihnen und uns. Burjaten sind ja auch ein Minderheitenvolk.« Mehrmals hätten sie sogar mit burjatischen Soldaten und tschetschenischen Militärs an einem Tisch gesessen, Wodka getrunken und gefeiert, »daß es zwischen all dem Kriegschaos auch noch ein normales Leben gab«.

Nicht, daß wir sie falsch verstünden – sie hätte in Tschetschenien nicht Partei ergreifen wollen. Sie fühlten sich genauso gut als Russen wie als Burjaten, schließlich hätten sie ja einen russischen Paß in der Tasche und würden auch »patriotische Ziele« bereisen. In diesem Winter beispielsweise seien sie mit zehn Ladas und zwei Minibussen über den zugefrorenen Baikal nach Sewerobaikalsk gefahren, um dort an den Feierlichkeiten zum 30. Geburtstag der Baikal-Amur-Magistrale teilzunehmen, des letzten sowjetischen Großprojektes, dessen Bau sie einst als Schülerinnen mit Stolz verfolgt hätten. Eine anstrengende, gefährliche Reise sei das gewesen, die ganze Zeit begleitet von dem Knirschen, dem Knacken und Ächzen des Eises, das sich mitten auf dem See zu Hügeln aufgetürmt hatte, all die Risse und Spalten, die die verschneite Oberfläche durchzogen! Doch Angst habe sie auch da nicht gehabt. »Ich glaube, Mut ist die wichtigste Eigenschaft einer Baikal-Amazone. Aber die hat nichts mit dieser naiven Waghalsigkeit von Männern zu tun. Es ist eher so eine Art Gottvertrauen.«

Swetlanas Gott heißt Buddha. Ein kleines Bildchen von ihm hat sie hinter den Rückspiegel des Lada geklemmt, zusammen mit einem christlichen Kreuz, das sie von einer russisch-orthodoxen Freundin geschenkt bekommen hat. »Kannst du gut gebrauchen, bei deinem Fahrstil«, hatte die Freundin gesagt.

Doch dieses Bildchen beschützt sie nicht nur auf der Straße, sondern erinnert sie daran, auch neben diese zu schauen. Die Baikal-Amazonen haben es sich zur Aufgabe gemacht, das Dorf am Baikal, wo sich ihr Quartier befindet, vom Müll zu befreien, von den verrosteten Autoteile und Bootswracks, die am Waldrand vor sich hin rosten, den Joghurtbechern, Plastiktüten, Wodkaflaschen und Bierdosen, die Wochenendurlauber am Strand hinterlassen. Für Swetlana ist das ein Mittel, um die Geister zu besänftigen, die am See, im Wald und in den Bergen wohnen und die durch den Müll aus ihren Ruhestätten vertrieben werden. »Menschen haben kein Recht, die Natur mutwillig zu zerstören«, sagt Swetlana. »Das rächt sich irgendwann.«

Nach ihrer ersten Aktion haben sie die Wodkaflaschen, die sie in der Landschaft aufgelesen haben, in den Supermärkten von Ulan-Ude gegen Pfand eingetauscht und Torten für ihre Familien gekauft. Beim zweiten Mal haben sie Greenpeace eingeladen, die die Aktion auf ihrer Website weltweit bekannt gemacht haben. »250 Kilo Müll an einem Tag am Baikal gesammelt!« hieß die Schlagzeile. Den Zeitungsausschnitt hat Swetlana einrahmen lassen.

Seither ist »Umweltschutz« als Vereinszweck in ihren Statuten festgeschrieben. Ein seltsamer Zweck für einen Verein, der 1997 eigentlich als Automobilclub gegründet wurde. Daß er überhaupt gegründet wurde, ist Swetlanas erster Westreise zu danken, nach Amerika, und den Eindrücken, die sie mitbrachte. Nach ihrer Rückkehr hatte Swetlana mit ein paar Freundinnen zusammen gesessen und ihnen von der Selbständigkeit der Frauen dort vorgeschwärmt. »Ihr werdet es nicht glauben, aber die Oma in der Familie, in der ich untergebracht war, war 87 und hatte einen Führerschein! Zwei Mal in der Woche ist sie allein mit ihrem Auto zur Bowlingbahn gefahren. Ja, die anderen Frauen auch. Alle hatten ihr eigenes Auto, ihre Hobbys und Vereine! Wenn ich da an uns denke ... Wir sitzen den ganzen Tag allein zu Hause und kümmern uns um den Haushalt, während unsere Männer ihren Vergnügungen nachgehen.«

»Was sind das schon für Vergnügungen!« mischte sich eine Freundin ein. »Banja, Fußball und Wodka!«

Nein, stellten sie fest, es war kein Schaden, nicht in diese Männerclübchen einbezogen zu werden. Sie wollten etwas ganz neues, eigenes, das weder mit bei Frauen ihres Alters üblichen Schneiderzirkeln oder burjatischem Volkstanzgruppen zu tun hatte. Und so beschlossen sie, den Führerschein zu machen, sich gemeinsam ein, zwei Wagen anzuschaffen und einen Automobilclub zu gründen. Den ersten Verein in Ulan-Ude, der ausschließlich Frauen vorbehalten war – was allein schon der Name deutlich machen sollte: Baikalskije Amasonki – Baikal-Amazonen.

»Ich weiß, ich weiß. Amazonen – das hört sich sehr feministisch an. Aber wir sind keine Frauenrechtlerinnen wie bei euch im Westen. Wir sind doch alle verheiratet!« bemüht sich Swetlana klarzustellen. Doch das, was sie dann sagt, klingt ziemlich feministisch: »Wir hatten einfach genug von dieser Männerwelt, in der es nur um Gewalt und Wettbewerb geht. Die wahre Kraft liegt doch in der Sanftmut, der Stille und Unschuld.« Und da sie diese Botschaft in die Welt hinaustragen wollten, sammelten sie Kinder-Schlaflieder aus verschiedenen Ländern und brannten eine CD, die sie auf ihren Reisen an andere Frauen verteilen. Auch die Polinnen, die Deutschen, die Französinnen und die Holländerinnen sollen während der Lada-Tournee im nächsten Jahr davon profitieren.

Wieso sie als Autoclub solche Botschaften verbreiten wollen, frage ich Swetlana, und wie das zu den Fahrertrainings, den Mechaniklehrgängen, Langstreckenrennen, Geschwindigkeitswettbewerben und Hindernisparcours passe? »Perfekt«, sagt Swetlana. »Autos sind ein Hilfsmittel, um die Welt zu erkunden. Eins, das den Frauen leider lange vorenthalten war.« Und außerdem müsse man die weibliche Sicht der Dinge nicht mit weiblichen Mitteln verbreiten. »Erstens erregt man so keine Aufmerksamkeit, und zweitens macht es keinen Spaß.«

33 Mitglieder haben die Baikal-Amazonen mittlerweile. Das Einzugsgebiet des Vereins reicht von Ulan-Ude bis Irkutsk, ein 500 Kilometer langer, 100 Kilometer breiter Bezirk, der nach russischen Maßstäben aber so klein erscheint, daß sie sich bescheiden als »Regionalclub« bezeichnen. Aber

einer, der tatsächlich eine Vorbildfunktion übernahm – wenn auch nicht durch die Schlaflied-CD.

Mehrere Regionalclubs haben sich inzwischen gegründet, deren Mitglieder von ihrem fahrerischen Können her spielend mit der männlichen Konkurrenz mithalten. Das haben sie bei gemeinsamen Wettfahrten festgestellt. Allerdings waren das keine Wettbewerbe mit Punktewertungen und Rundenzeiten; Ausscheide, bei denen es nur darum geht, wer die anderen überrundet. Die Wettbewerbe, die die Frauenklubs veranstalten, sind eher große Happenings, bei denen ein bißchen gefahren, viel geredet, gesungen und getrunken wird.

So ähnlich wie bei unserem Klubtreffen in Suchoje, dem kleinen Baikaldorf, in dem Swetlanas Mutter ein Wochenendcamp für stadtmüde Sibirier eröffnet hat: Drei aus rohen Brettern zusammengezimmerte Hütten ohne Fenster und Heizung, durch deren Ritzen der Fallwind von den Höhen bläst; eine Kühlkammer bei Nacht und ein Glutofen bei Tage.

Aber das ist es nicht, was mir den Schlaf raubt in dieser Woche, die wir am Ostufer des Baikal verbringen. Auch nicht das Klohäuschen in der Zeckenwiese, die nicht vorhandenen Duschen und die sich daraus bedingenden Morgenbäder im zwölf Grad kalten See. Nein, es sind die Männer der Amazonen, die am Grillfeuer sitzen und Lieder über das stolze, starke Burjatien singen. Ach, was heißt singen. Sie grölen, was das Zeug hält.

Verwunderlich ist das nicht, wenn man bedenkt, daß sich in den Getränkekisten, die sie in ihren Honda-Jahreswagen und blank geputzten Toyota-Jeeps hertransportiert haben, ausschließlich Wodkaflaschen befinden. Dreißig Flaschen burjatischen Wodkas, die sie innerhalb von drei Tagen leeren. Sie trinken beim Frühstück, beim Mittagessen, beim Abendbrot, am Strand, beim Volleyballspielen auf der Wiese und Politisieren an der langen Tafel im Garten, lassen den Alkohol in ihren Körper rinnen wie eine Infusion: stetig, ohne Unterbrechung, in gleichmäßigem Takt.

Ich bin beunruhigt. Schließlich habe ich sie schon einmal erlebt, diese betrunkenen Horden, auf dem Forscherschiff auf dem Baikal. Ich rechne damit, daß sie irgendwann aggressiv werden. Das werden sie auch, am ersten Abend. Am zweiten tendieren sie dagegen eher zur Weinerlichkeit, an den folgenden zu beidem gleichzeitig. Die selbstzerstörerische Seite der russischen Seele, nenne ich das in diesem Moment, und erinnere mich wehmütig an die andere, an die sanfte Melancholie und die plötzlich aufbrechende Energie.

Aber vielleicht ist das, was die Baikal-Amazonen-Gatten da zeigen, auch nur das übliche Verhalten von Männern, die mit sich und ihrem Leben hadern und das gerne bei einem Gläschen vergessen. Sergej beispielsweise, der Journalist, ein begnadeter politischer Analyst, der nur noch Lokalnachrichten schreiben darf, Sechzig-Zeiler über Blumenausstellungen, Geschäftseröffnungen und Verkehrsunfälle; Michail, der Radiomoderator, der sich zwischen immergleichen Musikformaten und Werbespot-Dauerberieselung »nach geistiger Substanz« sehnt; Anatoli mit seiner Leberzirrhose und seiner mindestens zwanzig Jahre jüngeren, verwöhnt-mäkeligen Freundin, die er gegen die anspruchslose, zurückhaltende Ehefrau eingetauscht hat und jetzt am liebsten wieder loswerden würde – was nicht so einfach ist, weil sie gleichzeitig auch noch seine Assistentin ist.

Die üblichen Lebenskrisen also, wie sie auch Männer in Deutschland, Frankreich oder den USA plagen, die aber hier, in Ostsibirien, wo es kaum Job- und Ablenkungsmöglichkeiten gibt, wo es immer noch heißt, ein Mann habe dazustehen wie ein Baum, vielleicht ungleich härter treffen. So trinken sie sich die Welt heil, während ihre Frauen nüchtern an ihren persönlichen Krisen- und Weltverbesserungsstrategien basteln: Swetlana, die ihre schamanischen Heilkünste all denen zur Verfügung stellt, die sich Ärzte und westliche Medizin nicht mehr leisten können. Galina, die ihren gut dotierten Job in einer Fabrik in Petersburg aufgegeben hat und in ein

Holzhaus am Waldrand gezogen ist, um den Kampf um Reichtum und Prestige nicht mehr länger mitkämpfen zu müssen. Irina, der »die staatliche Erziehung in den Kinderkrippen zu autoritär« war und die deshalb einen privaten Kinderladen gegründet hat; die anderen Amazonen, die sich für Umweltschutzorganisationen engagieren, für Gleichberechtigung in den Betrieben streiten oder das aus Usbekistan oder Spanien importierte, insektizidbelastete Supermarktgemüse boykottieren – Frauen mit alternativen Lebensentwürfen, die sich in Deutschland bestimmt irgendwann bei den Grünen wiedergefunden, dort ihre Ideen der Parteilinie angepaßt und dann ihre Träume der Macht geopfert hätten. Träume, wie sie die Alternativbewegung in Europa in den siebziger Jahren auch einmal geträumt hat: Von einem ganzheitlichen, selbstbestimmten, verantwortungsbewußten Leben in den Nischen des Kapitalismus. »Das richtige Leben im falschen« hieß das damals, und ich bekomme einen Kloß im Hals, wenn ich heute, in einem Bauerndorf am Ufer des Baikalsees, an diesen Ausspruch denke, der mir in den vergangenen Jahren, als in Deutschland zum Sturm auf die tropenholzfreien Barrikaden der 68er und der Ökobewegung geblasen wurde, auf einmal so peinlich war, obwohl er für mich lange so etwas wie ein Leitsatz war, ein Antrieb, sich nicht mit gesellschaftlich vorgegebenen Zielen zufriedenzugeben, sondern seinen eigenen Lebensentwurf zu zeichnen.

Nach der zweiten durchwachten Nacht ist ein magischer Morgen am Baikal angebrochen. Ein frischer Wind treibt die Wolken, die soeben noch die Berge in milchiges Weiß gehüllt haben, über die Ebene. Von unserer Frühstückstafel auf der Wiese aus sehen wir, wie sich das stählerne Blau des Himmels über das Azurblau des Sees legt und sich der Horizont bis zur Unendlichkeit weitet. Die Wiese ist übersät mit wilden, struppigen Blumen, das tiefe Gras liegt, vom Wind zerzaust, auf dem sandigen Boden. Der Wald dampft, die Luft riecht nach Erde und Pilzen. Die Sonne, die sich endlich ganz aus den Wolken geschält hat, wärmt unsere durchgefrorenen Glieder. Bis auf sechs Grad war die Temperatur in dieser Nacht abgesunken, und der See, in den wir mangels Dusche nach dem Aufstehen gesprungen waren, war auch nicht viel wärmer. Wir trinken Kaffee und essen Bliny, die Swetlana mit ihren Kolleginnen, die in ihren Autos übernachtet haben, auf einem Propangas-Herd gebacken hat, trinken Mokka und sehen hinüber zu den Häusern von Suchoje, die wie Farbkleckse in der Landschaft leuchten; zwanzig rot, gelb und blau gestrichene Isbas mit geschnitzten Fensterrahmen, von Knüppelzäunen eingerahmten Gemüsegärten und Ural-Motorrädern mit Seitenwagen vor dem Eingang, dem Haupttransportmittel der Dörfler.

Die Dorfstraße ist eine Schotterpiste, auf der wir, wie Swetlana versprochen hat, nachher noch ein kleines Rennen fahren werden. Nachher, wenn sie die Rahmenbedingungen für die Lada-Tournee im nächsten Jahr durchgesprochen haben.

Über Nowosibirsk und Jekaterinburg wollen sie mit zwanzig, dreißig Autos nach Moskau fahren, von dort weiter nach Minsk, Warschau, Berlin und, wenn das Geld reicht, auch noch nach Brüssel und Paris. Das Lada-Werk in Toljati habe zugesagt, Ersatzteile und Werkzeug zu spendieren, und vielleicht würde es ihnen sogar Wagen für die Reise zur Verfügung stellen. Schließlich sei das auch eine gute Werbung für die Marke Lada.

In Rußland, Weißrußland und Polen hätten sie bereits Übernachtungsmöglichkeiten, bei Verwandten, Freunden und Bekannten. In den anderen Ländern würden sie »einfach auf die Gastfreundschaft der Menschen« vertrauen – die natürlich vorher durch die Presse informiert werden müßten. Natürlich, sagt Swetlana, wisse sie als PR-Frau, wie man das mache: »Pressekommuniqués an die Radiostationen und großen Zeitungen verschicken, in denen etwas vom Zauber des Baikal, den mutigen Lada-Fahrerinnen und ihrem völkerverbindenden Ansinnen steht«.

Sie hätten alle schon ein bißchen Englisch gelernt, einige von ihnen würden auch ein paar Brocken Deutsch und Französisch sprechen, »und der Rest ergibt sich von selbst, wenn sie uns sehen«.

Ein bißchen naiv, eine Reise so anzugehen, denke ich zuerst. Dann sehe ich die Fahrerinnen mit ihren Armeehosen und Springerstiefeln, ihren schwarzen Haaren und ihren »New York«- und »Bayern«-Shirts in die Autos klettern, kämpferisch und stolz wie Amazonen, die sich zur Schlacht rüsten. Ein Junge aus dem Dorf senkt die Flagge. Die Motoren heulen auf. Wie sie auf ihren Rallye-Reifen und mit knatternden Baikal-Fahnen vorbeirasen, den Motor im höchsten Drehzahlbereich röhrend! Bessere Botschafter des Baikal könnte sich das burjatische Tourismusinstitut nicht wünschen, das bis jetzt in seinen Webeanzeigen noch mit Fischern und beschaulich auf dem See schaukelnden Booten vorliebnimmt.

Jetzt endlich verstehe ich, was Swetlana gemeint hat mit ihrem »der Rest ergibt sich von selbst«. Wer den Baikal-Amazonen begegnet, der spürt: Hier kommt der wilde Osten. Und wird alles daran setzen, ihn für eine kleine, traumverlorene Weile zu halten.

Galina hat das Dorfstraßen-Rennen mit einer halben Lada-Länge Vorsprung gewonnen. Kein Wunder, denn Galina hat von allen die meiste Übung: Sie fährt Taxi. Die Amazonen üben am Waldrand »Fahrtechnik«: aus dem Stand beschleunigen, 180-Grad-Drehungen aus voller Fahrt und waghalsige Bremsmanöver vor einer Kuhherde, die über die Straße trottet. Der Schotter spritzt unter den Rädern, als Galina ein paar Meter vor der Leitkuh zur Vollbremsung ansetzt. Das Hinterteil ihres spoilerbewehrten Ladas schießt herum, die Vorderräder rutschen bedrohlich nahe an den Straßengraben heran. Aber der Wagen steht, und Galina steigt lächelnd aus, streicht sich die blonden Strähnen aus der Stirn und fragt mit rauchiger Stimme: »Na, einer da, der mir das nachmacht?«

Mit ihrem Taxi fährt sie normalerweise ziemlich behutsam. Denn ihre Fahrgäste, die sie aus den Taigadörfern zwischen Tarbagatai und Nowaja Brjan abholt, sind nicht an schnelles Tempo gewöhnt. Sie nennen sich Staroobradzy, Altgläubige, und leben gemäß der Traditionen des 19. Jahrhunderts. Ihre Häuser bauen sie aus dem, was ihnen die Natur bietet: Holz, Schilf, Steine und Kalk. Sie lehnen moderne Haushaltsgegenstände, Kleidung, Alkohol, Tabak, Kaffee und Tee ab. Und steigen nur in ein Auto, wenn sie unbedingt müssen, etwa weil ein dringender Arztbesuch in der Stadt ansteht. Ansonsten halten sie sich an eine schlichte Regel: sowenig Berührung mit der Welt des 21. Jahrhunderts zu haben wie möglich. Denn diese Welt ist voller Versuchungen, die von einem gottgefälligen Leben abhalten könnten. Eigentlich leben sie genau nach den Regeln, die die orthodoxe Kirche vorgegeben hatte – vor ihrer Neuorientierung im 17. Jahrhundert.

Als die russisch-orthodoxe Kirche unter Patriarch Nikon sich der griechisch-orthodoxen Mutterkirche annäherte, widersetzten sich viele Gläubige den neuen Bräuchen und Praktiken, weigerten sich beispielsweise, sich mit zwei statt mit drei Fingern zu bekreuzigen, mit ihren Prozessionen dem Sonnenaufgang entgegenzumarschieren, statt dem Lauf der Sonne zu folgen, und die neue Liturgie zu übernehmen. Nachdem Vermittlungsversuche der Kirchenführung gescheitert waren, wurden die alten Praktiken für illegal erklärt und unter Strafe gestellt. Mehrere hunderttausend »Altgläubige« flohen daraufhin nach Sibirien, 40000 an den Baikal, wo sie fernab der anderen Siedlungen ihre Dörfer bauten. Sie leben von ihrem Land und ihrer Handwerkskunst: geschnitztes Holzgeschirr, Kleider aus handgewebten Stoffen, die sie an Touristen verkaufen, die sich doch einmal zu ihnen hinauswagen. Mit dem einzigen Kraftfahrzeug, das in den Siedlungen geduldet wird: Galinas Taxi.

Mit dem brettern wir noch ein letztes Mal über die Dorfstraße, mit 120 Sachen und aus den Fenstern gereckten Vereinsflaggen, was die Dorfbewohner in keiner Weise zu beunruhigen scheint. Die Jungen stehen am Straßenrand, einen Arm lässig auf den Lenker ihrer »Ural« gestützt, den anderen um ein Mädchen geschlungen, das am Seitenwagen lehnt. Einer der Jungen hat nicht ein, sondern drei Mädchen im Arm. »Das ist der Gitarrenspieler des Dorfes«, brüllt mir Swetlana über den Motorenlärm hinweg zu, »der einzige, den sie hier noch haben.«

Suchoje ist ein sterbendes Dorf. Die meisten Jungen ziehen fort, nach Ulan-Ude oder nach Tschita, um dort eine höhere Schule zu besuchen oder zu studieren. Und bleiben dort, weil es in Suchoje nichts gibt: Keine Arbeit, keine Abwechslung, keine Zukunft.

»Früher gab es eine Kolchose im Nachbardorf und Jobs für die, die nach der Ausbildung aus der Stadt zurückgekehrt sind. Das einzige, was man heute hier noch machen kann, ist saufen«, sagt der Gitarrenspieler, bevor er am Zaun vor unserem von einem riesigen Lagerfeuer beleuchteten Camp ein Liebeslied für seine drei Mädchen spielt.

Ich betrachte den See und die Berge, die sich sanft ans Dorf schmiegen, rieche den Wald, das Gras und den Sand und lausche in die Stille, die sich über dem Baikal ausbreitet, nachdem die letzten Töne des Liedes verklungen sind. Hier wegziehen, in eine der staubigen Industriestädte, in denen der Himmel grau ist von Abgasen und die Luft nach Benzin und Schwefel riecht? In denen es keine Gärten gibt, in denen im Sommer die Kletterbohnen am Zaun ranken, keine Wiesen mit wilden Blumen, kein Grün?

Nein, er wolle hier nicht alt werden, murmelt der Gitarrenspieler hinter dem Zaun. Er wolle studieren und etwas von Rußland sehen. Aber selbst das sei schwieriger geworden. Als seine Eltern jung waren, habe es Quoten für Burjaten an den Unis gegeben und Stipendien für Bauernkinder. Jetzt sei das alles abgeschafft, und die Studienplätze würden meist von den Söhnen und Töchtern der Reichen belegt.

»Es ist ein Jammer! Gerade haben wir hier in Burjatien unsere Wurzeln wiederentdeckt und damit etwas, was auch unsere Kinder an die Heimat binden könnte«, sagt Swetlana. »Aber was können wir ihnen denn hier für eine Perspektive bieten? Meine Kinder studieren in Moskau. Und da werden sie nach dem Examen wohl auch bleiben.« Sie selbst – gut, sie habe so eben ihr Auskommen. Und mit den Baikal-Amazonen eine Gemeinschaft, von der sie glaubt, daß man mit ihr etwas erreichen könnte, etwas aufbrechen, allmählich verändern. »Aber die Ziele, die wir haben – dafür braucht man auch Geld. Wo soll das herkommen? Aus Europa vielleicht? Meinst du, von da würde irgend jemand ein Projekt in Sibirien fördern?«

»Kommt drauf an«, sage ich.

Dann erzählt sie mir von ihrem Traum, ein internationales Frauenzentrum am Baikal zu eröffnen, eine Begegnungsstätte, in der Frauen aus dem Westen etwas über den Buddhismus erfahren können und über tibetische Medizin und Frauen aus dem Osten etwas über Wirtschaftsstrategien, Netzwerke und europäische Kultur.

»Klingt nach einem schwierigen Geschäftsmodell.«

»Es ist erst mal nur ein Traum.«

»Warum träumst du so etwas, Swetlana?«

»Weil ich ein anderes Leben will.«

»Ist es nicht schön, euer Leben?«

»Nur, solange man an Veränderungen glaubt.«

Und dann sehe ich sie wieder, die betrunkenen Ehemänner, die kargen Hütten und die alten Autos, die viel zu blassen Kleinkinder, die auf den Armen der Mütter eingedöst sind, sehe die Ringe unter Galinas Augen und die tiefen Sorgenfalten um den Mund der anderen und frage mich, warum das Glück so seltsam verteilt ist: an einem Ende der Welt der Traum, wie es aussehen könnte, am anderen Ende die Mittel. Und wie selten sind die Situationen, in denen beides zusammentrifft.

Am nächsten Abend hupt der Bus vor dem Tor des Amazonencamps, der mich zurück nach Ulan-Ude bringen soll, ein Linienbus, der im Sommer zwei Mal am Tag die Wochenendurlauber aus den Baikaldörfern einsammelt und zurück in ihre Stadtwohnungen bringt. Nach den vier kalten Nächten im Camp sehne ich mich nach einem warmen Zimmer, einem richtigen Bett und einer Dusche und löse einen Fahrschein zum Wostotschnoje Worota, der einzigen Fernbus-Haltestelle in der Nähe der Uliza Kalaschnikowa, wo ich noch immer bei Natalja zur Untermiete wohne.

Die Fahrt geht durch den Wald, in dem uns ein schwerbeladener Heulaster die Fahrbahn streitig macht, durch die Felder, Wiesen und Obstgärten des Selenga-Deltas und hinauf in die Berge, wo der Bus von zwei eifrig winkenden Männern gestoppt wird. Eine lange Verhandlung über den Fahrpreis beginnt, obwohl der feststeht: zwölf Rubel für die Fünfzig-Kilometer-Reise, Geld, das die Männer offensichtlich nicht haben. »Aber wir müssen doch morgen früh auf dem Markt stehen!« bettelt der eine. Schließlich nimmt der Busfahrer von dem Bettelnden einen Kanister mit Waldbeeren entgegen, vom anderen einen Korb voller Pilze. Dann schließen sich endlich mit einem Zischen die Türen, und wir gleiten hinab ins Tal der Ude. Wir, die Urlauber aus den Baikalcamps, die Marktverkäufer aus den Bergen und ich, die ich zwischen Taschen, Paketen und Obstkörben auf der Rückbank eingeklemmt bin.

Als wir die Fähre an der Ude erreichen, braut sich am Himmel ein Gewitter zusammen. Unter schwarzen Wolken zieht uns der Schleppkahn ans andere Ufer. Eine Zehn-Minuten-Überfahrt, die die Mädchen aus dem Bus vor ihren Taschen-Schminkspiegeln verbringen, Lippen nachziehend, Wimpern tuschend und den Augen mit Kajal einen verruchten Schimmer verleihend. Dreizehn, höchstens vierzehn Jahre alt mögen sie sein, Kinder mit runden Gesichtern und spärlich entwickelten Körpern, aber knappsten Bustiers und kürzesten

Miniröcken. Wie sie aufreizend über das Deck laufen, wie sie frivol den Busfahrer angrinsen und dabei ihre langen Mähnen in den Nacken werfen – das erinnert so sehr an Nabokovs »Nymphchen«, daß ich mich um fünfzig Jahre zurückversetzt wähne, in die schwüle Stimmung eines nordamerikanischen Sommerhauses, in dem die zwölfjährige Lolita den Literaturprofessor Humbert Humbert verführt.

Wie oft hatte ich mir nach der Lektüre ausgemalt, wie ein »Nymphchen« wohl aussehen könnte. Hier hatte ich gleich ein halbes Dutzend vor Augen, und wenn ich ein Mann wäre – ich glaube, dann wäre ich unruhig geworden auf dieser Fähre und hätte mich wohl später wegen pädophiler Anwandlungen in Therapie begeben. So aber, als Frau, kann ich sie einfach ansprechen und fragen, wo sie sich am Abend in Ulan-Ude treffen würden. »Alexander House«, antworten sie wie im Chor.

Das Alexander House ist *der* angesagte Club der Stadt. Ein junger Unternehmer hat ihn vor zwei Jahren im Seitenflügel eines ehemaligen Funktionärshotels eröffnet. Die Tanzfläche, über die in nervösem Tempo Stroboskopblitze zucken, ist voll von Lolitas mit knappen Oberteilen und Schmollmündern. Sie tanzen allein oder zu zweit, abseits von den Jungen, die sich in einer entfernten Ecke zu den Beats von DJ Hell und Ruki wwerch die Glieder verrenken oder an der Bar mit Baltika-Bier aus Plastikbechern den ersten Rausch antrinken. Niemand flirtet.

Auch Ina nicht, die sechzehnjährige Großcousine von Ljudmila, die ich vor einer Woche in Trainingshosen und T-Shirt am Kaffeetisch ihrer Eltern kennengelernt habe und nun in ihrem schwarzen Netztop und ihrer Lacklederhose zuerst gar nicht wiedererkenne.

»It's all masquerade«, sagt Ina in ihrem Gymnasiasten-Englisch. »It tells you nothing about the person.« Und dann erklärt sie mir, daß weder sie noch eine ihrer Freundinnen es darauf anlegen würden, einen Jungen oder gar einen älteren

Mann wie Humbert Humbert zu verführen. »It's just ... I mean – if you're a girl, you have to dress sexy.« Mädchen, die sich in zartestem Alter zur Femme fatale stylen, ohne damit irgendetwas bewirken zu wollen? Nein, das kann ich mir nicht vorstellen. Aber das liegt wohl auch daran, daß ich in diesem Alter Wildlederjacken getragen und mich unsterblich in den Sitzenbleiber verliebt habe, der zu Beginn des Schuljahrs in meine Klasse gekommen war.

Am nächsten Morgen rufe ich Ljudmila an und frage sie, was sie über die Sache denkt. »Ach, das gab es doch bestimmt auch in deiner Jugend«, sagt sie. »Hast du dir da nicht auch mal eine Tolle gefönt, um dazuzugehören, ohne dir klarzumachen, was du dadurch für Signale aussendest?«

»Vielleicht, aber ich finde, das kann man nicht vergleichen. Hier geht es um Sex. Das ist doch schon ein etwas ernsteres Thema, oder?«

»Nein, du irrst dich. Es geht nicht um Sex. Es geht darum, wer die Schönste ist, wer am meisten Beachtung bekommt. Und dieser Wettstreit wird in Sibirien mit anderen Mitteln ausgetragen als bei euch. Hier geht es nicht um subtile Signale, um In-groups, die sich über Hosenmarken oder Frisuren von den Mauerblümchen abgrenzen. Hier ist diejenige vorn, die am aufreizendsten wirkt.«

»Was würdest du tun, wenn du in ihrem Alter wärst?«

»Mich wahrscheinlich richtig schminken und mich vor dem Alexander House in die Schlange stellen.«

»Also gut, am Donnerstag um neun?«

Am Donnerstagabend werden wir in unseren knielangen Röcken im Alexander House von fünfzehn Jahre jüngeren Männern so penetrant verfolgt, daß Ljudmila verzweifelt ihre Großcousine fragt, wieso ausgerechnet wir ...

»Habt ihr nicht gesehen, wie abweisend sich die Mädchen hier verhalten? Ihr seid zu freundlich. Das verstehen die Jungs als Einladung.«

»Und wie werden wir die jetzt wieder los?«

»Na, einfach so«, sagt Ina und dreht sich abrupt zu unseren Verfolgern um: »Haut ab, ihr Blödmänner! An Jüngere traut ihr euch wohl nicht heran?«

Deutsch als Fremdsprache

Anton ist Germanistikprofessor an der Staatlichen Fremdsprachenuniversität Ulan-Ude, ein strenger, großgewachsener Mann mit Bundfaltenhose und exakt gezogenem Scheitel, der ein so wunderbares Deutsch spricht, daß ich mich in meine eigene Sprache zu verlieben beginne. Seine Sätze klingen wie eine Mischung aus Eichendorff und Kant, eine ungewöhnliche Mischung aus Poesie und Abstraktion, und seine Aussprache ist so exakt und prononciert, daß ich mir wünsche, daß er endlos weiterreden möge, egal, über welches Thema. Leider hat er nicht viel Zeit; die Vorlesungen, die Austauschprogramme, die Konferenzen … Sie wissen ja!

Daß es mir überhaupt gelungen ist, von ihm, dem viel beschäftigten Wissenschaftler, an diesem hektischen Freitagmorgen empfangen zu werden, ja, daß ich überhaupt in den Besitz seiner Telefonnummer kommen konnte, habe ich einer leicht überreifen Importbanane zu verdanken, die ich wenige Tage zuvor in der Fußgängerzone gegessen hatte.

Es war einer dieser 35 Grad heißen Tage, die nach der kurzen Kältewelle Mitte August angebrochen waren; ein Tag mit wolkenlosem Himmel, an dem die Stadt wie ein müdes Tier in der Sonne döste. Der Verkehr war erstorben, die Bäume waren vertrocknet, die Straßen menschenleer. Nur in den Supermärkten herrschte noch Leben. Aber Supermärkte waren auch die einzigen Orte, an denen es kühl war. Denn sie hatten eine Klimaanlage. Ich trat aus einem dieser kühlen Refugien, den Rucksack vollgestopft mit Brot, Käse, Wurst, Keksen, Joghurt und Tomaten, drei Kilo Lebensmitteln aus russischer Produktion. Herrlich duftendes Brot mit dunkler

Kruste, dunkelgelber, nussiger Käse, Tomaten, die noch nach Tomaten schmecken. Ich hoffe nur, daß Nestlé und Co., die mittlerweile in den meisten Geschäften in der ersten Reihe stehen, diese Lebensmittel nicht eines Tages ganz aus den Regalen verdrängen. Denn die enthalten nicht nur weniger Farb-, Geschmacks- und Konservierungsstoffe, sondern kosten auch nur halb soviel.

Nur bei den – unglaublich teuren – Importbananen war ich schwach geworden. Bananen in Sibirien – das klang so dekadent, daß ich mir diesen Genuß nicht entgehen lassen konnte. Mit einer halbgeschälten Banane setzte ich mich auf eine Bank in der menschenleeren Fußgängerzone und genoß die Stille um mich herum. Plötzlich hörte ich, wie sich hinter meinem Rücken eine Tür öffnete und eine Stimme auf deutsch sagte: »Mensch, man sieht sofort, daß man im Osten ist! Da sind Bananen für die Leute halt noch was Besonderes!« Dann sah ich weiße Tennissocken und Sandalen, die zu einem Ehepaar gehörten, das ein Bündel Rubelscheine in der Hand hielt; Geld, das sie offensichtlich gerade in der Bank eingetauscht hatten. Der Mann machte Anstalten, sich ans andere Ende der Bank zu setzen, um dort in Ruhe die Scheine nachzuzählen.

»Mensch, an den Socken sieht man doch sofort, daß man es mit Deutschen zu tun hat«, sagte ich, als er saß. Erst zuckte der Mann vor Schreck zusammen.

»Soso, eine Landsfrau«, sagte er dann. Und fragte direkt, ohne sich vorher vorzustellen, ob ich auch Deutschlehrerin sei.

»Deutschlehrerin? Nein. Wie kommen Sie darauf?«

»Na, ich dachte, Sie seien vielleicht auch mit so einem Austauschprogramm hier wie wir.«

»Was für ein Austauschprogramm?«

»Deutschlehrer-Austausch. Erst haben die sibirischen Deutschlehrer uns besucht. Jetzt besuchen wir sie.«

»Oh, so was hört man nicht oft: Lehreraustausch mit Sibirien! Wie ist denn das zustande gekommen?«

»Das ist eine ziemlich ungewöhnliche Geschichte. Es fing 1991 mit einem Brief von einem Professor aus Ulan-Ude an. Sehr höflich, perfektes Deutsch. Er wolle kein Geld, schrieb der Absender, sondern nur Kontakte in Deutschland. Und jetzt kommt das, was uns alle so bewegt hat: Er sei zwar Deutschprofessor, habe aber bisher noch keine Gelegenheit gehabt, sich länger mit einem Deutschen zu unterhalten.«

Dieser Briefschreiber war Anton, der mich kaum zu Wort kommen läßt in der halben Stunde, die er mir für unser Gespräch zugebilligt hat. Er erzählt, daß Deutsch in Sibirien lange Zeit die wichtigste Fremdsprache war. Daß sie an jeder höheren Schule unterrichtet wurde und Deutschlehrer ein begehrter Beruf war. Und daß sich das auch durch den Zweiten Weltkrieg nicht geändert hat. »Warum sollte es auch? Für uns hier war Deutsch nicht die Sprache von Hitler, sondern von Heine«, sagt Anton.

Er begann mit dem Germanistikstudium, weil er »Deutschland, ein Wintermärchen« im Original lesen wollte, »Die Räuber« und »Die Wahlverwandtschaften«.

Und konnte schon nach wenigen Semestern fast alles verstehen, was in den deutschen Büchern stand, die sich bald in seinem Wohnheimzimmer ansammelten. Bücher waren so preiswert, daß er sich selbst von seinem schmalen Stipendium fast alles leisten konnte, was ihn interessierte. Nur daß es manche Sachen nicht in den Buchläden zu kaufen gab. Klassiker – kein Problem. Aber moderne Autoren, politisch brisante Stoffe, die gab es höchstens unter der Hand, als Auslandsimport, Raubdruck oder eigenhändig abgeschriebene Kopie.

Auch mit Deutschen in Kontakt zu kommen war schwierig. Burjatien war Sperrgebiet für Ausländer aus dem Westen, so daß Anton erst mit Anfang dreißig den ersten Deutschen zu sehen bekam. So blieb Deutsch für ihn lange Zeit nur die Sprache der Literatur; sein Deutschlandbild spann er sich aus den Romanen zusammen, die in der Institutsbibliothek standen. Literatur, sagt er, habe ihm die Möglichkeit gegeben, im Kopf dorthin zu reisen, wohin er in der Realität nicht gelangen konnte.

Ein paar Jahre nach der Wende bröselte dieses Bild. Anton hatte die ersten Besuche in Deutschland hinter sich, wo er ständig Worte wie »Bruttosozialprodukt« und »Nachfragesteigerung« gehört hatte, und hatte die ersten Deutschen in Ulan-Ude empfangen, die mit seinen Schwärmereien von der »Kulturnation« und dem »Deutschen Idealismus« nicht viel anfangen konnten. Er tauschte die Romane gegen Tageszeitungen und Politmagazine, beschäftigte sich mit dem Sozialstaat und dessen Krisen, las Wirtschaftsmeldungen, Artikel über Parteipolitik und Steuerdebatten. Und plötzlich sagte er zu seinen Studenten Sätze wie: »Deutsch ist eine Sprache der Wirtschaft.«

Er wurde Fachbereichsleiter – eine Aufgabe, die er wie ein Manager anging: Er fuhr zu internationalen Konferenzen, bat den DAAD, eine Lektorin aus Deutschland zu schicken, rief ein Auslandsprogramm für burjatische Studenten und Schüler ins Leben, besorgte Fördermittel und entwickelte zusammen mit einem Professor der Uni Bochum ein Online-Weiterbildungsprogramm für Linguisten.

Eintausend Deutsch-Studenten sind derzeit am Fachbereich Germanistik eingeschrieben, 160 davon als Hauptfachstudenten. Das sei im Vergleich zu früher sehr wenig, meint Anton, die Anglisten hätten ihnen den Rang abgelaufen. »Ist ja auch kein Wunder! Man hört ja überall nur noch, daß man ohne Englischkenntnisse keinen vernünftigen Job mehr kriegt. So ein Unsinn! Will doch nicht jeder Exportmanager werden!«

Fjodor ist 22 und studiert im sechsten Semester Germanistik. Er ist Antons Vorzeigestudent, den er schon oft an deutsche Besucher als Übersetzer vermittelt hat. Zuletzt hat Fjodor für ein deutsches Filmteam gedolmetscht, das eine Sibirien-Dokumentation gedreht hat. Er hat Dokumente von Behörden beschafft, Zugtickets organisiert und entnervte Produzenten besänftigt, die wieder einmal nicht akzeptieren wollten, daß sich die Dinge hier am besten über persönliche Beziehungen und – wenn man die nicht hat – über ein paar gezielt verteilte Dollarnoten regeln lassen. »Übersetzen ist ein ziemlich aufregender Job«, sagt er. »Man lernt viel über die Mentalität seiner Auftraggeber.«

»Wie ist sie denn, die deutsche Mentalität?« will ich wissen.

»Auf jeden Fall ziemlich perfektionistisch. Deutsche sind, glaube ich, ziemlich schwer zufriedenzustellen.«

»Sind Burjaten da anders?«

»Ich glaube, die meisten hier arrangieren sich leichter mit den Gegebenheiten. Aber ich nicht. Ich will etwas erreichen.«

Mindestens bis zehn sitzt Fjodor jeden Abend an seinem Schreibtisch und übersetzt deutsche Texte, paukt Grammatik, verfaßt Artikel für ein Jugendmagazin, das eine deutsche Stiftung in Sibirien herausgibt, und auch schon den einen oder anderen Fachaufsatz. Sein Deutsch ist fast ebenso perfekt wie das seines Professors, akzentfrei und mit einem Wortschatz, der den meisten deutschen Akademikern zur Ehre gereichen würde. Wenn er über Literaturwissenschaften redet, sind seine Sätze gespickt mit Begriffen wie »Synonym«, »Kausalität« und »Multidimensionalität«, und wenn er von seinen Lieblingsautoren erzählt, werden diese Sätze bildreich und poetisch.

Natürlich möge er Süskind. »Das Parfüm« habe wohl jeder Germanistikstudent in Sibirien gelesen. Ja, und »Die Deutschstunde« von Lenz habe ihm gefallen. Aber lieben – richtig lieben würde er Hermann Hesse.

»›Narziß und Goldmund‹?« frage ich. »›Siddharta‹«, sagt er. »Das könnte fast ein Buch über Burjatien sein! Wie Hesse westliches und östliches Gedankengut zusammenfügt – das ähnelt doch unserer Geschichte hier!«

Wir sitzen im Garten eines türkischen Restaurants an der Leninstraße, das einzige ausländische Restaurant der Stadt, mit Pide und Döner auf der Speisekarte und türkisch sprechenden Kellnern. Zwar gibt es ein paar Lokale, die mit »europäischer Küche« werben, doch die besteht dann meist nur aus Pfannkuchen und gemischten Salaten mit Sahne und dem Gewürz, das in Sibirien in so ziemlich jedem Gericht zu finden ist: Dill.

Ich bestelle beim Türken eine Schafskäsetasche und ein »Effes«-Bier. »Du auch?« frage ich Fjodor. Doch er will nur Mineralwasser.

Fjodor scheint wirklich ein Musterschüler zu sein. Wie bringe ich ihn nur dazu, noch zu bleiben? Es ist Freitagabend, ein klarer, warmer Sommerabend, und halb Ulan-Ude bereitet sich auf eine lange Nacht in der Innenstadt vor.

»Und wenn ich dich jetzt ins Kino einladen würde? Im ›Oktober‹ ist gerade ein neuer russischer Film angelaufen. Soll ziemlich gut sein.«

»Danke, aber ich muß noch lernen.«

Vor dem Lenin-Kopf haben sich die Skateboarder der Stadt versammelt, Jungen und Mädchen mit bunten Iros oder Dreadlocks und T-Shirts mit den Aufdrucken russischer Grunge-Bands. Aus einem Ghettoblaster röhrt Kurt Cobain. »Come on, entertain us«, schallt es bis zu den Bussen herüber, die in Sekundenabständen an der Kommunistischen Straße halten und Trauben von Ausgehwilligen ausspucken: Männer in Baumwollanzügen und mit vom Handgelenk herabbaumelnden Herrenhandtäschchen, Frauen in kurzen Pailletten-Jeansröcken und Mädchen, die auf Stöckelschuhen die Fußgängerzone hinabstolzieren, gefolgt von ein paar Jungen mit Bierflaschen in der Hand.

Ich rufe Ljudmila und Natalja an, ob sie nicht auch ausgehen wollen. Doch die beiden hassen es, am Freitagabend in die Innenstadt zu fahren, »da stolpert man doch ständig über

Betrunkene«. Schließlich erreiche ich Seseg, mit der ich mich eine halbe Stunde später in die Kassenschlange vor dem »Oktober«-Kino einreihe. Wir ergattern die letzten Karten für den, wie es in der »Komsomolskaja Prawda« hieß, »Kinohit des Sommers«: »Woditel dla Weri – Ein Fahrer für Wera«.

Es ist ein melancholischer Film über die Stalin-Ära, der von der hoffnungslosen Liebe eines Chauffeurs zu Wera, einem Mädchen aus reichem Hause, handelt. Weras Familie wird von stalinistischen Schergen ermordet, die Villa am Schwarzen Meer geplündert, und mit der Familie geht eine ganze Kultur unter, die der Fahrer so bewundert hatte. Als gebrochener Mann zieht er sich in eine Hütte zurück und wartet auf sein Ende. Oder zumindest darauf, daß sich die politischen Verhältnisse ändern. Ich bin froh, daß Seseg mir wenigstens die Liebesszenen übersetzt. Und daß sie so viele Taschentücher eingepackt hat.

In der Nacht träume ich von einem Fahrer, der mich durch eine weite Landschaft fährt und mir dabei von der Liebe erzählt. Genauer gesagt, von zwei Fahrern. Einem alten und einem jungen. »Solche Träume werden wahr«, warnt Seseg.

»Ich hab doch nur den Film nachgeträumt!«

»Nein, das hat mehr zu bedeuten. Du wirst sehen!«

Ich denke an Sascha, der sich gestern zum ersten Mal seit Wochen gemeldet hat, ein minutenkurzer Anruf, mit dem er mich einlud, ihn in Moskau zu besuchen. Aber ein Auto? Nein, Sascha hat nichts von einem Auto erzählt.

Leider habe ich keine Zeit mehr, ihn noch einmal anzurufen und zu fragen. Denn Seseg und ich müssen den Berliner Fotografen in eine Schokoladenfabrik begleiten. Normalerweise wäre er allein gegangen, weil er eigentlich nur ein paar Fotos von den Arbeitern für seine Ausstellung in Deutschland haben wollte. Doch der Direktor des Werkes wollte nicht, daß er in den Werkhallen fotografiert. Aber von den Erfolgen seines Unternehmens würde er schon gerne erzählen, habe ich das Gefühl. Besonders nachdem ich ihm am Telefon erzählt habe, daß ich Wirtschaftsjournalistin sei.

Also betreten wir zu dritt das »Amtar«-Werk auf einem Hügel über dem Oktober-Bezirk. Der Direktor sieht aus wie der Chef einer Werbeagentur, ein glatzköpfiger Hüne in weiten Khakihosen und einem Ralph-Lauren-Polohemd. Im Empfangszimmer stehen riesige Bonbonnieren mit Pralinen auf den Tischen. Auf ein Nicken des Direktors hin stellt ein Mädchen mit Kellnerinnen-Häubchen noch ein paar pastellbunte Torten daneben. »Greifen Sie zu!« fordert uns der Direktor auf. »Sind alles neue Rezepte!« Wir folgen und laden uns 1000 Butter-Zucker-Kalorien auf die Teller, morgens um neun auf nüchternen Magen.

»Einen Espresso dazu? Oder lieber einen italienischen Cappuccino?«

Wir nippen an zarten Porzellantäßchen und hören dem Direktor zu, wie er die Unternehmensdaten herunterspult: »Amtar: 1971 gegründet. Zweitgrößtes Schokoladenwerk Sibiriens. 15000 Tonnen Jahresproduktion. In den neunziger Jahren privatisiert, heute eine AG mit 550 Mitarbeitern.« 550 Mitarbeiter? »Das ist wahrscheinlich der Grund, warum er uns nicht fotografieren läßt«, flüstert Seseg. »Die haben kaum Maschinen, das läuft hier alles noch in Handarbeit.«

Und wieder sollte Seseg Recht behalten. Doch das bestätigte uns natürlich nicht der Direktor persönlich. »Unsere Pralinen werden in Handarbeit hergestellt. Seit den siebziger Jahren hat sich hier nicht viel am Produktionsprozeß geändert«, erzählt uns die »Amtar«-Cheftechnologin, die den Direktor plötzlich ablösen mußte. »Eine Vorstandskonferenz, Sie entschuldigen!«

Die Cheftechnologin hat Nahrungsmitteltechnik an der Universität Ulan-Ude studiert. 1977 wurde sie direkt von der Uni abgeworben, 1988 auf ihren jetzigen Posten befördert. Cheftechnologin sei ein sehr kreativer Job, sagt sie. Sie dürfe sich nicht nur neue Torten und Pralinensorten ausdenken, sondern auch noch die Schachteln dafür. Die armlangen Pralinenkästen von »Amtar« zieren goldumrandete Bilder von Rehen, Väterchen Frost und Dschingis Khan. Die Cheftechnologin fordert uns auf, uns jeder einen Kasten auszusuchen. Ich nehme den Dschingis Khan, weil der so schön gefährlich aussieht.

Wir essen uns durch die allerneuesten Pralinenkreationen, die sehr bemerkenswert schmecken, nach Bucheckern, süßem Quark und Kakao. Dann fragen wir noch einmal vorsichtig nach den Fotos. »Net«, sagt die Cheftechnologin streng, »ne moschno, nicht möglich!« Ihre Assistentin flüstert uns noch rasch zu, daß es dem Direktor unangenehm sei, wie es in den Produktionshallen aussähe, so eng und voll und mit so wenigen Maschinen. Dann stehen wir auch schon wieder auf der Straße, mit einem Kilo Pralinen in der Tasche bei 35 Grad Hitze, die der Fotograf schließlich schlechtgelaunt ablichtet.

»Amtar? Die Schokolade von denen hab ich als Kind immer gekriegt, zur Belohnung, wenn ich im Haushalt mitgeholfen habe«, sagt Fjodor, den ich am Nachmittag vor dem Leninkopf treffe. Ich ziehe ihn zu einem der vielen »Amtar«-Kioske, die die Firma überall in der Stadt eröffnet hat, und kaufe eine 50-Gramm-Tafel Schokolade mit Cremefüllung. »Ganz okay. Aber Ptiza moloko ist besser!«

»Ptiza moloko? Heißt das nicht Milchvogel? Was soll denn das sein?«

»Das war die erste sogenannte Volksschokolade! Die hieß so, weil man die überall für wenig Geld kaufen konnte … Aber jetzt zeig ich dir erst mal noch was.«

Er führt mich zu einem Gründerzeitgebäude hinter dem Theater, drei Treppen hinauf und durch einen langen Korridor. An einer Tür hängt ein Schild mit einer Deutschlandflagge und der Aufschrift: »Deutsches Kulturzentrum«. Als wir die Tür öffnen, sehen wir zehn Männer und Frauen vor einer riesigen Karte der Bundesrepublik Deutschland sitzen.

»Soll ich übersetzen?« fragt Fjodor leise, als wir das Zimmer betreten.

»Wieso?« frage ich erstaunt zurück. »Ist dachte, das ist hier ein deutsches Kulturzentrum?«

»Hier spricht doch keiner deutsch.«

Fjodor ist der einzige Mensch mit schwarzen Haaren und dunklem Teint, und deshalb fragen die Blonden und Blauäugigen unter der Deutschlandkarte ihn mißtrauisch, ob er eine Einladung habe. »Entschuldigen Sie bitte. Ich studiere Deutsch am Germanistischen Seminar. Mein Professor hat mir von Ihnen erzählt«, sagt Fjodor sehr höflich. »Ja, und dann bringe ich Ihnen auch noch eine richtige Deutsche mit.«

Die Blonden und Blauäugigen, vier alte Männer und ein halbes Dutzend Frauen, tauen auf: »Herzlich willkommen! Setzen Sie sich zu uns.« Ohne große Einleitung erzählen sie uns, daß sie Rußlanddeutsche seien. Wie sehr ihre Geschichten denen von Horst und Grigoris Eltern ähneln, so als gäbe es *die* universelle Leidensbiographie der Rußlanddeutschen; eine Biographie, geprägt von Vertreibung, Hunger, Heimweh, von Zwangsarbeit in Bergwerken, Kombinaten und Kolchosen und einer Sprache, die aus den Köpfen verbannt wurde, als man sie nicht mehr auf der Straße sprechen durfte.

Doch nach Deutschland ausreisen, wie so viele andere, die die Chance hatten, einen deutschen Paß zu bekommen, wollten sie nicht. »Was soll ich noch mal ganz neu anfangen, in meinem Alter? Das hab ich doch schon mal gemußt«, sagt ein kleiner, schmächtiger Mann in Maurerhose und Arbeitsstiefeln; »Warum sollen wir hier weggehen?« ein anderer. »Wir haben ja jetzt unser kleines Deutschland hier.«

Das »kleine Deutschland« ist etwa so heimelig wie eines dieser türkischen »Kulturzentren« in Berlin oder Hamburg, in denen Männer mit Zigaretten in den Mundwinkeln über einem Brettspiel hocken. Ähnlich sitzen die alten Männer auch hier im Versammlungszimmer um den langen Resopaltisch, mit sorgenzerfurchten Gesichtern und verschlossenen Blicken. An den Wänden hängen Bilder aus Reisekatalogen: Burgen, Berge und Fachwerkstädtchen. Deutschland, das Land aus den Märchen der Gebrüder Grimm. Ein Deutschland, das es nur noch in einigen winzigen Reservaten in Bayern und Baden-Württemberg gibt.

Das zweite Zimmer nennen sie hier das »Bibliothekszimmer«, ein karger Raum mit ein paar Fichtenholzregalen, in denen sich zerfledderte deutsche Taschenbücher, alte »Spiegel«-Ausgaben, Grammatik-Lehrbücher und Broschüren des Innenministeriums stapeln. Wer liest die, wo hier doch die wenigsten der deutschen Sprache mächtig sind? An der Dekke flackert eine Neonröhre. Es riecht nach Bohnerwachs und Schweiß. Vor dem Eingang wartet ein Fernsehteam: Ein Kameramann, ein Kabelträger und eine sehr, sehr junge Reporterin vom örtlichen Lokalsender, die eine Reportage über die Vorbereitungen zum »Den skorbi i pamjati« drehen wollen, den »Tag des Leides und des Gedächtnisses«. Dieser Tag wird von allen rußlanddeutschen Vereinen in Sibirien feierlich begangen, denn an diesem Tag wurde die Deportation der Rußlanddeutschen nach Sibirien und Kasachstan durch einen Ukas des Obersten Sowjet legalisiert. Das war am 28. August 1941, und in den Vertriebenendörfern wird dieses Anlasses schon seit Jahrzehnten gedacht. Offiziell eingeführt wurde der Gedenktag jedoch erst 1994. Die neue Regierung hatte erkannt, daß das ihrem demokratischen Image förderlich sein würde. Und das nicht nur in den Augen der westlichen Medien. In den russischen Zeitungen werden seither jedes Jahr am 28. August große Artikel über die Feierlichkeiten gedruckt, die sich im Vergleich zum Medienrummel meist sehr bescheiden ausnehmen: ein paar Menschen im stillen Gedenken auf den Friedhöfen, danach ein gemeinsames Essen.

»Eigentlich machen wir nichts anderes an diesem Tag, als darauf anzustoßen, daß wir überlebt haben«, erklärt der kleine Mann mit den Maurerhosen.

»Was haben Sie denn überlebt?« fragt die junge Reporterin ahnungslos. »Ich nehme an, Sie waren im Lager?«

»Sie sind noch sehr jung. Geschichte hat für Sie bisher wahrscheinlich noch keine so große Rolle gespielt«, sagt der kleine Mann nachsichtig. »Wissen Sie, es gab da ein Gesetz, das unsere Deportation angeordnet hat.«

»Aus Deutschland?«

»Junge Frau, ich bin in Rußland aufgewachsen, genau wie Sie! In der Schule haben Sie doch bestimmt einmal etwas von der Wolgarepublik gehört, oder?«

»Eine Republik? An der Wolga gab es eine eigene Republik?«

»Seit 1924. Die Autonome Sowjetrepublik der Wolgadeutschen, mit einer Hauptstadt namens Engels.«

»Und da haben früher alle Rußlanddeutschen gelebt?«

»Wirklich, Sie sollten sich mal ein bißchen mit Geschichte beschäftigen, bevor Sie das nächste Interview führen! Ich gebe Ihnen mal ein Buch über die Zarin Katharina mit, die 1760 Hunderttausende von Deutschen nach Rußland geholt hat.«

»Danke, aber ich wollte eigentlich nur über das Fest bei Ihnen berichten.«

»Es wird in diesem Jahr kein Fest geben. Die Regierung hat die Zuschüsse verweigert, die wir sonst immer bekommen haben.«

»Kein Fest!« ruft die junge Reporterin. »Was sollen wir denn dann drehen?«

Eine Frau aus der Tischrunde, die halb belustigt, halb entnervt die Interview-Versuche der Reporterin beobachtet hatte, schaltet sich ein: »Ich sag's Ihnen! Lassen Sie doch einfach die Leute von früher erzählen! Sie werden sehen: Das ist viel spannender.«

»Das ist Marina, die Gründerin des Kulturzentrums«, flüstert mir der kleine Mann zu.

»Naßforsch auftreten, aber von nichts eine Ahnung haben – so sind sie heute, die jungen Fernsehfrauen «, schimpft Marina. »Warum sind Sie eigentlich gekommen?«

»Wir sind ja schon fertig!« murmelt die Reporterin eingeschüchtert.

Marinas forsche Art will nicht so recht zu ihrem lieblichen Äußeren passen: hellblonde, hüftlange Haare, veilchenblaue Augen, Rüschenbluse, einladendes Lächeln. Wenn man einen Vergleich anstellen sollte, dann würde ich sagen, daß Marina aussieht wie die Loreley.

Seit ihrer Ehe mit einem Russen – »der größte Fehler meines Lebens, der Kerl hat nur getrunken« – nutzt sie jede Gelegenheit, um, wie sie es nennt, »mit Leuten zusammenzukommen, die eine ähnliche Geschichte haben«. Über diese Geschichte will sie nicht viel erzählen; nur, daß ihre Eltern es zwar vermieden hätten, mit ihr deutsch zu sprechen, aber ihr gleichzeitig eingetrichtert hätten, daß sie sich niemals ihres Deutschseins schämen solle. Marina, die in einer russischen Siedlung unter russischen Kindern aufwuchs, fragte sich oft, worin dieses Deutschsein bestünde.

Die erste Antwort bekam sie vom Direktor einer Kolchose, der ihr gestand, daß er, wenn er könnte, nur noch deutsche Arbeiter einstellen würde. »Die sind so fleißig, daß wir mit ihnen niemals Probleme hätten, den Plan zu erfüllen.« Die zweite fand sie selbst, als sie das erste Mal bei Kollegen vom Deutschzentrum zu Hause war. »Die Häuser haben sich deutlich von denen der Russen unterschieden. Alles war frisch gestrichen, der Rasen war gemäht, und vor dem Eingang standen Blumenkübel«, erzählt sie. Und da sie selbst viel Wert auf »Ordnung und Sauberkeit« legte, verbuchte sie das schließlich als »deutsche Eigenschaften«.

»Die sauberen, ordentlichen Deutschen – ist das nicht ein Klischee?« frage ich, denn ich bin weder das eine noch das andere.

»Nein, das sind Eigenschaften, die einem helfen, das Leben besser zu bewältigen«, sagt Marina. »Jedenfalls hier in Sibirien.«

Der Kulturverein, den sie zwei Mal pro Woche besucht, ist für Marina so etwas wie ein Anker in ihrem Leben, das sich in den letzten Jahren so rasant verändert hat: Zuerst zerbrach ihre Ehe, dann verlor sie ihren Job. »Ledertechnologin – das machen heute alles Computer und Maschinen«, sagt sie. Als die Stadt ein ehemaliges Schwimmbad in ein Einkaufszentrum verwandelte, mietete sie dort einen winzigen Laden, um Goldschmuck zu verkaufen. Goldschmuck, dachte sie – das hat mit Schönheit zu tun, mit Luxus und Glamour. Und genau danach sehnen sich die Leute hier nach all den grauen Kommunistenjahren. Das Geschäft läuft schleppend, seit auf den Märkten immer mehr Chinesen mit glitzerndem Modeschmuck aus Fernost auftauchen.

Im vergangenen Jahr hat sie ein Rußlanddeutscher gefragt, ob sie nicht mit ihm nach Deutschland gehen wolle. Marina lehnte ab. »Was soll ich denn in Deutschland arbeiten, mit meinen schlechten Deutschkenntnissen? Und er verdient auch nicht viel.«

»Aber warst du nicht verliebt in ihn?«

»Verliebt sein ist schön, solange man jung ist. Wenn man älter wird, muß man einen Mann finden, der treu ist und einen versorgen kann.«

Und dann sagt sie diesen deutschen Satz, den sie immer sagt, wenn sie gute Laune hat: »Komm, Bierchen trinken!« Aus ihrem Mund klingt das so, als wolle sie mich zu einem Kaffeekränzchen überreden. Doch der Tonfall täuscht. Bier trinken gehen mit Marina, das bedeutet, sich vertrauensvoll in die Hände der Halbwelt zu begeben. Zum Beispiel in die von Michail, der mich auf einen Wink Marinas hin mit seinem BMW in die dunkle Nacht entführt. Michail, 34, Zigeuner und Businesmen und – den Gesichtsfurchen nach zu urteilen – auch dem Wodka nicht ganz abgeneigt. Mein erster »woditel dla Merle«; mein erster Fahrer, der mich an einen Ort bringt, von dem ich noch lange träumen werde.

Edeltraud und der Verbannten-Gedenktag

Der BMW prescht unter einem weißen Vollmond am Ufer der Selenga entlang in Richtung Tschita. Wir passieren die letzte Tankstelle, an der Michail ein Sixpack kauft, die letzte Siedlung, den letzten Wegweiser. Außer uns ist niemand unterwegs. An einer Kreuzung irgendwo im Nichts biegen wir ab auf eine noch schmalere Straße. Die Berge werden steiler, rücken näher und näher an die Straße, bis wir wie durch eine Schlucht fahren. Michail dreht das Radio auf. Ein brutaler Gangsta-Rap vibriert durch unsere Körper. Die beiden Gestalten mit den groben Gesichtern, die auf der Rückbank sitzen, schweigen. Nicht einmal ihre Namen kenne ich. Was haben sie mit mir vor? Was für eine geisterhafte Nacht.

Wir haben die Straße verlassen. Der BMW erklimmt mit aufheulendem Motor einen Berg, frißt sich durch kniehohes Gras, holpert über Felskanten, Schotter, Geröll. Mehrfach drehen die Räder durch. Was hatte Michail mir beim Einsteigen gesagt? »Wir bringen dich an einen Ort, den du so schnell nicht wieder vergessen wirst.« Ich habe Angst. Der Mond scheint irgendwo hinter der Bergkuppe verschwunden. Schwarz und undurchdringlich steht die Nacht vor dem Fenster.

Ein letztes Mal schabt der Spoiler über einen Stein, ein letztes Mal heult der Motor auf. Dann steht der Wagen. Die Hintertür wird geöffnet, die Männer mit den groben Gesichtern verschwinden mit dem Sixpack unter dem Arm in die Nacht. Michail reißt die Beifahrertür auf, packt mich am Arm und schiebt mich durch die Dunkelheit den Berg hinauf. Ich stolpere, Michail fängt mich auf, drängt weiter. Und dann sind wir angekommen an dem Ort, von dem Michail gesprochen hatte: Ein Gipfel, der alle anderen überragt. Über uns der mondhelle Nachthimmel, unter uns ein glitzerndes Band: die Selenga, die hier, aus den Bergen der Mongolei kommend, in einer weiten Linkskehre zum Baikalsee abzweigt.

Wie eine Nase ragt unser Felsen in den Fluß hinein. An der Nasenwurzel hat jemand eine Statue aufgestellt, einen weißen Hirsch mit mächtigem Geweih. Die Farbe Weiß bedeute, daß dieses Tier eine besondere Nähe zu den Göttern habe und eine besondere Kraft ausstrahle, erklärt Michail. Deswegen würden burjatische Hochzeitspaare sich gern an diesem Ort das Ja-Wort geben. Angeblich hielte die Ehe dann länger. Ich spüre diese Kraft des weißen Hirsches noch nicht. Zu sehr erinnert er mich an »Rudolph, das Rentier«, jene kitschige Disney-Figur. Aber vielleicht liegt das auch daran, daß ich nicht zum Heiraten hierhergekommen bin.

»Hast du einen Mann?« fragt Michail plötzlich und sieht mich so intensiv an, daß ich seinen Blick in der Dunkelheit spüren kann.

»Nein, hab ich nicht.«

»Warum nicht?«

»Hab den Richtigen noch nicht gefunden.«

»Du bist doch schon über Dreißig, nicht? Da stimmt doch was nicht! Irgendwelche negativen Kräfte sind da am Werk. Du solltest unbedingt mit meiner Mutter sprechen.«

»Deine Mutter?« frage ich verwirrt. Ein Mann wie Michail, der aussieht wie ein Gangsta-Rapper, lädt mich zu seiner Mutter ein?

»Meine Mutter ist die beste Schamanin der Stadt.«

»Und du meinst, die Geister könnten deiner Mutter zuflüstern, warum das bei mir mit der Liebe im Moment nicht klappt?«

»Nein, so läuft das natürlich nicht. Geister flüstern nichts zu. Aber vielleicht kann meine Mutter dir dabei helfen, deine Blockaden aufzuspüren.«

Ich würde gerne sagen, daß ich keine habe, aber im nächsten Moment merke ich, daß ich doch eine aufgebaut habe. Denn als Michail versucht, seinen Arm um mich zu legen, zucke ich unwillkürlich zusammen. Michail grinst und versucht es ein zweites Mal. Dann endlich liegt seine Hand auf meinen Schultern, mit der anderen zieht er mich näher zu sich heran. Es ist eine ziemlich besitzergreifende Geste. Aber ich lasse sie geschehen, weil sie mir gar nicht so unangenehm ist. Im Gegenteil: Ich vergesse, daß mir Michail bis vor kurzem noch unheimlich war wegen seines dominanten Auftretens, und fühle mich beschützt.

Wir sitzen am Fuß der Hirschplastik und schauen schweigend in den Himmel, der mir höher und weiter scheint als in Ulan-Ude. Die beiden anderen Männer haben sich mit ihrem Sixpack entfernt. Wolken tanzen um den Mond, lassen ihn mal als Sichel, mal als runde Kugel erscheinen. Die Luft ist warm und riecht nach feuchtem Holz. Eine unbekannte Energie durchflutet mich. »Das hier ist ein magischer Ort«, flüstert Michail. »Er macht einen sehr ruhig, weil man das Gefühl hat, für einen Moment angekommen zu sein.« Wer solche Orte kennt und dort solche Sätze sagt, muß einer der Fahrer aus meinem Traum sein. Der erste Fahrer, dem ich, während seine Hand meine Schulter wärmt, erzähle, daß ich nach Sibirien gekommen sei, weil ich etwas suche. »Ich weiß«, sagt Michail. »Deshalb habe ich dich an diesen Platz geführt.«

Etwa hundert Meter unter dem Hirsch befindet sich ein Oboo, eine schamanische Kultstätte, die aus pyramidenförmig aufeinandergetürmten Felssteinen besteht. Die Schamanen der Gegend vollführen hier an bestimmten Tagen ihre Geisterbeschwörungszeremonien. Michail legt mir drei Münzen in die Hand. »Hineinwerfen und drei Mal herumlaufen!« weist er mich an. Dabei solle ich ganz fest an das denken, was ich mir am sehnlichsten wünsche. Die Männer mit den groben Gesichtern öffnen zwei Bierdosen und schütten das Bier auf die Steine. »Auch Geister haben Durst«, sagt einer der beiden und grinst, während Michail die dritte Dose mit einem Zischen öffnet.

Den Rest trinken wir im Auto, während wir nach Ulan-Ude zurückfahren. Je näher wir der Stadt kommen, desto breiter wird das Bett der Selenga. Die Berge an ihren Ufern rücken in den Hintergrund und geben schließlich den Blick auf das Hochtal frei, in dem die Stadt liegt.

Wir passieren die Stadtgrenze, ein Schild mit roten, kyrillischen Buchstaben: Ulan-Ude. Die Außenbezirke sind spärlich beleuchtet, nur aus einigen Fenstern ist ein Lichtschein zu sehen. Der BMW rast durch die dunklen Straßen. Die Männer reden über Geschäfte. »Man muß es sich im Leben so angenehm wie möglich machen«, hat Michail nur geantwortet, als ich ihn fragte, was er normalerweise so für Geschäfte tätige.

In einer Holzhaussiedlung hält der Wagen. Die beiden Männer öffnen die Hintertüren und streben eilig auf eines der Häuser zu. Hunde bellen, eine Frau keift. »Eine schlechte Gegend! Hier sollte man abends besser nicht allein unterwegs sein«, brummt Michail, während wir weiter über die neue Selenga-Brücke fahren. Die Blocks neben der Straße werden niedriger, die Straßen grüner, und ab und zu taucht auch eine Straßenlaterne auf, die eine Bushaltestelle oder eine Kreuzung beleuchtet. Der BMW gleitet wie auf Schienen die Anhöhe hinab, an deren Fuß die Uliza Kalaschnikowa liegt.

Michail beugt sich über mich und öffnet mit der rechten Hand meine Tür. »Ich rufe Marina an. Sie wird dich zu meiner Mutter bringen.«

Dann wirft er mir eine Kußhand durchs Fenster zu, wendet und verschwindet mit quietschenden Reifen in der Nacht.

Aus dem Besuch bei Michails Mutter wird vorerst nichts, denn Marina muß sich um die Organisation des »Den skorbi i pamjati« kümmern, wie sie mir am nächsten Tag sagt.

»Ich dachte, ihr würdet in diesem Jahr nicht feiern?«

»Doch, aber das ging die Fernsehtante nichts an. Es ist nämlich keine offizielle Feier, sondern eher ein privates Treffen, bei Edeltraud in Kamensk. Du bist natürlich auch eingeladen!«

Ein paar Tage später fahren wir durch das Selenga-Delta, die gleiche Route, die ich mit Swetlana vor einer Woche zum Baikal genommen habe. Nur daß diesmal die Felder und Obsthaine im Regen ertrinken. Ein böiger Wind peitscht die Tropfen gegen die Windschutzscheibe. In den Bergen hängen graue Wolken. Es ist kalt. Genau das passende Wetter für einen Trauertag.

Am Ortseingang von Kamensk wartet der kleine Mann mit den Maurerhosen, der im Deutschen Kulturzentrum mit der Reporterin gesprochen hatte. Marina trägt Slipper mit dünnen Ledersohlen und will nicht aussteigen. Der kleine Mann kramt in seinem Auto nach einer Pappe. Die breitet er wie einen roten Teppich vor dem Lada aus. Da fällt Marina ihm in die Arme. »Ist ja gut, Marina. Ich weiß, daß du dich freust«, beschwichtigt er, entwindet sich ihrer Umarmung und dreht sich zu uns um: »Ich bin Karl, ein Nachbar von Edeltraud. Fahrt mir einfach nach. Edeltraud wartet schon mit dem Essen.«

Nach etwa zwei Kilometern stoppt Karl vor einem roten Wohnblock mit blauen Fenstern. Wir parken hinter seinem Lada ein und stehen ein wenig unschlüssig im Nieselregen vor dem Haus. »Sieht gut aus, nicht wahr?« fragt Karl. »Immer wenn wir Farbe haben, streichen wir. Wir haben auch Blumen gepflanzt, so wie sie es im Fernsehen aus Deutschland gezeigt haben.« In drei mit Erde gefüllten LKW-Reifen blühen Astern, Narzissen und Primeln.

Auf Socken betreten wir Edeltrauds Wohnzimmer, das so aussieht, als würde seine Besitzerin den ganzen Tag mit dem Putzlappen durch die Wohnung huschen. Die mit Festtagsporzellan und Nippes dekorierte Schrankwand glänzt frisch poliert, die Tüllgardinen vor den Fenstern leuchten strahlend weiß, auf dem Eßtisch liegt eine gestärkte Leinendecke und auf dem Fernseher ein besticktes Zierdeckchen. »Man sieht doch sofort, daß das hier ein deutscher Haushalt ist«, stellt Marina befriedigt fest. Edeltraud ist noch in der Küche beschäftigt. »Dewuschka«, ruft Karl. »Fräulein, wir sind da!«

»Minutotschku«, schallt es aus der Küche. »Komme gleich!«

Vor der polierten Schrankwand im Wohnzimmer steht eine alte, grauhaarige Frau in einer bunten Strickjacke und sieht uns abwartend entgegen. »Das ist Elvira«, stellt Karl sie uns vor. »Ihre Eltern waren auch Deutsche. Vielleicht könnt ihr ein paar Brocken Deutsch zusammen reden?« Dann verabschiedet er sich. »Entschuldigt mich, aber ich muß meiner Frau noch beim Einmachen helfen!«

Eine stämmige Frau mit kurzen, hellblonden Haaren öffnet die Küchentür, wischt sich die Hände an der Schürze ab und drückt uns nacheinander an ihren großen Busen. »Welche Freude!« ruft sie auf deutsch, wieder und wieder: »Welche Freude!«

Der Wohnzimmertisch ist überladen mit Schüsseln und Platten, Gläsern, Flaschen und Karaffen. Es gibt Omul mit Salzkartoffeln und Gurkensalat, Pelmeni, Brot, Käse, Schinken, Salami, Warenje und Konfekt. »Trinken Sie Wein?« fragt Elvira, während sie mit zwei Flaschen in der Hand um den Tisch wandert. »Rotwein aus Moldawien? Oder lieber Wodka?«

»Rotwein ist gut zum Essen«, sagt Marina. »Aber erst stoßen wir mit einem Gläschen Wodka an!« Marina nimmt Edeltraud die Wodkaflasche aus der Hand und schenkt uns ein. »Ich möchte einen Toast aussprechen auf euch, meine Freunde! Auf dich, Edeltraud! Auf dich, Elvira! Keine Angst, es wird keine lange Rede, so wie ihr es sonst von mir gewohnt seid. Ich wollte nur sagen … Dieser Tag heute … Genau an diesem Tag vor 62 Jahren ist etwas geschehen, das unser aller Leben verändert hat. Euer und, ja – auch meins. Ich war damals zwar noch nicht geboren, aber meine Eltern wären nicht nach Sibirien gekommen, und ich wäre unter anderen Umständen groß geworden. So wie wir alle. Dieser Tag der Vertreibung … Dieser Tag hat uns zusammengeführt. Und darauf laßt uns anstoßen: daß aus etwas Schlimmem etwas Gutes entstehen kann.«

Unsere Gläser klirren aneinander. Es ist ein sehr feierlicher Moment. Marina wischt sich mit einem Taschentuch die Augenwinkel, Elvira schluckt, Edeltraud zieht die Nase hoch. Es geht streng nach Sitzordnung. Edeltraud, die rechts neben Marina sitzt, ist die nächste, die einen Toast aussprechen muß. Sie erhebt sich in Zeitlupe, ihre Kniegelenke knacken. Und wieder folgt eine kleine, feierliche Rede: »Was hilft es, zurückzuschauen? Ich trinke darauf, daß die Vergangenheit vergangen ist. Wir sind gesund, und wir haben alles, was man zum Leben braucht. Also, auf die Gegenwart!«

So geht es reihum weiter. Jeder sagt etwas sehr Ernstes, Ergreifendes. Nur mir fällt nichts ein. So sage ich einfach auf deutsch: »Zum Wohl!«, und alle lächeln mich an, weil es immer einen kleinen, wohligen Überraschungseffekt hat, wenn man plötzlich ein paar Worte in einer anderen Sprache hört, mag die Bedeutung auch noch so banal sein. Wir toasten und essen, toasten und essen, bis jeder zwei Mal seinen Trinkspruch aufgesagt hat und die Schüsseln leer sind. Edeltraud holt eine riesige Schachtel »Ptiza Moloko« aus der Vitrine, Marina hastet in die Küche, um Teewasser aufzusetzen. Edeltraud wickelt eine Praline aus dem Papier mit der Schnörkelschrift, läßt die Schokolade auf der Zunge zergehen, langsam, bedächtig, so als würde sie sich durch den Schmelz zu den Erinnerungen vorlutschen, die mit der Fondantfüllung verbunden sind. »Als ich diese Pralinen das erste Mal gekauft habe, dachte ich: Es geht aufwärts!« murmelt sie dabei vor sich hin. »So eine feine Schokolade hatte es vorher nicht gegeben. Wenn sie jetzt so was für das ganze Volk produzieren, würde das Leben auch insgesamt einfacher werden.«

Dieses Leben, das so viel Schweres mit sich brachte, daß es für drei Leben gereicht hätte. Das Schwerste, meint Edeltraud, sei die Fremdbestimmung gewesen; daß sie weder entscheiden konnte, wo sie leben wollte noch wie oder mit wem.

1949, drei Jahre nachdem sie in einem kleinen Ort im Osten Deutschlands auf die Welt gekommen war, teilten die russischen Besatzer der Mutter mit, daß man sie zurück in die Heimat bringen werde. In die Heimat – das hieß, in das Dorf in der Ukraine, in dem sie als Tochter deutscher Auswanderer, die im 19. Jahrhundert hierher gekommen waren, groß geworden war und aus dem sie gegen Ende des Krieges von der Roten Armee vertrieben worden war. Die Mutter hatte Angst vor den Russen, die schon ihren Mann erschossen hatten. Doch sie packte klaglos ihre Koffer und setzte sich mit ihrer Tochter in den Waggon, den die Soldaten ihnen zugewiesen hatten. Der Waggon wurde von außen versiegelt. Der Zug rollte nach Sibirien.

Edeltraud wuchs in einem Lager in Kamensk auf, in dem sie mit ihrer Mutter und drei anderen deutschen Familien in einer Baracke untergebracht wurde. Die Mutter war einer Baukolonne zugeteilt worden, die in Kamensk ein Zementwerk errichten sollte. Die Arbeiterinnen verstanden die Befehle, die die Bewacher ihnen zubrüllten, ebenso wenig wie die Bemerkungen der Leute auf der Straße, wenn sie morgens an ihnen vorbei zur Arbeit marschierten. Russisch war für sie eine Fremdsprache, die sie erst mühsam erlernen mußten.

Kamensk war damals eine kleine Provinzstadt im Selenga-Delta, die nach den Plänen der Sowjets in einen Industriestandort verwandelt werden sollte. Die Rußlanddeutschen bauten Häuser, Straßen und Kombinate, in denen sie später, als die Komendatura aufgehoben wurde, als Angestellte für normalen Lohn weiterarbeiteten. Komendatura, das hieß, daß sie jahrzehntelang weder ihren Aufenthaltsort noch ihren Arbeitsplatz verlassen durften. Doch in Kamensk änderte sich auch nach deren Ende wenig. Denn der Kreisleiter hatte höchstpersönlich angeordnet, daß »Rußlanddeutschen das Entfernen aus dem Landkreis untersagt ist und Zuwiderhandlungen mit bis zu zehn Jahren Lager bestraft werden können«.

Etwas gegen den Kreisleiter zu sagen, Kritik zu äußern oder wenigstens Betrübnis wagte niemand von ihnen. Denn man wußte nie, wem man vertrauen konnte, wer bloß ein mitfühlender Nachbar war oder aber zu den sekretnije sotrudniki gehörte, den Geheimdienstmitarbeitern, die auch vor der Bekanntgabe sehr privater Details aus ihrem Bekanntenkreis nicht zurückschreckten. Bis heute wurden die Archive nicht geöffnet, die Geheimdienstler leben weiterhin unerkannt zwischen denen, die sie damals ausspionierten.

1972, nach 23 Jahren in Kamensk, wurde Edeltraud per Brief mitgeteilt, daß man ihrem Wunsch stattgeben und sie nach Leningrad umziehen lasse. Doch auf die Bewerberliste für eine Wohnung wollte man sie nicht setzen. So blieb sie in Kamensk, wohnte zunächst bei ihrer Mutter und arbeitete als Chemielaborantin – ein Job, den man ihr ebenso zugewiesen hatte wie der, den sie später antreten mußte: Maschinistin im Heizwerk. »Die meisten von uns durften ja keine höhere Schule besuchen. Da mußte man froh sein, wenn man irgendeinen Job bekam«, sagt sie.

Mit Mitte zwanzig heiratete sie einen Russen. Eine schwierige Ehe sei das gewesen: »Ich glaube, ich war doch sehr deutsch, sehr protestantisch veranlagt. Er hat lieber in den Tag hinein gelebt. Aber ich glaube, das Hauptproblem war, daß ich so eine russische Ehe nicht wollte. Ich wollte eine Partnerschaft. Das hat er nie verstanden.«

Solche Probleme habe sie auch mit ihrem Mann gehabt, schaltet sich Elvira ein, die siebzigjährige Nachbarin. Elvira ist zusammen mit ihrer Zwillingsschwester in einem Kinderheim im westsibirischen Kemerowo aufgewachsen. Als sie zwölf war, wurde der Vater, dessen Vorfahren 200 Jahre zuvor aus dem Schwarzwald nach Petersburg ausgewandert waren, vom NKWD erschossen, die Mutter zuerst ins Gefängnis, dann gemeinsam mit ihrer ältesten Tochter zur Zwangsarbeit nach Kasachstan geschickt. Mit zwanzig heiratete Elvira einen Mechaniker. Die Ehe brachte ihr einen russischen Nachnamen und einen Platz als Fernstudentin an der Uni Ulan-Ude ein. Tagsüber arbeitete sie als Schweißerin, abends lernte sie für das Geschichtslehrer-Examen, das sie mit Auszeichnung bestand. Danach nahm sie eine Stelle an der »Schule Nr. 1« in Kamensk an und zog zwei Töchter groß. Zeit, sich über ihre deutschen Wurzeln Gedanken zu machen, hatte sie nicht. Erst als sie in Rente gegangen war, erfuhr sie, daß in Ulan-Ude ein deutscher Pfarrer evangelische Gottesdienste abhielt, in deutscher Sprache. Obwohl sie von den Predigten kaum die Hälfte verstand, versäumte sie kaum einen Gottesdienst.

In der Kirche erfuhr sie auch von den Sprachkursen im Deutschen Kulturzentrum. Dann wurde ihr klar, daß viele, mit denen sie dort im Kurs saß, nur gekommen waren, um sich auf die Aussiedler-Sprachprüfung vorzubereiten. »Die wollten keine Freundschaften aufbauen, die wollten alle nur weg!« schimpft sie. »Zehn von uns sind schon übergesiedelt. Wenn das so weiter geht, sitze ich eines Tages mit Edeltraud, Marina und Karl allein da.«

Dann schlägt die Wanduhr über dem Fernseher fünf, wir drängen zum Aufbruch. Vor dem Haus macht Karl noch ein Erinnerungsfoto: Edeltraud und Elvira, zwei vom Leben gezeichnete Gesichter unter geblümten Kopftüchern, eingerahmt von zwei glatten, faltenfreien, die Seseg und Marina gehören. Marina lächelt. »Ich bin froh, in eine andere Zeit hineingeboren worden zu sein«, sagt sie, als wir dem Baikal entgegenfahren, unter tiefhängenden, dunklen Wolken im strömenden Regen.

Auf einem Parkplatz am Ortsausgang warten die Pilz- und Beerensammler von Kamensk unter großen Plastikplanen auf Kunden, hinter ihrem Rücken der Taigawald und vor sich die Körbe mit ihrer Ausbeute: kleine bläuliche Waldbeeren, winzige, hellrote Preiselbeeren, Maronen und »belyje griby«, weiße Pilze, von denen Marina gleich einen ganzen Korb voll kauft. »Belyje griby sind meine Spezialität. Die kriegt kein anderer so gut hin.«

Der Regen ist schwächer geworden. Dafür ist jetzt ein Sturm aufgezogen. Ich habe gar nicht bemerkt, daß wir schon am Baikalufer angekommen sind. Der Strand ist ein schmaler Sandstreifen hinter einer Betonpier, die von einer Armee von Peitschenlampen eingekesselt ist. Die Wolken, die über den See heranziehen, sind so düster, daß das Licht bereits angegangen ist.

Etwa hundert Meter von unserem Parkplatz entfernt steht ein Bademeisterhäuschen, das wie ein Wachturm an der ehemaligen DDR-Grenze aussieht: ein hoher, schmaler Sockel, obendrauf ein Ausguck aus Glas unter einem kegelförmigen Dach, von dem aus die Bademeister mit ihren Ferngläsern die Schwimmer beobachten. Obwohl heute niemand im Wasser ist, sehe ich ein Fernglas hinter der Scheibe aufblinken.

Die Bademeister sind von dem Betrieb abgeordnet, dem das Feriencamp gehört, eine Telefongesellschaft oder ein Kabelwerk, glaubt Seseg. Das nehme ich ihr schon allein deshalb ab, weil überall im Camp Lautsprecher aufgebaut sind, die die Urlauber mit quäkenden Melodien beschallen.

Mir fällt ein, daß Sascha sich überhaupt nicht mehr gemeldet hat. Sascha, der am Tolezkoje-See versprochen hatte, mich jeden Tag anzurufen! Aber vielleicht hat er die E-Mail mit meiner neuen Handynummer nicht bekommen. Denn in Sibirien gibt es noch kein einheitliches Netz. Wer von Nowosibirsk nach Ulan-Ude reist, muß sich einen neuen Provider suchen. Vielleicht sollte ich ja selbst einmal in Moskau anrufen? Abwarten, sage ich mir. Schließlich habe ich gelernt, daß man in Rußland die Initiative besser den Männern überläßt.

Seseg klettert auf eine der Buhnen, die in den See hinausragen. Es stürmt, ihre schulterlangen schwarzen Haare wirbeln um den Kopf, verdecken ihre Augen. Mit beiden Händen stemmt sie sich gegen den Wind.

Marina hat sich in den kleinen Strandkiosk zurückgezogen. »Bierchen trinken.« Ich ziehe mir eine alte Norwegermütze auf den Kopf, ziehe den Reißverschluß meines Anoraks bis zum Kinn und setze vorsichtig einen Schritt vor den anderen. Die Buhne ist schmal, und der Wind hat mindestens Windstärke zehn. Die Betonquader der Buhne sind mit Graffiti besprüht. Ich registriere ein Runenzeichen, verschiedene Mädchennamen, Jahreszahlen und einen stilisierten Stinkefinger. Wahrscheinlich hat sich der Sprayer geärgert, daß seine Eltern ihn in dieses Camp verschleppt haben, in dem es nichts an Unterhaltung gibt außer dem Strandkiosk, in dem Marina wahrscheinlich gerade das zweite »Baltika« öffnet.

Endlich bin ich am Ende der Buhne angekommen. »Du mußt die Arme ausbreiten wie eine Möwe. Siehst du, so!« Seseg reckt die Arme und rudert wie ein Vogel im Flug. Ich fühle mich nicht wie eine Möwe. Ich friere, und der Baikal ist bei diesem Wetter ist auch nicht gerade romantisch. Aber ich muß gestehen: Das Wetter paßt zu Sibirien. Man kann sich richtig vorstellen, wie die Natur den Menschen im Herbst und im Winter ihren Rhythmus diktiert; wie sie sie dazu bringt, sich in ihren Holzhäusern einzuigeln, die Banja anzuheizen und vom Schwarzen Meer zu träumen, oder neuerdings auch von der Costa Brava.

Ich beschließe, im Winter wiederzukommen, wenn die Eisschollen über den Baikal treiben und der Buran durch die Taiga fegt, dieser unmenschliche Sturm, der die Schneemassen meterhoch aufwirbelt und über die Dörfer bläst. Buran – das war eines der wenigen Phänomene, die ich mir im Erdkundeunterricht in der Schule gemerkt hatte. Weil es so schön gefährlich klang. »Wir haben hier keinen Buran«, sagt Seseg. »Den gibt es nur in Kasachstan und Westsibirien.«

Der Wind bringt mich ins Schwanken. Er rüttelt an meinen Händen, an meinem Kopf, bringt meine Windjacke zum Knattern.

»Sind das die Götter des Baikal?« frage ich Seseg halb ironisch, halb ernst.

»Es gibt keine Baikalgötter. Das ist nur so ein Schamanengerede.«

Ich denke, da wird Michails Mutter anderer Meinung sein, Xenia, die Schamanin, bei der ich eine Woche später einen Termin habe.

»Muß ich mitkommen?« fragt Marina.

»Auf jeden Fall! Ich will nicht allein sein, wenn sie schlechte Nachrichten für mich hat!«

»Schamanen überbringen keine schlechten Nachrichten. Sie deuten nur an, wo es Probleme geben könnte.«

»Bitte, komm mit!« sage ich. »Du kannst mit Problemen besser umgehen!«

»Nur, wenn du dafür mit mir auf die Hundeausstellung gehst. Am nächsten Sonntag werden in der Sporthalle Deutsche Schäferhunde prämiert.«

Obwohl ich Schäferhunde spätestens seit dem Moment hasse, als mir auf einer Chile-Reise im Kleiderschrank meiner Gastfamilie ein Bild von Adolf in trauter Zweisamkeit mit seiner Hündin entgegenprangte, verspreche ich Marina, sie zu begleiten. Denn ich weiß inzwischen: Wer mit Marina unterwegs ist, erlebt immer irgend etwas Unerwartetes. Etwas, das einem ewig im Gedächtnis bleibt. So wie die Geschichte mit Lena, der Semifinalistin des Schäferhunde-Concours. Und mit ihrem Besitzer.

Der Tschetschenien-Veteran

Seit einer Stunde trage ich eine kleine ovale Blechmarke in meiner Hosentasche. Die Blechmarke ist ein Geschenk; das größte, das ich je bekommen habe. Denn dieses Geschenk ist ein Symbol. Ein Symbol des Überlebens eines Mannes, der noch ein Junge war, als das große Sterben um ihn herum begann.

Russische Soldaten dürfen über das, was sie erlebt haben, nicht mit Fremden sprechen, denn in Rußland soll nicht über den Tschetschenienkrieg diskutiert werden, nicht in den Zeitungen, nicht im Fernsehen, nicht in Büchern. Deshalb hat mich dieser Mann gebeten, ihn Aljoscha zu nennen, als er mir seine Armee-Identifizierungsmarke mit der fünfstelligen Nummer und den Buchstaben »WS SSSR« in die Jackentasche schob. Aljoscha, wie der jüngste der Brüder Karamasow. Der Gutgläubige, in dessen kleine geordnete Welt plötzlich das Grauen einbricht.

Aljoscha war 19, als er nach Tschetschenien in den Krieg geschickt wurde, und zwanzig, als er wieder nach Sibirien zurückkehrte. Als einer der wenigen aus seiner Einheit mit unversehrtem Körper und klarem Verstand.

Nach der Schule war er direkt zur Armee eingezogen worden, wie die meisten in seinem Alter, die sich nicht dank guter Beziehungen und Schmiergeldzahlungen einen Aufschub erkaufen konnten. Das Recht auf Zivildienst war zwar schon länger in der Verfassung verankert, aber erst 2004 hatte die Regierung ein Gesetz verabschiedet, das die praktische Ausübung dieses Rechts überhaupt erst ermöglichte. Aljoscha hatte sich keine großen Gedanken gemacht, als er den Einberufungsbescheid erhielt. Die paar Monate, so sagte er sich, sitzt du doch mit links ab. In den ersten Wochen lernte er das, was Rekruten überall auf der Welt lernen: Schießen, Putzen und Gehorchen. Kurz nach Ende des Grundwehrdienstes kam der Befehl, den Rucksack zu packen und in einen Zug zu steigen. Man würde zu einer Wehrübung in die Berge fahren, hieß es. Im Zug gab es sehr viel Wodka. Wodka, »in dem sie wahrscheinlich auch noch Schlafmittel aufgelöst haben«. Als Aljoscha und seine Kameraden erwachten, lief der Zug in Grosny ein.

Mit Bussen ging es weiter in die tschetschenischen Berge. Die Mütter erfuhren erst Monate später, wo ihre Söhne geblieben waren – durch die Todesanzeigen, die unvorbereitet bei ihnen eintrafen. »Man hat uns belogen«, sagt Aljoscha, »einfach belogen.«

Ich habe Aljoscha bei jener Hundeausstellung in der Sporthalle kennengelernt, wo er seine Schäferhündin den Wertungsrichtern vorführte. Normalerweise wäre ich nie auf die Idee gekommen, mit einem Hundeführer der russischen Miliz Bier trinken zu gehen. Doch nachdem ich eine halbe Stunde lang einsam auf der Zuschauertribüne die Dackel-Konkurrenz verfolgt hatte, war Marina mit diesem kleinen, schmalen Mann aufgetaucht, den sie mir als »ehemaligen Nachbarn« vorstellte. Der Mann trug eine graue Uniform und eine viel zu große Milizionärsmütze auf dem Kopf. Neben ihm hechelte ein Schäferhund, der ihm bis zur Hüfte reichte. »Heiß hier drin, was?« fragte mich der Mann, während ich – um höflich zu erscheinen – seinem Hund das Fell kraulte. Wir redeten noch ein bißchen über Hundeerziehung, über Gebrauchshundeprüfungen, Maulkorbpflicht und Stachelhalsbänder. Marina hörte zu, strahlte und sagte dann ihren berüchtigten Satz: »Komm, Bierchen trinken!« Der Mann versuchte zu lächeln, was ihm nicht gelang. Wenn er die Mundwinkel nach oben zog, verzog sich sein Gesicht zu einer Grimasse. Aber die Schäferhündin wedelte so freundlich mit dem Schwanz, daß ich nicht unhöflich erscheinen wollte. Und so stieg ich von der Tribüne herab und folgte den dreien in die »Stolowaja«, die Ausstellungskantine, die sich in einer Baracke vor dem Halleneingang befand.

In der Kantine bestellt Marina drei große Portionen Pelmeni und drei »Baltika« für uns und Wasser und eine Bulette für Lena. Sie lästert über die Dackelzüchter, erzählt Schäferhund-Witze, setzt sich Aljoschas Mütze auf und lächelt kokett. »Lach doch mal!« fordert sie Aljoscha auf. Der verzieht nur wieder das Gesicht zu dieser seltsam starren Maske.

»Aljoscha, was ist passiert?« fragt Marina, nun ernsthaft besorgt. »Du wirst das Lachen doch nicht verlernt haben?« Ich muß an die Fernsehserie denken, die mich als Kind so mitgenommen hatte: Tim Thaler. Die Geschichte eines Jungen, der sein Lachen verkauft hat.

Auch Aljoscha sieht aus wie ein Junge. Ein Junge mit einem zarten, zerbrechlichen Körper und einem Alte-Männer-Gesicht: die Haut zerfurcht, der Mund zermürbt, die Augen starr und erloschen. Als wir unsere Pelmeni gegessen haben, beugt sich Aljoscha über die Tischplatte zu mir herüber. »Willst du meine Geschichte hören?« flüstert er.

»Gern. Aber wieso willst du sie ausgerechnet mir erzählen?«

»Marina hat erzählt, daß du für Zeitungen aus dem Westen schreibst. Ich will, daß jeder erfährt, was mit uns passiert ist.«

»Wer beweist mir, daß das, was du mir erzählst, auch stimmt?«

»Laß uns an einen Ort gehen, wo wir ungestört sind. Dann zeige ich dir mein Fotoalbum.«

Er drückt die Hundeleine einem Kollegen in die Hand, den wir im Kantineneingang treffen. »Paß gut auf sie auf! Sie ist das Beste, was ich habe.« Lena jault, als wir uns entfernen. Wir verlassen das Ausstellungsgelände, umrunden einen Wohnblock, zwängen uns durch einen engen Hofdurchgang und stehen schließlich auf einem Kinderspielplatz. Auf einer Wippe hocken zwei Mädchen mit blonden Zöpfen, die Aljoscha in seiner Milizuniform ängstlich anstarren. »Kein Problem«, befindet Aljoscha. »Die sind noch zu jung, um zu verstehen. Hier können wir reden!« Wir setzen uns auf ein Klettergerüst. Aljoscha knöpft die Uniformjacke auf und zieht ein kleines Leporelloalbum aus seiner Hemdtasche, »die einzigen Bilder, die ich aus Tschetschenien retten konnte«.

Es ist ein Album voller martialischer Gesten: Junge Männer lehnen mit nackten, muskulösen Oberkörpern und Piratenkopftüchern an einer Panzerabwehrkanone, die Zigaretten lässig in den Mundwinkeln. Einer der Männer hat einen Raketenwerfer geschultert, ein anderer sein Maschinengewehr. Aljoscha, der kleinste von ihnen, hockt auf dem Kanonenrohr, Zeige- und Mittelfinger zum Victory-V gespreizt. Nur die Gesichter ... die Gesichter sind voller Schrecken, mit verzerrten Mündern und aufgerissenen Augen. 28 Mann waren sie in Aljoschas Einheit, keiner älter als 21, 22 Jahre – Jugendliche, die nach der Schule in den Krieg geschickt worden waren, ohne zu wissen, warum.

»Ich komme aus Ostsibirien, 6000 Kilometer von Tschetschenien entfernt«, sagt Aljoscha. »Was geht es mich an, daß Moskau da mit den Tschetschenen im Clinch liegt? Ich wußte jedenfalls nicht, wofür ich kämpfen sollte.«

Banditen solle er aufspüren, hatte man ihm gesagt, als er mit seiner Einheit in einem Camp in den Bergen eintraf. Die Bedingungen im Camp waren hart. Zu siebt schliefen sie in einem Zelt. Zu essen gab es nicht viel mehr als einen Teller Buchweizengrütze und ein paar Scheiben Brot am Tag. Dafür seien die Vorgesetzten freigebig »mit den Mittelchen gegen die Angst« gewesen: Marihuana, Tabletten, Kokain. Manche, so hieß es, hätten sogar Heroin gehabt.

»Banditen aufspüren« war ein blutiges Geschäft: Mit einer LKW-Kolonne fuhren sie in die Dörfer, zerrten die Menschen aus den Häusern, zogen Widerspenstigen den Gewehrkolben über den Kopf und jagten Flüchtenden eine Kugel durch die Brust. Verdächtigen, die sich weigerten zu reden, wurden Finger abgeschnitten oder Hände gebrochen.

Aljoscha haßte Gewalt. »Ich konnte früher nicht einmal die Mäuse bei uns in der Speisekammer umbringen!« Und er hatte Angst, die ihn trotz der Drogen nicht losließ; eine Angst, die ihm bei jedem Einsatz die Brust zusammenschnürte und das Herz rasen ließ. Deswegen hielt er sich anfangs zurück, tat nur so lange mit, wie er sich von den Vorgesetzten beobachtet fühlte. Aber nach ein paar kalten, hungrigen Tagen im

Camp stürmte auch er mit vorgehaltenem Gewehr in die Häuser der Tschetschenen und nahm sich, was er finden konnte: Brot, Milch, Gemüse, Geld. Bargeld, das in vielen Häusern offen herumlag. Jedes Dorf habe eine kleine Ölquelle gehabt, habe selbst Benzin hergestellt und verkauft. »So viel verdient ein sibirischer Bauer in seinem ganzen Leben nicht, habe ich irgendwann gedacht. Danach fielen mir die Einsätze leichter.«

Von dem gestohlenen Geld kaufte er Wodka in den kleinen Dorfläden, bis zu zwanzig Flaschen am Tag für sich und seine Kameraden. Mit vorgehaltener Waffe nahm er die Flaschen entgegen: »Wenn ihr mir Fusel andreht, seid ihr morgen tot!« Zu viele Soldaten seien krank geworden durch schlecht gebrannten Wodka, man habe sich einfach absichern müssen.

Sie tranken am Morgen, am Abend und in der Nacht. Denn angetrunken war die Patrouille eine unangenehme Pflicht, nüchtern eine Qual. Sie lernten, erst zu schießen und dann zu fragen. »Das ist die Logik des Krieges«, sagt Aljoscha. »Entweder du tötest, oder du wirst getötet.« Alle zwei Wochen wechselten sie den Lagerplatz, um den Vergeltungsaktionen der Partisanen zu entgehen. Mit unbeleuchteten Lada-Jeeps und Lastwagen ging es in der Nacht durch unbekanntes Gelände, über die Berge, querfeldein durch die Ebene, vorbei an schlafenden Dörfern und einsamen Hütten, mit zwei MG-Schützen an der Spitze der Kolonne und der Angst vor Heckenschützen im Kopf, bis sie den neuen Lagerplatz erreicht hatten.

Manchmal wurden sie auch mit dem Fallschirm an irgendeinem Ort abgeworfen, den sie nur von den Feldkarten kannten. Aljoscha wurde auf diese Einsätze vorbereitet, indem man ihn ohne Schirm aus ein paar Metern Höhe von einem Turm hinabwarf. Beim ersten Mal dachte er nicht daran, was ihm der Feldwebel eingetrichtert hatte: daß man sich bei der Landung abrollen muß, um sich nicht zu verletzen. Er brach sich ein Bein und humpelte sechs Wochen lang mit Gips zum Einsatz. »Danach«, sagt er, »habe ich das Abrollen nie mehr vergessen.«

All das hielten sie mit Aljoschas Kleinbildkamera fest, die er immer in seiner Jackentasche mit sich trug. Sie fotografierten einander beim Einsatz und beim Wodkatrinken im Mannschaftszelt, vor einem Stall mit beschlagnahmten Uranbehältern, in einem Mohnfeld mit blumenumrankten Gewehren, vor Panzern und Geländewagen, in martialischen Posen und mit bemühtem Lächeln. Denn sie wußten, daß diese Fotos vielleicht das einzige sein würden, was nach diesem Krieg an sie erinnern würde.

Nur drei der zwanzig Männer, mit denen Aljoscha in Tschetschenien eingetroffen war, kehrten nach dem siebenmonatigen Einsatz nach Hause zurück. Einer wurde zum Alkoholiker, der zweite endete in der Psychiatrie. Aljoscha war der einzige, der wieder Fuß faßte in diesem Staat, der ihn in den Krieg geschickt hatte. Und der ihm am Ende auch noch die Bilder dieser Zeit nahm: Auf der Rückfahrt nach Sibirien wurde Aljoscha durchsucht, die noch nicht entwickelten Filme, die er in seinem Marschrucksack versteckt hatte, wurden beschlagnahmt. Das kleine Album in seiner Hemdtasche war das einzige, das ihm blieb.

Ich sehe Aljoschas Blick und erschrecke. Er scheint sehr weit weg zu sein. »Aljoscha!« Vorsichtig tippe ich ihm mit dem Finger auf die Schulter. »Alles okay? Fehlt dir etwas?« Aljoscha schüttelt sich wie ein Hund nach dem Baden. Jeder einzelne Muskel in seinem Körper zuckt, seine Lippen zittern. Dann bedeckt er sein Gesicht mit den Händen. »Heute ist mein Geburtstag!« bricht es schließlich aus ihm heraus.

»Wie alt bist du denn geworden?«

»Zwei«, murmelt Aljoscha, der sich allmählich wieder beruhigt. »Heute ist mein zweiter Geburtstag. Ich bin wiedergeboren worden!«

»In Tschetschenien?« frage ich nur, denn ich will ihn nicht zum Erzählen drängen. Doch Aljoscha will erzählen. Zum ersten Mal, wie er sagt. Er zündet sich eine zweite Zigarette an, schüttelt die verkrampften Glieder, putzt sich die Nase und beginnt von diesem Tag zu erzählen, über den er bisher mit niemandem habe sprechen können. Weder mit seiner Frau noch mit seinen Eltern oder Kollegen. Zu schwer sei die Erinnerung gewesen, zu groß die Angst, von ihr aufgefressen zu werden.

Aljoscha war mit seiner Einheit zu einem Sondereinsatz abkommandiert worden. Mit fünfzig Wagen waren sie im Konvoi gefahren, über Teerstraßen und Sandwege, unter denen sie überall Mienen vermuteten. »Nur nicht ausscheren!« dachte Aljoscha. Da begann der Wagen seines Motors plötzlich zu stottern. Die Kolonne zog an ihm vorbei, während er vom Straßenrand aus einen Mechaniker anzufunken versuchte: »Alpha, bitte melden! Motorschaden an der Straße nach Urus-Martan! Brauche dringend Hilfe!« Im Funkgerät rauschte und knisterte es. Der Mechaniker aus dem Camp war nicht zu hören. Wieder und wieder brüllte Aljoscha in das Gerät. Nach drei Minuten – endlich, eine Stimme: »Geben Sie Ihre Koordinaten durch! Ich werde …«

Aljoscha verstand nichts mehr, weil das Brummen in der Luft, das er zuerst kaum wahrgenommen hatte, ihm nun fast das Trommelfell sprengte. Und dann ergoß sich auch schon ein Meer von Flammen und Rauch über die Kolonne, die sich nur ein paar hundert Meter von ihm entfernt hatte. Autos explodierten, Blechteile flogen durch die Luft, Soldaten taumelten als lebende Fackeln die Straße entlang, mit abgetrennten Gliedmaßen, verbrannten Haaren, leeren Augenhöhlen – ein Inferno, dem Aljoscha tatenlos zusehen mußte. Er stand am Straßenrand, das Funkgerät in der Hand, und fragte sich, warum das Schicksal ausgerechnet ihn verschont hatte. Nur eine Handvoll Kameraden habe diesen Tag überlebt, »aber normal weiterleben – das konnte keiner«.

Auch Aljoscha nicht. Von jenem Moment am Straßenrand an konnte er nicht mehr lachen und nicht mehr weinen. Er konnte nicht mehr sagen, ob er fror oder schwitzte, Durst hatte oder betrunken war. Er fühlte nichts mehr außer der Angst vor diesem Nichts. Nächtelang lag er wach und betete um sein Ende. Doch statt des Endes kam der nächste Großeinsatz, drei Wochen später in Grosny. Aljoscha sollte an einem Checkpoint die Ladung von LKWs kontrollieren, die ihn passierten; ein gefährlicher Job, denn oft wurden die Kontrolleure beschossen, oder ein Selbstmordattentäter sprengte sich vor der Schranke in die Luft und riß Dutzende Menschen mit sich in den Tod. Ein paar Dutzend Laster hatte Aljoscha schon durchsucht, als ein Transporter mit einer festgezurrten Plane vor dem Wachhäuschen hielt. »Den kannst du so durchlassen«, sagte sein Vorgesetzter.

Aljoscha wurde mißtrauisch. Was sollte das werden? Eine Schmuggelgeschichte? Ein Komplott mit den Tschetschenen? Wenn das rauskommen sollte, würde er als Wachtposten auch in der Sache mit drinhängen. Aljoscha winkte den Transporter an die Seite und löste die Plane. Ihm schlug ein Gestank entgegen, der ihm fast den Atem nahm. Dann sah er, daß die Ladefläche voller Leichen war; kugeldurchsiebte Körper, halb weggeschossene Köpfe, abgerissene Arme, Beine, Füße. Aljoscha griff unter eine Jacke und zog die Identifizierungsmarke hervor. »WS SSSR« war in das Metall graviert, darunter ein U und eine sechsstellige Ziffer. Genau wie auf seiner eigenen. Die Männer waren Russen. »Wo bringt man sie hin?« fragte Aljoscha stotternd den Vorgesetzten, der vor dem Wachhäuschen eine Zigarette rauchte.

»Rostow am Don. Da haben wir eine gute Pathologie.«

Aljoscha trank bis zur Bewußtlosigkeit. Als er zwei Tage lang wieder halbwegs nüchtern war, zerfetzte ihm ein Granatsplitter den Oberschenkel. Die Kameraden flößten ihm eine Flasche Wodka zur Betäubung ein und pulten den Splitter mit bloßen Händen aus dem Fleisch – in den Bergen, wo sie inzwischen wieder ihr Lager aufgeschlagen hatten, gab es weder Arzt noch Medikamente.

Den Rest seiner Militärzeit erlebte Aljoscha wie in Trance. Er befreite einen russischen Eisenbahnarbeiter, der von Tschetschenen jahrelang angekettet wie ein Tier in einem Verschlag gehalten worden war. Er nahm eine junge Russin gefangen, die sich bei den Tschetschenen als Heckenschütze verdingt hatte. In ihrem Unterschlupf fand er ein Waffenlager mit Gewehren, Panzerfäusten und Flammenwerfern. »Ein Jahr«, schimpft er. »Sie hat dafür nur ein einziges Jahr Knast bekommen!«

Er trank Brüderschaft mit einem Tschetschenen, der die Seiten gewechselt hatte, nachdem Rebellen seine Frau und seine Mutter vor seinen Augen abgeschlachtet hatten.

»Das Tückischste in Tschetschenien war: Man wußte nie, wer Freund und wer Feind war«, sagt Aljoscha und beginnt wieder zu zittern. Ein schwaches Zittern nur, aber ich kann es nicht mehr ertragen. Ich kann diese Geschichten nicht mehr regungslos anhören, die mir das Vertrauen in dieses Land rauben; Geschichten von Jungen, die zum Töten gezwungen werden, bevor sie lieben gelernt haben; die sterben, bevor sie richtig gelebt haben; die als Krüppel nach Hause zurückkehren, denen dieser Staat noch nicht mal eine Kur bezahlt, keine Entschädigung und keine Rente.

Die Tränen schießen mir in die Augen. Da fühle ich, wie mir eine Hand etwas in die Hosentasche schiebt. Einen kleinen, flachen Gegenstand.

»Meine Identifizierungsmarke. Mir hat sie Glück gebracht. Und jetzt wird sie es dir bringen«, flüstert Aljoscha, als habe er Angst, daß jemand hören könnte, daß er soeben einen militärischen Gegenstand an eine Ausländerin verschenkt hat. »Glück?« flüstere ich zurück. »Diese Marke soll dir Glück gebracht haben?«

»Ich habe den Krieg überlebt. Ich habe eine Frau gefunden. Meine Frau bekommt ein Kind. Ist das kein Glück?« Aljoscha sieht mich zaghaft an. Das Zittern hat aufgehört, er ist jetzt wieder so ruhig wie auf der Tribüne, wo ich ihn zum ersten

Mal gesehen habe in seiner Milizuniform mit der viel zu großen Mütze.

»Doch«, sage ich. »Wenn man es so sieht, schon.«

»Und wenn es das Leben weiter gut mit mir meint, wird es mir eine Tochter schenken. Töchter müssen nicht in den Krieg.«

Ich stecke die Hand in die Hosentasche, um die Blechmarke darin zu fühlen. Vielleicht ist sie ja wirklich ein Glücksbringer. Auf jeden Fall wird sie mich immer an Aljoschas Großherzigkeit erinnern, und das wird mir hoffentlich im rechten Moment bewußt machen, daß nichts selbstverständlich ist. Nicht einmal das Leben selbst.

Wir lassen uns vom Klettergerüst in den Sand fallen und schlendern zurück zur Ausstellungshalle. Von weitem schon hören wir das Bellen der Hunde. Aljoscha eilt ein paar Schritte voraus. »Es ist besser, wenn man uns da drinnen nicht so vertraut zusammen sieht«, erklärt Aljoscha, als wir uns am Rand des Wertungsringes wieder treffen.

»Wen sollte das interessieren?« frage ich.

»Zum Beispiel den Geheimdienst? Irgendwelche Spitzel? Hier weiß man nie ...«

Dann beugt er sich zu Lena hinunter, die er inzwischen wieder abgeholt hat, tätschelt ihr den Rücken, krault das Fell, schnalzt mit der Zunge. Lena japst und bellt vor Freude. Nach zwei Minuten wird es Aljoscha zu viel.

»Platz!« brüllt er. »Platz!« Lena knickt erst die Vorder-, dann die Hinterbeine ein und läßt sich gehorsam auf den Boden fallen. Der Befehlston wirkt gekünstelt bei Aljoscha; so, als ob er jemanden spielen würde, der er gern sein würde.

»Ich habe jetzt einen Job, in dem man keine Angst zeigen darf«, sagt er.

»Und? Hast du Angst?«

»Am schlimmsten ist es, wenn ich morgens meine Dienstwaffe umschnallen muß. Ich hab dann immer das Gefühl, wieder zum Sondereinsatz zu müssen.«

»Wäre es dann nicht besser, sich einen anderen Job zu suchen? Einen, in dem man keine Waffen tragen muß?«

»Kein normaler Arbeitgeber in Rußland stellt einen Tschetschenien-Veteranen ein. Psychisch zu labil, heißt es immer. Sicherheitsdienste und Miliz sind die einzigen, die uns noch nehmen.«

Zwei Monate lang hatte er in der Wohnung seiner Mutter lethargisch auf dem Sofa gelegen, bis ihm der Hausarzt Antidepressiva verordnete. Als die zu wirken begannen und er sich das erste Mal wieder auf den Markt wagte, zogen ihn ein paar dunkle Gestalten hinter eine Bude und drohten, ihn umzubringen, wenn er nicht aus der Stadt verschwände. Die Gestalten waren tschetschenische Händler, denen jemand gesteckt hatte, daß er gegen ihr Volk gekämpft hatte.

»Geh zur Miliz in meine Heimatstadt. Da bist du sicher!« riet das Mädchen aus Ulan-Ude, das er während seines Grundwehrdienstes kennengelernt hatte – seine erste Liebe, die er bis dahin noch nicht einmal geküßt hatte. Eine Woche später bezogen sie ein Zimmer in der Wohnung ihrer Eltern, und Aljoscha unterschrieb einen Vertrag als Hundeführer bei der Miliz.

Lena hat den ersten Durchgang hinter sich gebracht. Mit durchgedrücktem Rücken ist sie neben Aljoscha durch den Ring getrabt, hat sich auf Kommando hingesetzt und sich von den Wertungsrichtern ins Maul schauen lassen, ohne zu knurren. Dann kommt die Endausscheidung. Aljoscha ist so nervös, daß er kaum einen Ton herausbringt; nicht einmal die Kommandos »Sitz!« und »Platz!«.

Eine Fanfare schallt durch den Lautsprecher, und dann hat Lena den zweiten Preis. Die Damen mit den Modelmaßen, die, ähnlich wie bei der Tour de France, nur dazu da sind, die Sieger nach der Pokalübergabe zu küssen, bleiben zögernd vor Aljoscha stehen. Einen Milizmann in Uniform zu küssen – kann man das wagen, wenn man eine burjatische Jungfrauentracht mit Schleppenkleid, tiefem Dekolleté und weißem Häubchen trägt? Brauchtum und Staatsmacht – geht das zusammen? Das dürfte ihnen durch den Kopf gegangen sein, als sie ihm als einzigem der Preisträger den Wangenkuß verweigerten. Stattdessen schüttelte ihm der Chef der Wertungskommission mit staatstragender Miene die Hand.

Dann scheppert die burjatische Hymne vom Band. Wertungsrichter, Trachtenträgerinnen, Wettkämpfer und Zuschauer legen die rechte Hand aufs Herz, nehmen Haltung an und singen: »Zweti, rodnaja Burjatija! Blühe auf, Heimatland Burjatien!«

Marina singt nicht mit. »Das ist nicht gut, wenn die Leute wieder so nationalistische Lieder anstimmen. In Rußland gibt es zu viele Kulturen, die nun auf ihre Rechte pochen. Die einen wollen mehr Freiheit, die anderen gleich die Unabhängigkeit.«

»Ich dachte, in Burjatien ist alles ruhig?«

»In Burjatien? Ja, aber anderswo sind diese Leute auf dem Vormarsch.«

Zwei Wochen nach unserem Gespräch stürzten zwei Maschinen von Air Sibir vom Himmel, der Fluggesellschaft, mit der ich eigentlich nach Moskau zurückfliegen wollte. Die Maschinen waren auf dem Weg von der Hauptstadt nach Südrußland von tschetschenischen Terroristen gekapert worden, wie anfangs nur auf BBC, CNN, Canal + und Deutsche Welle TV vermeldet wurde. Die Behörden hätten ermittelt, daß der Pilot kurz vor dem Absturz dem Tower eine Entführung gemeldet hatte. Außerdem seien im Wrack der Maschinen Sprengstoffspuren entdeckt worden. Doch in Nataljas Wohnung konnte ich kein Westfernsehen empfangen.

In Rußland wurden diese Ermittlungsergebnisse zunächst unter Verschluß gehalten, weil in Tschetschenien Präsidentschaftswahlen anstanden, bei denen ein rußlandtreuer Kandidat das Rennen machen sollte. Im Staatssender ORT sprach man, wenn die Rede auf den Flugzeugabsturz kam, nur von einer »unklaren Unfallursache«.

Freunde in Deutschland, bei denen ich mich tagelang nicht gemeldet hatte, schickten auf einmal seltsame Mails: »Lebst du noch?« und »Wo steckst du? Alle fragen schon nach dir!« Ich wunderte mich über den besorgten Tonfall. Erst, als ich in einem Internetclub auf der Homepage der BBC las, was passiert war, verstand ich die Aufregung daheim.

Als die Wahlen in Tschetschenien vorbei waren, rief ich im Büro von Air Sibir an und fragte, wie es um die Sicherheit von Moskau-Flügen bestellt sei. »Machen Sie sich mal keine Sorgen!« säuselte eine Angestellte ins Telefon, die offenbar bereits das Schulungsprogramm »Kundenbeschwichtigung« ihrer Fluggesellschaft durchlaufen hatte. »Sie fliegen ja von Ulan-Ude *nach* Moskau. Und hier in Burjatien haben wir glücklicherweise keine Terroristen.«

Anti-Kriegs-Punk

Ich hatte einiges gelernt in den vergangenen Monaten, was einem den sibirischen Alltag erleichtert: Wodka zu trinken, ohne betrunken zu werden. Melancholisch zu sein, ohne traurig zu werden. Russische Flüche. Geduld und Gelassenheit. Was ich noch nicht beherrschte, lernte ich an einem Freitagmorgen im Büro von Air Sibir: Wie man Dinge bekommt, die es offiziell nicht gibt.

Ich wollte ein ganz normales Ticket kaufen: Ulan-Ude–Moskau, One-Way, Economy-Class, Normalpreis. Aber am ersten Schalter gab es keine Direktflüge mehr, am zweiten keine Economy-Class-, am dritten keine Normalpreis-Tickets. Man bot mir einen Business-Class-Flug via Nowosibirsk an. Aber den konnte ich mir nicht leisten. Ratlos rief ich Seseg an: »Es sieht so aus, als ob ich nicht nach Moskau fliegen könnte. Gibt anscheinend keine Plätze mehr. Verdammt! Ich hätte mir so gern wenigstens kurz mal die Hauptstadt angesehen.«

»Kennst du jemanden, der Beziehungen hat?« fragte Seseg.

»Was für Beziehungen?«

»Na, jemanden, der irgend jemanden aus der Chefetage von Air Sibir kennen könnte?«

»Moment, laß mich nachdenken ... Na klar, Grigori!«

Es war mir unangenehm, Grigori anzurufen. Nicht nur wegen der Geschichte mit dem Tagebuch. Sondern auch, weil ich Grigori um genau das bitten würde, was ich in Akademgorodok so heftig kritisiert hatte: blat. Das Ausnutzen von Beziehungen, um etwas zu bekommen, das einem andernfalls verwehrt bleibt. »Blat ist nichts anderes als eine Methode zur Vereinfachung des Alltags«, hatte mir Grigori erklärt. »In Deutschland würde man das Korruption nennen«, hatte ich damals geantwortet. Doch jetzt brauchte ich ein Ticket.

Ich wählte Grigoris Büronummer, erklärte ihm sachlich und knapp mein Problem. Eine Stunde später bat mich der Chef von Air Sibir Ulan-Ude persönlich in sein Büro. »Wir haben soeben einen Anruf aus unserer Zentrale in Nowosibirsk bekommen«, sagte er, und ich hatte den Eindruck, er würde dabei innerlich salutieren. »Man hat mir mitgeteilt, daß Sie dringend nach Moskau müßten!«

Ich nippte an dem Kaffee, den eine Sekretärin auf einen Wink des Chefs vor mich auf den Tisch gestellt hatte, und dem Cognac, den er mir eingegossen hatte, und antwortete: »Ja, ein wichtiger Termin. Aber es gab keine Tickets mehr.«

»Sie haben ein noch nicht eingelöstes Rückflugticket von Nowosibirsk nach Hannover, wie ich gehört habe. Das läßt sich natürlich problemlos erweitern. Die Einzelheiten regeln Sie bitte mit meiner Mitarbeiterin am Schalter. Und jetzt entschuldigen Sie mich bitte. Ich habe noch eine Besprechung.«

Ich verließ das Büro und marschierte schnurstracks zu dem Schalter, an dem ich mich vergeblich nach einem Moskau-Normalpreis-Ticket erkundigt hatte. Die Dame hinter dem Schalter lächelte mir freundlich zu, fragte, wann ich fliegen wolle, zog ein Blanko-Ticket aus ihrer Schublade, schrieb meinen Namen und meine Flugdaten darauf und wünschte mir eine gute Reise.

Von einer Telefonzelle aus rief ich den deutschen Fotografen an, um ihm zu erzählen, daß ich ein Ticket nach Moskau ergattert hätte. »Wie viel?« fragte er. »Quasi umsonst!« sagte ich halb stolz, halb verlegen »Nur ein paar Rubel Bearbeitungsgebühr.«

»Nicht schlecht!«, sagte er anerkennend und lud mich für den Abend ein. Seine Freundin habe über einen sibirischen Fotografen die Adresse von einer Band bekommen: Orgasmus Nostradamus. »Die machen guten alten klassischen Punk! Komm um sieben zum Zentralmarkt. Da werden wir von Pjotr, dem Manager, abgeholt.«

Pjotr fährt einen Nissan, trägt eine verspiegelte Sonnenbrille, raspelkurze Haare und eine Lonsdale-Kapuzenjacke – nicht gerade das, was ich mir unter einem Punk vorstelle. Wenn ich Pjotr in Deutschland auf der Straße treffen würde, würde ich ihn für einen Böhse-Onkelz-Fan halten und vorsichtshalber die Straßenseite wechseln. Aber hier in Sibirien steige ich in Pjotrs Nissan, lasse mir ein Dosenbier auf den Rücksitz reichen und stoße während der Fahrt mit ihm, dem Fotografen und seiner Freundin an: »Na sdorowje, towarischtschi! Prost, Genossen!«

Wir rasen mit achtzig Stundenkilometern über die Selenga-Brücke, über einen Sandweg am Flußufer und durch eine Siedlung mit Holzhäusern, windzerzausten Bäumen und Staketenzäunen. Vor einem dieser Zäune bremst Pjotr scharf. Mit quietschenden Reifen kommt der Nissan zum Stehen. »Willkommen im Reich von Orgasmus Nostradamus!« ruft Pjotr grinsend, steigt aus, öffnet das Tor, und dahinter sehen wir den Gemüsegarten einer Datscha.

Sie stehen auf der gepflasterten Terrasse, vor sich die Beete mit den Kohlköpfen, den Zwiebeln und dem Dill, zwischen ihnen die kreisende Wodkaflasche und die Joints und dahinter, im Zimmer mit den Häkelgardinen, eine Stimme, die zu einer Akkordfolge von den Ramones auf russisch schimpft, schreit, stöhnt. Die Stimme gehört Sascha, dem jungen Sänger der Band, und begleitet wird sie von Alexander und Viktor, den Gitarristen in ihren wild gemusterten Hawaiihemden, von Anton, dem Bassisten mit rasiertem Schädel und Ziegenbärtchen, von Sergej, dem langhaarigen Schlagzeuger und von Alexej, dem zweiten Sänger mit nacktem, verschwitztem Oberkörper – sieben Freunde, die sich zu dieser Band mit dem verwegenen Namen Orgasmus Nostradamus zusammengeschlossen haben, um eine Musik zu machen, die hier zwischen den Holzhäusern, den Gemüsegärten und Sandwegen Ostsibiriens wie eine Kakophonie aus einer fremden Welt wirkt: Punk.

Die Kakophonie begann zu der Zeit, als Rußland zum ersten Tschetschenienkrieg rüstete. »Jeder, der jung war, mußte damit rechnen, in die Hölle geschickt zu werden«, erzählt Pjotr, der Manager, während er bedächtig Rauchkringel in die Luft bläst. »Wir hingen am Leben. Deshalb haben wir einfach verrückt gespielt.«

Pjotr täuschte vor, schizophren zu sein, indem er wirre Geschichten erzählte, grundlos aufschrie, sich auf dem Boden wälzte, tobte. Er wurde in die Psychiatrie eingeliefert, wo er die Schizophrenen-Rolle so lange weiterspielte, bis in seine Militärakte eingetragen wurde: »Wehruntauglich wegen psychischer Erkrankung«. Dann stattete er dem Chefarzt der Psychiatrie einen Besuch ab, erklärte ihm, daß er eigentlich gar nicht verrückt sei, und erwirkte mit zwei Flaschen Chanel-Parfüms seine Freilassung.

Sergej, der Schlagzeuger, stahl Schallplatten und sah sich »die Gefängnisse der Republik von innen an«, Viktor und die anderen ließen sich vor der Musterung Beine oder Arme brechen, tranken so viel pappsüßen Kaffee, bis sie am ganzen Körper zitterten, warfen LSD-Pillen ein oder gaben vor, »Anarchisten und Politabweichler, zu sein, damit die dachten: die Jungs sind ein Risiko für die Armee«.

Nicht nur die Offiziere glaubten ihnen diese Rolle, sondern auch ihre Mitschüler, Kollegen, ihre Bekannten und Verwandten. Niemand fragte nach, warum sie, die früher unauffällige, gesunde Jungen und gute Schüler waren, plötzlich verrückt wurden oder kriminell, süchtig oder radikal; niemand wollte wissen, warum sie sich mit einem Mal so verändert hatten. Sie wurden zu Außenseitern erklärt, zu Gammlern, Spinnern, Drogenfreaks. Niemand wollte ihnen mehr einen Schulabschluß geben oder einen Job, niemand wollte mehr mit ihnen arbeiten, reden, feiern. Einerseits wurden sie von den anderen isoliert, andererseits isolierten sie sich selber, trafen sich nur noch untereinander, zogen sich auf die Datscha zurück, hörten Musik, spielten Gitarre, tranken und kifften.

Es ist schwer, den Bandmitgliedern mehr zu entlocken als ein paar Flüche. Die Jungs reden nicht besonders gern. Und wenn sich das mal für ein paar Minuten ändert, dann bleiben sie nicht beim Thema. Irgendwann faucht der Manager Pjotr sie an, sie sollten sich für einen Moment zusammenreißen, drückt ihnen eine Flasche Wodka in die Hand, und mit zunehmendem Alkoholpegel läuft unsere Unterhaltung endlich ein bißchen flüssiger.

Ob es ihnen nichts ausgemacht habe, daß die Leute sie gemieden hätten?

»Ach, das war doch eher ein gutes Zeichen! Wir gehörten eben nicht zu den Schafen, die einfach so in der Herde mitgetrottet sind.«

Wie sie denn leben wollten?

»Irgendwie anders jedenfalls.«

Es dauerte eine Weile, bis sie einen Ausdruck, eine Form für dieses andere Leben gefunden hatten. Sie kifften, warfen Pillen ein, feierten laute, ausschweifende Partys auf den Datschen ihrer Eltern, prügelten sich mit »den Glatzköpfen, die wieder ihre nationalistischen Parolen verbreiten«, denn eigentlich, sagt Pjotr, seien sie »eher links« gewesen. Er selbst habe früher eine Weile mit der rechten Szene geliebäugelt, habe sich den Kopf geschoren und sich eine Waffe besorgt, »mit der ich heute aber am liebsten auf Rechte ziele. Na ja, und auf die anderen Idioten, die mir zu nahe kommen.«

»Ist die echt?« frage ich reichlich naiv, als er die Pistole aus seinem Hosenbund zieht. Da zerreißt mir ein ohrenbetäubender Knall dicht neben meinem Kopf fast das Trommelfell. Pjotr hat eine Kugel auf die Kohlköpfe abgefeuert! Die Kohlköpfe platzen auseinander, Pjotr zielt erneut, mit vor Wut entgleistem Gesicht, die Kugel zischt knapp an Sascha und Sergej vorbei. »Mann, bist du verrückt? Pack das Ding weg!« brüllt Sergej und entreißt ihm die Pistole. »Ehrlich, du hast doch schon genug Schwierigkeiten!«

»Was für Schwierigkeiten?« frage ich den Schlagzeuger flüsternd.

»Er hat noch ein paar Rechnungen offen. Genaueres weiß ich auch nicht. Pjotr spricht nicht gern darüber. Frag bloß nicht nach!«

»Wäre es nicht besser, wenn wir gehen?«

»Nein, bleibt hier. Der beruhigt sich schon wieder. Vor ein paar Jahren ist Ugol, der Gründer von Orgasmus Nostradamus, nach einem Konzert tot aufgefunden worden. Seitdem ist Pjotr ziemlich nervös. Aber gewalttätig? Nein, eigentlich haßt er Gewalt genauso wie wir.«

»Wir wehren uns nur gegen die Gewalt von anderen«, schaltet sich Alexej ein. »Aber nicht mit Waffen. Wir haben da unsere eigene Methode: Punk.«

Eine Methode, die sie durch ein paar raubkopierte Sex-Pistols- und Ramones-Kassetten kennenlernten, die sie zufällig auf dem Markt fanden, zwischen Stapeln mit Hitparaden-Tapes. Die Musik gefiel ihnen, weil sie hart klang und wild und einfach nachzuspielen war: drei Gitarrenakkorde und dazu ein Gesang, der mehr einem Geschrei ähnelte. Solche Musik wollten sie auch machen.

Die Datscha von Pjotrs Tante mit den gehäkelten Vorhängen und den Kohlbeeten wurde zum Proberaum, ein alter Verstärker und ein Mischpult aus einem ehemaligen Komsomolzen-Klub zum Konzert-Equipment.

Sie coverten ein paar der Songs von den Kassetten, schrieben, weil sie kaum Englisch konnten, russische Texte dazu, erfanden Punkversionen von Komsomolzen-Liedern und schrieben schließlich sogar ein paar eigene Stücke, die vom Tod handelten, von der Hölle und vom Kommunismus. Das war ebenso ironisch gemeint wie die barbarischen Posen der beiden Sänger, die sich auf der Bühne das Mikro in den Hals steckten, sich auf dem Boden wälzten oder ins Publikum brüllten.

Nach ihrem ersten Auftritt in einem Jugendzentrum verboten ihnen die Behörden »jegliche weitere Konzertaktivität« in der Region. In Deutschland würde sich wahrscheinlich heute niemand mehr über eine solche Band aufregen. Im Vergleich zu dem, was Marilyn Manson oder Rammstein so treiben, sind Orgasmus Nostradamus absolut harmlos. »Ich glaube, die haben bei uns irgendeine versteckte politische Botschaft vermutet«, sagt Pjotr. »Dabei wollen wir nichts weiter als ein bißchen Spaß haben – und andere ermuntern, es uns gleichzutun.«

Äußerlich unterschieden sie sich kaum von anderen Männern ihres Alters, stellten weder das Haar zum Irokesenkamm auf, zwängten sich weder in hautenge Röhrenjeans noch in die stecknadelbehängten schwarzen Lederjacken, die die Punks in London, Berlin und Paris trugen. Sie wußten wenig über diese Attribute, die man im Westen benutzte, um seine Zugehörigkeit zu einer bestimmten Gruppe zu betonen. Nein, sie trugen einfach das, was in den neuen Geschäften in

Ulan-Ude hing und »irgendwie anders« aussah: Brit-Pop-Kordhosen, Hippie-Ketten, Nazi-Kapuzenjacken, Ska-Krawatten und ausgeblichene Jeans.

Dafür nahmen sie mehr Drogen. Auch härtere, wie Pjotr stolz behauptet. Wir bekommen nur Wodka und Gras zu sehen. Baikalgras, mit dem sich Pjotr gerade seinen zweiten Joint dreht. Er vermengt die harten, braunen Fussel mit einem Klumpen Tabak, zückt ein Päckchen Streichhölzer, zündet die Tüte am dicken Ende an und zieht so lange, bis sich seine Züge entspannen. Dann winkt er mich und die Freundin des Fotografen heran, bedeutet uns, den Mund zu öffnen, zieht noch einmal und bläst uns den Rauch mit Nachdruck in den Rachen.

Dann ziehen wir abwechselnd mit Pjotr so lange an der Tüte, bis die Asche abfällt, lehnen uns zurück und genießen die Wärme, die sich in uns ausbreitet, und das Gefühl, daß alles auf einmal ganz leicht wird: der Alltag in Sibirien, das ganze Leben. Ob das wirklich »selbstgesammeltes Gras vom Baikal« war, das uns so benebelt hat, weiß ich bis heute nicht. Nur, daß es der stärkste Joint meines Lebens war.

Je entschiedener die Behörden gegen Pjotr und seine Freunde vorgingen, desto beliebter wurden sie bei den Besuchern ihrer illegalen Konzerte, die den Reiz des wilden Lebens entdeckt hatten, den die Musik der Band verhieß. Je unsicherer die Zeiten wurden, je schneller der Kapitalismus sich in Ulan-Ude ausbreitete, desto mehr Punk-Sympathisanten versammelten sich auf der Datscha von Pjotrs Tante. Gemeinsam bildeten sie eine Front gegen die »angepaßten Spießer«, aber auch gegen die Hip-Hopper aus der Region.

Denn Hip-Hop aus Burjatien ist nicht zu vergleichen mit der Ghetto-Musik von Eminem oder 50 Cent, ist keine Musik von testosterongesteuerten Goldkettchenträgern und sexbesessenen Diven in Hotpants. Sondern eine moderne Sprachform der Nationalisten, die von einem reinrassigen Burjatien träumen – einem Burjatien ohne Russen.

Auf der Datscha von Pjotrs Tante waren viele Russen. Und diese Russen waren wütend über die Texte der Hip-Hopper. Trotzdem kann sich Pjotr an keine einzige Schlägerei erinnern: »Die Hip-Hopper lassen uns in Ruhe. Also halten wir uns auch von ihnen fern.«

Dafür bekamen die Bandmitglieder Schwierigkeiten mit den Neonazis, die ihre ersten genehmigten Konzerte sprengten, tausende Kilometer von Ulan-Ude entfernt in Moskau und Petersburg. Im Gegensatz zu den Hip-Hoppern kämpften die Neonazis nicht gegen Russen. Sie hatten etwas gegen die Burjaten, »minderwertige Asiaten«, wie sie sie nannten, die bei Orgasmus Nostradamus am Mikrofon standen.

Ein paar Mal ließ sich die Band von den Glatzköpfen einschüchtern. Dann überzeugte Pjotr, der Manager, die Moskauer Miliz, sie gegen die Nazis zu schützen. Wie er das geschafft habe? Nein, das wolle er mir nicht sagen. Mir nicht und auch seinen Bandkollegen nicht. »Was zählt, ist doch allein das Ergebnis: Zum ersten Mal hat sich der Staat auf die Seite der Punks gestellt!« Wahrscheinlich hatte Pjotr diese ungewöhnliche Parteinahme mit Schmiergeld befördert.

Die Polizeiaktion in Moskau war so etwas wie eine Wende. Denn danach konnten Orgasmus Nostradamus nicht nur im russischen Westen ungestört auftreten. Auch in Ostsibirien wurden ihre Auftritte endlich genehmigt, sie durften Plakate kleben und im Radio werben. Der Besitzer eines Indie-Labels nahm sich ihrer an, organisierte Konzertsäle und stellte die Band auf seiner Website vor. Eine CD haben sie bisher trotzdem nicht produziert. Denn ein Studio für die Aufnahmen zu mieten können sie sich nicht leisten. Die Konzerte in Jugendclubs und Fabrikhallen bringen so wenig ein, daß das Geld gerade einmal für die Drinks danach reicht.

»Ein richtiges Punk-Publikum gibt es bei uns einfach noch nicht«, sagt Alexej. »Die Gegend hier ist kulturell bestimmt noch zwanzig Jahre hinter Moskau und Petersburg zurück.«

In Westrußland aber wuchs ihr Ruhm. Drei Mal sind sie im vergangenen Jahr die weite Strecke mit dem Zug gen Westen gefahren, um dort in großen Clubs für ein paar hundert Dollar ihren Mix aus westlichem Drei-Akkorde-Punk, sowjetischen Pionierlieder-Medlays und ironischen Untergangstexten vorzustellen. Am Ende wurden sie sogar von den Hauptstadtbands bekämpft, die, wie Manager Pjotr behauptet, »um ihre Vormachtstellung im russischen Punk fürchteten«. Nach einem der Konzerte geschah das, was Pjotr dazu brachte, sich die Pistole zuzulegen: Der Bandgründer Ugol starb unter ungeklärten Umständen. Die Polizei ermittelte nicht einmal. Seitdem hängt sein Porträt an der Wand des Proberaumes wie eine Ikone.

Leben kann keiner der Bandmitglieder von der Musik. Die meisten wohnen auch mit Mitte, Ende zwanzig noch zu Hause bei ihren Eltern, schlagen sich mit gelegentlichen Fotoaufträgen für Lokalzeitungen durch wie Pjotr, mit Musikunterricht an einer Schule wie der Schlagzeuger Sergej oder mit dem Geld, das ihnen Verwandte zustecken.

»Die haben inzwischen nichts mehr gegen uns«, sagt Pjotr. »Die sind froh, daß wir nicht auf der Straße rumhängen wie andere in unserem Alter.« Seine Tante erscheint regelmäßig zu den Proben, »damit die Jungs noch was anderes zu sich nehmen als Wodka«. Im lautesten Gitarrengewitter schält sie Kartoffeln, putzt Gemüse, rührt Salatsoßen an und macht mit einer großen Schüssel Kopfsalat die Runde. »Eßt, Kinder, eßt! Ihr habt euch heute doch schon so angestrengt!«

»Später, Tantchen! Erst einmal müssen wir noch was trinken!« wiegelt ihr Neffe ab. »Los, Männer! Zum Kiosk! Bier holen!« Denn der Vorrat im Proberaum neigt sich bedenklich dem Ende zu und mit ihm scheinbar auch die Lust, für das nächste Konzert zu proben. Soeben ist auch Pjotrs Mutter eingetroffen, mit einer Flasche Wodka unter dem Arm, um mit ihrem Sohn und seinen Freunden auf ebendieses

Konzert anzustoßen, das nächste Woche in Moskau ansteht. Gläser klirren. Die Mutter leert ihres auf Ex, läßt sich nachschenken, trinkt hastig, läßt sich noch einmal nachschenken. Ihr Sohn ist längst betrunken. Aber das scheint sie ebenso wenig zu stören wie die Joints, die noch immer kreisen. Wahrscheinlich denkt sie auch noch immer, daß »Baikalgras« eine besondere Form von Tabak sei. Bio-Tabak, wie mir Pjotr am Anfang weismachen wollte.

Dann kommt endlich auch das Bier vom Kiosk. »Nachschub ist da, Probe geht weiter, Männer!« Der Verstärker brummt, ein Gitarrenakkord zittert durch die Luft, Sascha, der neue, 18jährige Sänger der Band, singt sich mit der Melodie von den »Zehn kleinen Negerlein« ein, besser gesagt: singt sich in Rage.

Die Gitarren brausen. Das Schlagzeug wird schneller und schneller. Saschas Gesang verwandelt sich in ein Schreien, ein hysterisches Kreischen. Auf eine CD gepreßt, wäre so etwas unhörbar. Aber live ist es – nun ja, erfrischend wild. Plötzlich versammeln sich alle zu einem spontanen Pogo im Zimmer. Sie springen durch die Luft, rempeln sich an, lassen sich auf den Boden fallen. Dann reichen sie sich wie zur Versöhnung die Hände und tanzen eine Polonaise durch die Datscha.

Vor dem Fenster geht die Sonne unter, ein roter, riesiger Ball, der sich auf die Kohlbeete senkt. Ein Szenario, das eigentlich nach einem romantischeren Soundtrack verlangt. Der Beat, den das Schlagzeug vorgibt, wird langsam, schleppend. »Smert, Tod, komm doch!« singt Sascha nun und lacht dieses ironische Punk-Lachen, das mittlerweile zum Markenzeichen der Band geworden ist. Er lacht es bei den Proben, bei seinen Ansagen in den Konzerten und auf dem Demo-Tape der Band. »Sascha ist genau in der Situation, in der wir damals waren, als wir mit der Musik angefangen haben«, erklärt Pjotr. »Er steht kurz vor der Einberufung zum Militär.«

»Und was werdet ihr Sascha raten? Ich meine, von wegen Verweigerung und so?«

»Nichts mehr. Neulich hat er gesagt, er werde sich nicht drücken, wenn er einberufen wird – selbst wenn sie ihn nach Tschetschenien schicken. Das muß man sich mal vorstellen!«

»So was sagt ein Punk?«

»Ach, Sascha ist einfach eine neue Generation. Eigentlich studiert er ja Kunst. Punk ist der nur nach Feierabend.«

Die Prophezeiung der Schamanin

Der August neigt sich dem Ende zu, und das Land beginnt sich auf den Herbst einzustimmen. Die Temperaturen sinken, der Himmel wird bleich, das Licht fahler und fahler. Die Wälder, die Wiesen und die Flüsse, die vor ein paar Tagen noch in hunderterlei Farben geleuchtet haben, verschmelzen zu einer monochromen Fläche. Wie unendlich dieses Sibirien auf einmal erscheint! Die Menschen werden verschluckt von dieser Weite, erdrückt von der Unbegrenztheit dieser Landschaft.

Das ausgelassene Rufen, das Lachen und die Musik in den Straßen sind längst verstummt. Eine große Stille hat sich über der Stadt ausgebreitet. Wie wird es hier erst im Winter sein, wenn alles vor Kälte erstarrt, versinkt in diesem eintönigen, reglosen Weiß?

Eisige Landstriche gibt es einige auf dieser Welt. Aber keiner von ihnen ist so sehr zum Mythos, zum Symbol des Schreckens geworden wie Sibirien. In Alaska oder Grönland etwa hat der Mensch nur mit einem zu kämpfen: dem Wetter. In Sibirien kamen lange Zeit noch der Hunger und die Diktatur hinzu.

Ich denke an Solschenizyns »Archipel Gulag«, an die Bilder von Sträflingskolonnen, die in Ketten durch den Schnee marschieren, an Typhus und Tuberkulose sterben oder durch die Kugeln der Aufseher. Heute gibt es keine Sträflingskolonnen mehr, die Diktatur ist Geschichte. Doch der Mythos des Schreckens ist geblieben. Er spukt durch meinen Kopf als ein dumpfes Unbehagen, wenn der Wind nachts um die Häuser von Ulan-Ude heult, der Nebel am Morgen über die Selenga wabert, sich am Mittag wie ein graues Tuch über die Stadt legt. Er ist in meinem Herzen, wenn die Kälte unter meine Jacke kriecht und ich den Herbst auf der Haut spüre.

Zwei Wochen sind es noch bis zu meiner Abreise nach Moskau, zwei Wochen allein in einer fremden Wohnung. Natalja, meine Vermieterin aus der Uliza Kalaschnikowa, hatte überraschend Besuch bekommen von ihrer Schwester, die unbedingt auf der Matratze schlafen wollte, auf der ich vier Wochen lang gelegen hatte.

So mußte ich mich auf die Suche nach einer neuen Unterkunft begeben, ohne die geringste Idee, wo ich damit anfangen sollte. In Ulan-Ude gibt es keine Lokalzeitung, die man aufschlagen und in Hunderten von Wohnungsannoncen stöbern könnte. Eine Mitwohnzentrale hat hier auch noch nicht eröffnet.

Trotzdem hatte ich nach wenigen Stunden eine neue Bleibe. »Irgendwo wird sich schon ein Plätzchen finden«, hatte Ljudmila mir versichert, als ich ihr von meinem plötzlichen Rauswurf erzählte. »Ich rufe sofort alle Bekannten an, die eine eigene Wohnung haben.« Wenig später meldete sich auf meinem Handy eine weibliche Stimme. »Hallo, hier ist Albina. Ich bin eine Freundin von Ljudmila«, sagte die Stimme in perfektem Englisch. »Sie hat gesagt, daß du dringend eine Wohnung brauchst.«

»Ja, das stimmt. Hättest du eine?«

»Meine eigene.«

»Ist da denn Platz für mich?«

»Ich hab nur ein Zimmer. Aber ich zieh so lange zu Verwandten.«

»Wirklich? Ach nein, das kann ich nicht annehmen!«

»Wieso denn nicht?«

»Wir kennen uns doch gar nicht!«

»Du bist eine Freundin von Ljudmila. Das reicht.«

Die Uliza Kljutschewskaja ist eine sechsspurige Achse, über die unablässig Autos, Busse, Laster und Straßenbahnen rumpeln. Links und rechts der Straße ragen zwölfstöckige Wohnblocks in den Himmel, dahinter raucht es aus Dutzenden von Schloten – ein in die Jahre gekommenes Industriegebiet. Doch die Wohnung selbst entschädigt für die Kulisse. Sie hat ein großes, helles Wohnzimmer mit Balkon, eine Küche mit Einbauschränken und einem riesigem Kühlschrank, ein Wannenbad mit Warmwasser, rund um die Uhr. Und alles frisch geweißt!

»Die Winter hier sind wahnsinnig lang. Da braucht man einfach ein schönes Zuhause!« sagt Albina. »Ich verstehe nicht, warum die anderen nichts an ihren Wohnungen machen. Die hoffen immer, daß die Wohnungsgesellschaft jemanden zur Renovierung vorbeischickt. Dabei gibt es doch jetzt überall Farben und Werkzeug zu kaufen.«

Dann klappt die Wohnungstür zu, die Etagentür und wenig später auch vier Stockwerke tiefer die Haustür. Russische Häuser haben viele Türen mit vielen riesigen Schlössern. Das habe weniger mit der Zahl der Einbrüche zu tun als vielmehr mit einem allgemeinen Unsicherheitsgefühl, hat mir Ljudmila einmal erklärt. Je unsicherer die Zeiten würden, desto mehr hätten die Leute das Gefühl, sich gegen die Welt da draußen verschanzen zu müssen.

Auch ich habe dieses Gefühl, als ich allein auf dem Balkon stehe und auf die verfallenen Werkstätten, die Autowracks, die Schrottberge, den Schlamm hinter dem Haus und die Fabrikschornsteine am Horizont blicke. Und dann noch dieses herbstliche Grau! Ich schließe die Balkontür, ziehe die Vorhänge zu und lege zur Ablenkung die einzige DVD ins Laptop, die ich besitze: »Wojna«, ein Film über den Tschetschenienkrieg, den Ljudmila mir neulich bei meinem Besuch kopiert hatte.

Im Dämmerlicht des Zimmers sehe ich Folterungen, Geiselnahmen, Erschießungen, höre Gewehrsalven und das zynische Lachen der tschetschenischen Rebellenführer, die mit ihren Kopftüchern, ihren bunten Hemden und ihren Augenklappen wie eine Mischung aus Che Guevara und Idi Amin aussehen. Die Schreie eines Kriegsheimkehrers gellen mir in den Ohren, der von Alpträumen geplagt wird wie Aljoscha, der Hundeführer, der mir seine militärische Erkennungsmarke geschenkt hat.

Ich ziehe die Marke aus der Hosentasche, hauche sie an, streiche über ihr glänzendes Metall, bis sie warm wird. Vor dem Fenster heult ein Sturm, zerrt an der Wäsche auf den Balkonen, rüttelt an den Brüstungen, den Bäumen, den Strommasten. Mir ist, als ob ich aus der Welt gefallen sei.

Da surrt plötzlich mein Handy, wie in Trance drücke ich auf die Anruftaste, sage leise »Da. Kto govorit? Wer ist am Apparat?« und höre Marinas Stimme, wie aus einer anderen Welt: »Ich habe eben Michail getroffen, im Café. Er hat gesagt, daß seine Mutter noch immer auf deinen Besuch wartet.«

»Die Schamanin?«

»Ja, Xenia. Sie kann dir bestimmt helfen!«

»Wobei?«

»Hör mal! Du bist 35, unverheiratet und klingst ziemlich deprimiert! Also – morgen um zehn?«

Ein Besuch bei einer Schamanin ist das letzte, was ich mir in meiner jetzigen Verfassung wünsche. Ich befürchte, daß sie seltsam-mystische Andeutungen machen wird; so mystisch, daß es mich entweder gruselt oder ich in Lachen ausbrechen werde. So ist es mir immer ergangen, wenn mich Freunde in Freiburg zu ihren Schwitzhütten-Ritualen oder Energie-Balance-Sitzungen eingeladen haben. Aber ich will Marina nicht vor den Kopf stoßen, für die Xenia so etwas wie eine Hellseherin ist, die ihr sowohl die schwierige Ehe als auch die Probleme mit ihrem Job vorausgesagt hatte. Also sage ich: »Alles klar! Um zehn bei mir!«

Mit dem Bus fahren wir vier Stationen, steigen vor einem vierstöckigen Wohnblock am Rande einer Industriebrache aus und klingeln an einer Haustür im dritten Stock. Eine dicke Frau mit grauen, zu einem Knoten zusammengesteckten Haaren und einem geblümten Kittel öffnet uns. »Sdrastwujte, Xenia. Kak dela? Tag, Xenia, wie geht's?« begrüßt Marina sie. »Normalno«, brummt Xenia, »ganz gut. Kommt rein!«

Xenia stammt aus einer Zigeunerfamilie, hat neben Michail noch sieben weitere Kinder und eine Dreizimmerwohnung mit riesigen Schrankwänden, in denen, statt der Nippesfigürchen und Zierdeckchen, die üblicherweise in solchen Ungetümen ausgestellt sind, ein paar Dutzend Wodkaflaschen hinter Glas stehen.

Nicht, daß Xenia trinkt. Wodka ist ihr Medium. Ihre Zukunftsprognosen trifft sie mit dem Inhalt der Halbliterflaschen, die ihr ihre Kunden mitbringen.

Ich reiche ihr die Flasche, die Marina mir besorgt hat, Xenia schraubt vorsichtig den Verschluß ab, gießt die Hälfte des Inhalts in eine kleine Glasschüssel, läßt sich von mir fünf Münzen reichen und wartet. Reglos verharre ich auf meinem Stuhl. Worauf wartet diese Frau? »Dawaj, Fräulein! Nennen Sie mir Namen, Geburtstag, Familienstand!« herrscht sie mich schließlich an. Als ich ihr erkläre, daß ich weder Mann noch Kinder habe, runzelt sie die Augenbrauen. »Nicht gut, nicht gut! Aber ... warum sprechen Sie auch noch so schlecht Russisch?«

»Entschuldigen Sie, ich lerne die Sprache noch nicht so lange«, antworte ich verschüchtert.

»Also, Sie sind Ausländerin, ledig und haben Probleme.«

»Probleme?«

Xenia schwenkt die Schüssel, so daß die Münzen hin und her schwappen, starrt auf die Flüssigkeit und murmelt ein paar unverständliche Sätze, die wie Beschwörungsformeln klingen. Dann sieht sie mich an, mit einem intensiven, bohrenden Blick, unter dem ich mir nackt und wehrlos vorkomme. »Sie sind Einzelkind und haben eine komplizierte Mutterbeziehung. Richtig?« Gute Menschenkenntnis, denke ich. Bis jetzt war alles richtig. »Ihre Mutter leidet an einer Krankheit, die mit ihrer Weiblichkeit zu tun hat. Zwei Operationen hatte sie schon. Aber gesund ist sie noch nicht.« Ich nicke, ziemlich verblüfft. Aber das bemerkt Xenia schon gar nicht mehr. Sie starrt in die Ferne, als suche sie dort etwas.

Nach schamanischem Verständnis existiert außer der mittleren, menschlichen Welt noch eine untere und eine obere Welt. Diese drei Welten sind durch den sogenannten Weltenbaum miteinander verbunden. Die Wurzeln dieses Baumes befinden sich in der Unterwelt, der Stamm in der mittleren und die Krone in der oberen Welt. Über diesen Baum gelangen Schamanen in die anderen Welten, in denen sie mit Geistern Kontakt aufnehmen – ein schwieriges Unterfangen, das einem noblen Zweck dient: kranken Menschen zu helfen.

Körperliche und seelische Leiden gelten als Folge eines moralischen Vergehens, durch das die Einheit von Körper und Seele verlorengegangen ist. Dadurch können sich böse Geister der Seele bemächtigen. Je schwerer das Vergehen wiegt, dessen sich ein Mensch schuldig gemacht hat, desto weiter weg können die Geister die Seele entführen. Nur ein sehr starker Schamane vermag es dann noch, sie ihnen wieder zu entreißen. Dazu sucht er sich die Hilfe von guten Geistern, die er, wenn sie ihm nicht freiwillig dienen wollen, auch zur Unterwerfung zwingen kann.

So hatte es mir Swetlana, die Chefin der Baikal-Amazonen, an meinem letzten Abend in Suchoje erklärt. Wirkliche Stärke, hatte sie gesagt, besitze nur ein Schamane, der die dunklen Seiten des Lebens aus eigener Erfahrung kenne. Die meisten hätten selbst schwere psychische Krisen durchgestanden –

das, was die westliche Medizin als Schizophrenie und Psychose bezeichnen würde –, aber das seien nur die Geister, die mit ihnen in anderen Welten Kontakt aufzunehmen versuchten. Lehne der zum Schamanen Berufene diesen Kontakt ab, könne das zu seinem Tod führen. Nehme er aber an, könne er seine Erfahrungen aus den anderen Welten nutzen, um anderen Menschen zu helfen.

Schamane ist kein Beruf, den man aus freien Stücken wählt. Man erbt ihn von den Eltern oder Großeltern, denn er ist mehr eine Disposition als ein Amt. Neben diesem Amt können Schamanen durchaus auch noch bürgerliche Berufe ausüben wie Swetlana, die Tourismusfachfrau, oder die schamanischen Geschichtswissenschaftler der Universität Ulan-Ude.

Die meisten künftigen Schamanen fallen schon als Kinder durch eine besondere Sensibilität auf. Sie sehen besondere Zusammenhänge und Phänomene in der Natur und ziehen sich tagelang in die Taiga zurück, schweigen, auch wenn sie von anderen angesprochen werden, schreien plötzlich auf, führen Selbstgespräche. Die Ahnengeister hätten mit ihnen Kontakt aufgenommen, heißt es dann. Diese Begegnung ist eine Art Initiation. Fügt sich der Betreffende in seine Rolle, steht ihm zunächst eine harte Zeit bevor.

Schamane zu werden bedeutet am Anfang vor allem eins: Leid. Doch jede leidvolle Erfahrung, jede Begegnung mit den bösen Geistern machen einen Schamanen stärker – und das macht ihn wiederum zu einem besseren Heiler.

Ob Xenia stark genug ist, es mit dem Geist aufzunehmen, der sich der Seele meiner Mutter bemächtigt hat? Offensichtlich will sie es gar nicht erst versuchen. Denn sie erzählt mir von einem Rückfall und einem komplizierten Krankheitsverlauf. O mein Gott! Wenn meine Mutter doch wenigstens hier wäre! Vielleicht würde Xenia dann … Als ob sie meine Gedanken erraten hätte, murmelt sie leise: »Machen Sie sich keine Sorgen! Es wird noch eine Zeit dauern. Aber Ihre Mutter wird gesund!«

Ich muß zugeben – ich habe Xenia unterschätzt. »Sie meinen wirklich, daß …« Aber Xenia bedeutet mir, daß das Mutterthema für sie beendet ist. Ihr Blick schweift wieder in die Ferne.

Und wieder sieht sie mir nach ein paar Minuten unvermittelt in die Augen, senkt ihre Stimme und raunt: »Ich sehe zwei Männer in Ihrem Leben. Der eine ist jung, der andere alt. Der eine spricht Ihre Sprache, der andere nicht.« Ich stutze. Und denke an Sascha und den Mann, der in Deutschland auf mich wartet. Nun bin ich endgültig überzeugt, daß Xenia mehr über mich weiß, als mir lieb ist. Denn ich ahne, daß es nun um mein Kernproblem gehen wird.

In der Tat. Ohne Rücksicht darauf, daß Marina mit im Raum sitzt, fährt sie fort: »Sie können sich nicht entscheiden. Sie sind hilflos und verwirrt. Sie sollten sich fragen, wem Sie vertrauen. Können Sie das?«

Ich würde gerne fragen, wem ich vertrauen soll. Doch ich sehe, wie Xenia wieder die Augenbrauen runzelt, und verstehe, daß es hier nicht um eine bestimmte Antwort geht, nicht um die Entscheidung zwischen zwei Männern, die ich nicht einmal besonders gut kenne. Sondern um Vertrauen im allgemeinen. Besser gesagt, um meine Schwierigkeiten damit.

Seit langem schon hatte ich mich gefragt, wie man vertrauen können soll in einer Welt, in der so wenig von Bestand zu sein scheint, weder der Arbeitsplatz noch die politischen Ziele der Parteien, noch die Liebe? Das alles, so glaubte ich, so glaubten viele meiner Generation schon früh begriffen zu haben, war vergängliche Materie, an der man sich nicht festklammern durfte, wenn man sich das Leben nicht verderben wollte. So wie die Großmütter, die lebenslang ihrem Bauernhof in Ostpreußen nachtrauerten. Oder die Väter, die sich nicht mehr aus dem Haus trauten, weil ihre Firma ihnen gekündigt hatte; die frustrierten Mütter, die jahrelang über ihre Scheidung weinten. Ist doch nur eine Kündigung, dachten wir verständnislos, nur eine Scheidung! Wie konnte man sein Herz so an einen Arbeitsplatz, an ein Lebensmodell hängen! Es gab doch so viele Möglichkeiten in unserer – wie es so schön hieß – Multioptionsgesellschaft. Man durfte sich eben nur nicht auf eine einzige versteifen.

Also wurden wir erst Biologen oder Juristen, machten dann eine Fortbildung zum Media-Designer oder Diplom-Kaufmann IHK, setzen ein Kind mit dem einen Mann in die Welt, heirateten einen zweiten und betrogen ihn schließlich mit einem dritten, schlossen einen Bausparvertrag ab und plünderten ihn, als bei eBay ein Saab 900 ohne Heckspoiler angeboten wurde, traten erst aus der katholischen Kirche aus und trotteten dann stoisch zu den wöchentlichen Treffen im Buddhistischen Zentrum.

Als wir dreißig wurden, stellten wir fest, daß unser Herz an vielem, aber an nichts so richtig hing. Wir erschraken ein bißchen, weil wir manchmal auch an den Tod dachten, suchten zuerst im Internet nach Erklärungen, dann bei einem Psychologen oder auch bei dem einen oder anderen Guru, mieteten uns zum Nachdenken in ein bayerisches Kloster ein oder in ein nettes kleines Bed & Breakfast in Cape Cod. Doch all das half nichts. Wir begriffen nicht, wie man sein Herz ganz an etwas hängen konnte.

Mit jedem Geburtstag, den wir feierten, wurde uns mehr bewußt, daß wir so nicht weiterleben konnten. Wenn wir am Ende unserer Tage gefragt würden, was wir im Leben vollbracht hätten – was sollten wir dann antworten? Wir haben uns den Verhältnissen angepaßt? Das klang nach einer hundsmiserablen Antwort. Besonders aus dem Mund von Ex-Jusos und Ex-Junggrünen, die früher einmal Sprüche geklopft hatten wie: »Wir werden die Verhältnisse zum Tanzen bringen!« Nein, wir mußten lernen, unser Herz zu verschenken: an einen Ort, eine Arbeit, einen Partner. Anders gesagt: Wir mußten lernen, uns ganz auf etwas einzulassen. Oder – wie Xenia oder Swetlana es wohl formulieren würden: Wir durften dem Schmerz, der Verwirrung, der Angst nicht ausweichen. Sondern mußten sie annehmen als Teil unseres Lebens.

Solche Sätze hätte ich vor meiner Reise nicht in den Mund genommen. Den Schmerz annehmen! Die Einheit von Körper und Seele bewahren! Solche Platitüden, hätte ich gedacht. Doch hier, unter den strengen Blicken von Xenia, merke ich, daß es nur die Vokabeln sind, die mich befremden. In der Sache – in der Sache hatte Xenia recht: Es ging darum, nichts zu verleugnen – das Schwierigste, was ich mir zu Hause in Deutschland hätte vorstellen können.

Denn zu Hause kannte ich kaum jemanden, der offen zugab, daß er sich mutlos, schwach oder krank fühlte. Solche Gefühle galten als Makel in der Wohlstandsidylle der Achtziger, im New-Economy-Fieber der Neunziger. Wer sie verspürte, verdrängte sie, um die Fassade aufrechtzuerhalten. Die Fassade des leistungsbereiten, fröhlich-dynamischen Werktätigen.

Und jetzt, fünf Jahre später, sitze ich in einem Zimmer mit einer Batterie leerer Wodkaflaschen, dem Medium einer burjatischen Schamanin, die diesen Phantomschmerz, der mich durch einen halben Kontinent getrieben hatte, mit einer einzigen simplen Frage zu stillen vermochte. Einer Frage, die mir bewußt machte, daß ich einen Teil von mir verloren hatte. Den Teil, den ich – bestimmt nicht zu unrecht – der russischen Seele zugeschrieben hatte: die Fähigkeit, sich mit jeder Faser auf das Leben einzulassen. Besser gesagt: die Kunst, das richtige Leben im falschen zu leben.

»Die Menschen in Ihrem Land …«, reißt mich Xenia unvermittelt aus meinen Gedanken, »verleugnen gerne, daß alles eine zweite Seite hat im Leben: die Liebe den Verrat, der Erfolg die Hilflosigkeit, die Energie die Krankheit. Das macht sie unfrei. Schauen Sie, Ihre Eltern: Ihre Verwandten glauben, daß sie reich seien. Dabei haben sie große finanzielle Sorgen.« Ein altes, ein äußerst verzwicktes Familienproblem.

»Haben Sie nicht einen Rat für mich, wie man das lösen könnte?«

Doch Xenia verweigert konsequent jeden Ratschlag. »Ein Schamane gibt nur Hinweise. Lösen muß man seine Probleme allein«, wird mir Marina später erklären.

Ich frage weiter, will wissen, ob ich mit einem der beiden Männer, von denen sie eben gesprochen hatte, eine Beziehung haben werde. »Sie werden bald zwei Kinder haben. Und Sie werden jemanden kennenlernen, von dem sie heute noch nichts ahnen.« Ich versuche nachzuhaken. Doch Xenia duldet keine weiteren Fragen zu diesem Thema. Abrupt erklärt sie unsere Sitzung für beendet, fischt die Münzen aus der Wodkaschüssel und drückt sie mir in die Hand, mit der Anweisung, eine unter den Baum zu legen, der vor ihrer Haustür wächst, die anderen für den Rest meines Lebens bei mir zu tragen.

Die erste Münze lege ich noch pflichtbewußt an den Stamm des Baumes vor Xenias Haus. Die anderen schenke ich auf dem Heimweg einem alten Mann, der am Straßenrand an der Uliza Kljutschewskaja Gurken und Petersilie verkauft. »Vierzig Kopeken?« brummt er beleidigt. »Das reicht ja nicht mal für ein Glas Wodka!«

Der Rock 'n' Roll des Westens

Zum letzten Mal haben wir getanzt. Zum letzten Mal haben wir in Albinas Wohnzimmer gefeiert: Ljudmila, Seseg, Marina und ich. Wir haben eine Flasche Merlot geöffnet und die Kassette mit den »Heißen 20« eingelegt, den Sommerhits von Gljukosa, Ruki wwerch und Propaganda, die ich in meiner ersten Woche an einem Straßenkiosk in Akademgorodok gekauft und später überall in Sibirien gehört hatte: am Strand des Ob, im Ferienlager am Tolezkoje-See, am Baikalufer in Suchoje, im Alexander House. Die Songs, so hoffte ich, würden mich an den Sommer erinnern, an die strahlenden Farben des Himmels, das Leuchten der Taiga, der Berge und Seen. Doch sie verstärken nur die Melancholie, die mich seit ein paar Tagen befallen hat. Die Melancholie des Abschieds. Von Ljudmila, Seseg und Marina. Und von Sibirien, dem Land, in dem ich das Glück gesucht habe.

»Wenn das Streben nach Glück unser Leben beherrscht, erschließen uns vielleicht nur wenige unserer Handlungen soviel über die Dynamik dieser Suche – mit all ihrer Inbrunst und ihren Paradoxien – wie die Reisen, die wir unternehmen«, schreibt der Schweizer Essayist Alain de Botton in seiner »Kunst des Reisens«. Entscheidend sei dabei allerdings nicht, wohin wir reisten, sondern warum. Denn nur dieses Warum könne zum Verstehen dessen beitragen, was griechische Philosophen mit dem schönen Begriff der Eudaimonia, der Entfaltung der Persönlichkeit, bezeichneten.

Diesen Essay schenke ich Ljudmila, die mein Fernweh teilt wie kaum ein anderer Mensch. »Wann wirst du mich in Hamburg besuchen?« frage ich sie. »Irgendwann, wenn ich genug

Geld für den Flug verdient habe«, sagt sie, und es klingt wie »nie«. Im Radio, das Seseg inzwischen eingeschaltet hat, läuft ein altes Chanson von Wladimir Lancberg: »Ja ne snaju, schto delat. Ich weiß nicht, was ich machen soll.«

Ich gieße den Rotwein in Plastikbecher, wir stoßen an und toasten – wie immer auf die »internationale Freundschaft«. Dann trinken wir ein paar Gläser, leeren die erste Flasche, öffnen eine zweite, trinken und trinken, bis uns der Abschied nichts mehr anhaben kann. Bis es uns so leicht ums Herz wird wie in diesem Sommer, der sich allmählich aus dem Land zurückgezogen hat, Tag für Tag in kaum merklichen Schritten, bis der Herbst eine Realität war, die sich nicht länger leugnen ließ.

Wir ziehen unsere Jacken an und wandern eingehakt durch den Septemberregen. Ein letztes Mal sehe ich die Technische Universität, an der Ljudmila arbeitet, die Plattenbauten, die verfallenen Werkstätten, die Wohnblocks an der Uliza Kljutschewskaja und die Fabrikschlote am Horizont – eine Kulisse, der ich in den letzten Wochen kaum noch Beachtung geschenkt habe und die mich mit einemmal seltsam anrührt. Wieviel Poesie liegt in dieser Unvollkommenheit, denke ich; viel mehr als in der Übersichtlichkeit und Ordnung deutscher Städte! Warum habe ich diese Poesie nur zuvor nie wahrgenommen? Vielleicht, weil sich Poesie einem nur in den Momenten erschließt, in denen man das, was einen umgibt, mit allen Sinnen wahrnehmen kann. Wie selten aber waren meine Sinne so offen; wie oft waren sie blockiert von den Gedanken an die Zukunft, von Ängsten und Sorgen, verkleistert von Sehnsüchten und Begierden!

Wie würde mein Leben aussehen, wenn ich die Maschine nach Moskau verpassen und hier bleiben würde, an diesem Ort, an dem ich keine Vergangenheit habe? An dem niemand weiß, wer ich *vor* dieser Reise gewesen bin? Dann denke ich an die Winter, in denen die Temperaturen in Ulan-Ude bis auf minus vierzig Grad sinken, denke an die Prophezeiungen von Xenia und an Sascha, der in Moskau auf mich warten wird.

Um sechs Uhr morgens steht Ljudmila mit dem Lada ihres Bruders vor meiner Haustür. Schweigend fahren wir in den anbrechenden Morgen. Es ist kühl, eine Regenfront zieht von Norden heran. Die Straßen sind wie ausgestorben. Wir passieren die Selenga-Brücke, rumpeln an der Datschen-Siedlung vorbei, in der Orgasmus Nostradamus ihren Proberaum haben, beschleunigen kurz hinter der Stadtgrenze, bis wir den Berg erahnen können, von dessen Gipfel der weiße Hirsch die Landschaft überblickt. Da irgendwo zwischen Felsen und Fluß zweigt ein schmales Sträßchen ab, das nach kurzer Zeit den Blick auf ein langes Asphaltband eröffnet, das die Vorbergzone in zwei Hälften teilt – die Startbahn des Flughafens. Ljudmila parkt den Lada direkt vor dem Eingang zum Terminal, neben einer schwarzen Mercedes-Limousine, in der zwei Männer mit dunkler Sonnenbrille sitzen.

Durch eine Schwingtür betreten wir das Abflugterminal, dessen Wände mit einem riesigen Kosmonauten-Mosaik verziert sind: blaue Planeten, silberne Sterne, ein Raumschiff und Gagarin, der in einem goldenen Lichtkegel durch den Weltraum schwebt. Ich hole meine Digitalkamera aus dem Rucksack und knipse. Plötzlich tippt mir ein Uniformierter auf die Schulter und befiehlt mir, die Bilder schnellstens zu löschen. Seit den Terroranschlägen sei das Fotografieren auf russischen Flughäfen verboten. Zu leicht könnten die Bilder zu »kriminellen Zwecken« genutzt werden. Als ich der Aufforderung nicht schnell genug Folge leiste, versucht der Uniformierte, mir den Chip aus der Kamera zu reißen. »Normalno«, beschwichtige ich, »ist ja schon gut, ich tue ja, was Sie sagen!«

Eine Stunde Zeit haben wir noch bis zum Abflug von Air Sibir, der einzigen Fluggesellschaft, die an diesem Tag von Ulan-Ude aus gen Westen fliegt. Die anderen, erklärt Ljudmila, seien in Konkurs gegangen, weil die Leute heute viel seltener fliegen würden als zu Sowjetzeiten. Damals seien die Flüge subventioniert worden. Heute kosteten die Tickets fast soviel wie in Westeuropa, was sich kaum ein Normalverdiener leisten könne.

Das Rollfeld ist verwaist, im Terminal hat nur ein einziger Check-in-Schalter geöffnet. Nach zwei Minuten halte ich meine Bordkarte in der Hand und schlendere auf den Apothekenkiosk zu, um eine Packung Halsbonbons zu kaufen. Die Frontscheibe des Kiosks ist zugeklebt mit russischen Viagra-Schachteln; darunter wirbt ein handgemaltes Schild: »Kaufen Sie Viagra für die Geschäftsreise! Tabletten auch im Einzelverkauf erhältlich.«

Ich bin die einzige Kundin, die an diesem Morgen nicht nach potenzstärkenden Mitteln verlangt. Die anderen – Männer in Polyesteranzügen mit Handytäschchen am Gürtel – deuten wortlos auf die Packungen im Schaufenster, heben zwei Finger, drei oder gleich beide Hände und schieben ein Bündel Rubelscheine über den Tresen. Ich frage mich, ob es stimmt, was die russischen Magazine schreiben: daß mit dem Sozialismus auch die Prüderie das Land verlassen habe; daß der Kapitalismus nun auch der Sexualität seinen Stempel aufdrücke, einen Stempel mit einer Produktbeschreibung und einem Preis?

Am Zeitschriftenstand neben dem Gate kaufe ich mir eine Frauenzeitschrift, die meistgelesene in Rußland, wie Ljudmila meint. Ich blättere durch die Artikel, die sich fast alle einem einzigen Thema widmen: Wie man eine perfekte Ehefrau und Mutter wird. Um Sexualität geht es nur in einem einzigen, unter der schlichten Überschrift: »Wie Sie ihn glücklich machen«.

Mein Flug wird aufgerufen. »Paß auf dich auf!« ruft Ljudmila mir nach, als ich mit hundert anderen Passagieren über das Rollfeld auf die Gangway zumarschiere. Dann heulen auch schon die Motoren auf. Ein letztes Mal sehe ich die kargen

Berge, die Holzhäuser, die Sandwege und wenig später auch den Baikal, eine blaue, unermeßliche Fläche ein paar tausend Meter unter dem Rumpf der Tupolew. Das ist das letzte, was ich von Sibirien erkennen kann.

Fünf Stunden später überfliegen wir den Ural. Und mit ihm die Grenze zu Europa.

Der Ural ist kein Gebirge mit schneebedeckten Gipfeln, Gletschern und wilden Felslandschaften, wie oft behauptet wird. Der Ural – das sind Hügel wie im bayerischen Voralpenland. Und der Rauch von Tausenden von Fabrikschloten. Nirgendwo sonst in Rußland ist die Luft so verpestet, sind die Flüsse so vergiftet wie im Südural zwischen Ufa und Tscheljabinsk. Die Einwohner von Ufa mußten ihr Haushaltswasser eine ganze Zeit lang vom Tankwagen holen, weil aus den Hähnen Phenol tröpfelte, eine bräunliche, giftige Substanz, die unter anderem zur Herstellung von Sprengstoff verwendet wird. Und in Magnitogorsk, dem Zentrum der Stahlindustrie, ragen Bäume wie Skelette aus dem Boden, und tote Fische mit aufgeblähten Bäuchen treiben im Fluß.

Im Nordural, oberhalb des Polarkreises, werden die Werke von Lagern abgelöst. Ein ganzes System von Lagern, das eine kleine Bergarbeiterstadt im 20. Jahrhundert zum Symbol des Schreckens machte: Workuta. Die Lagerbaracken stehen heute noch. Sie sind bewohnt von ehemaligen Häftlingen und ihren Kindern, die weiterhin in den Kohlegruben der Stadt arbeiten. Warum sie nicht gegangen seien, hat sie neulich ein russischer Kollege von mir gefragt. Es gebe keinen Ort, wo sie hin könnten, antworteten sie ihm. Im Süden gebe es keine Arbeit, viele Werke hätten in den letzten Jahren geschlossen. Das einzige, was dort noch an die Industrialisierungspolitik der Sowjetunion erinnere, seien die kahlen Bäume und die vergifteten Flüsse.

Ich lege die Kassette in den Walkman, die mir Sascha am Tolezkoje-See geschenkt hatte. Während unsere Maschine über

Moskau kreist, singt Abba: »And rattling on the roof I must have heard the sound of rain / the day before you came.«

Doch in Moskau sind die Regenwolken, die mich in den letzten Tagen in Ulan-Ude begleitet haben, verschwunden. Der Herbst ist in Sibirien zurückgeblieben. Als sich die Ausstiegsluke öffnet, spüre ich einen warmen Sommerwind im Gesicht. Der Himmel ist wolkenlos, die Arbeiter, die das Gepäck ausladen, tragen T-Shirts und Sonnenbrillen.

Eineinhalb Stunden dauert es, bis ich im Chaos von Domodedowo, inmitten der Menschenmassen, der falsch beschrifteten Gepäckbänder und beharrlich jede Auskunft verweigernden Flughafenmitarbeiter endlich meinen Rucksack gefunden habe. Als ich ihn aufsetzen will, greift jemand von hinten nach den Trageriemen. Erschrocken drehe ich mich um. Vor mir steht Sascha, mit Pilotenbrille und Herrenhandtäschchen am Handgelenk: »Hab gedacht, du könntest vielleicht ein bißchen Hilfe beim Tragen gebrauchen!«

In Deutschland hätte sich ein Mann mit einem solchen Täschchen diskreditiert – das Accessoire von Kleinstadtrentnern auf dem Weg zur ihrem Sparkassenberater. Doch in Rußland tragen so viele junge Männer solch ein Täschchen spazieren, daß man gut daran tut, seine Vorurteile zu vergessen. Also vermeide ich den Blick auf Saschas Handgelenk, sehe ihm in die sehr blauen Augen und registriere, daß mein Herz klopft. Die Verwirrungen vom Tolezkoje-See sind vergessen. Und auch die Tatsache, daß Sascha sich danach nur ein einziges Mal länger gemeldet hat, drei Tage vor meinem Abflug nach Moskau.

Sascha ist mit dem Auto gekommen. Würde er der zweite »woditel« sein, der Fahrer, der mir von der Liebe erzählt? Im Moment erzählt er nur von den Anschlägen in der Moskauer U-Bahn, die vermutlich tschetschenische Terroristen begangen hätten.

Wir stehen im Stau. Ganz Moskau scheint aus der Stadt flüchten zu wollen. Die Ringautobahn ist so verstopft, daß wir zuerst eine ganze Stunde lang anfahren, bremsen, anfahren, dann auf eine andere Autobahn wechseln und schließlich auf eine Umgehungsstraße, auf der es nicht viel schneller vorwärts geht.

In Zeitlupentempo sehe ich riesige Einkaufscenter, Baumärkte, grell beleuchtete Tankstellen, Apartmentsiedlungen und Hochspannungsmasten an uns vorüberziehen – das gleiche eintönige, jeglicher Ästhetik entbehrende Einerlei, wie es sich auch am Rande deutscher Großstädte angesammelt hat. Nur daß dieses Einerlei im Großraum Moskau kein Ende zu nehmen scheint. Immer neue Baumärkte tauchen am Straßenrand auf, immer neue Einkaufscenter, Tankstellen und Apartmentanlagen, immer mehr Beton, Plastik und grelle Farben; eine alles verschlingende, unendliche Zivilisationswüste.

Nach zwei Stunden biegt Sascha in eine Nebenstraße ein, und plötzlich fahren wir nur noch durch Wald. »Wenn ich hier ankomme, weiß ich: Ich bin zu Hause«, sagt Sascha.

»So weit draußen auf dem Land wohnst du?«

»Für Moskau ist das nichts! Wenn's gut läuft, bin ich in eineinhalb Stunden im Büro.«

Ein Apartment im Zentrum könne er sich nicht leisten von seinen 150 Euro Monatsgehalt. Moskau sei die teuerste Stadt Europas. Außerdem sei es ihm viel zu laut und hektisch.

Die Kleinstadt, in der Sascha wohnt, ist um ein Werk herum entstanden und besteht aus einem vierzehnstöckigen Wohnblock im Zentrum, flankiert von langgestreckten Fünfstökkern, einer Straße mit ein paar Läden und besagtem Werk. Auf dem Werksgelände wird nicht mehr gearbeitet. Die Tore sind verriegelt, Grasbüschel und Blumen haben sich ihren Weg durch die poröse Asphaltdecke auf dem Vorplatz gebahnt. Die Natur erobert sich ihr Terrain zurück. Auch der Block, in dem Sascha ein Apartment gemietet hat, ist von Grün umgeben, ein Dschungel aus Gras, Büschen und Birkenschößlingen.

Auf dem Parkplatz drängen sich Männer mit Bomberjacken und kahl geschorenen Köpfen um einen alten BMW mit aufgeklappter Motorhaube. Aus den Boxen dröhnt russischer Hip-Hop. Als Sascha seinen Lada abschließt, zückt einer der Glatzköpfe ein Springmesser, läßt es aufschnappen und grinst. Vor dem Hauseingang sitzen drei alte Frauen im Morgenmantel auf einer Bank. »Sag nichts, wenn du vorbeigehst!« mahnt Sascha, während er meinen Rucksack aus dem Kofferraum hievt. »Sie sollten möglichst nicht mitbekommen, daß du Ausländerin bist!«

»Wieso? Ist das ein Problem?«

»Ja, seit das Werk geschlossen hat, sind die Leute hier ziemlich verroht. Ausländer haben hier einen schlechten Ruf. Man sagt, sie seien schuld an der ganzen Misere.«

»Gibt es hier denn so viele?«

»Ich glaube, du bist die erste, die sie zu Gesicht kriegen.«

Ich nicke höflich, als ich mich an den Frauen vorbei durch die Haustür zwänge. Zwei Stockwerke höher schließt Sascha zuerst eine Stahl-, dann eine Gittertür und schließlich die Holztür zu seinem Apartment auf. Saschas Apartment ist das spartanischste, das ich auf meiner Reise betreten habe: Ein dunkles, vielleicht zwölf Quadratmeter großes Zimmer mit einem alten Schrank und einem eisernen Bettgestell, eine winzige Küche, in der sich Einweckgläser mit Himbeeren, Pilzen, Gurken und Tomaten auf dem Fußboden türmen. Der Estrich ist nur noch von ein paar Dielenbrettern bedeckt. Die restlichen habe der Vormieter rausgerissen, um sie im Ofen zu verbrennen, sagt Sascha. »Der hatte kein Geld mehr für die Heizung.«

Ich werde plötzlich sehr müde, denn in Ulan-Ude wäre es jetzt bereits Abend. Fünf Stunden beträgt die Zeitdifferenz zu Moskau. Doch Sascha meint, daß ich nicht schlafen dürfe, sondern mich an die Moskauer Zeit gewöhnen müsse. Ich glaube, er will mir einfach nur seine Datscha zeigen, auf die er sehr stolz ist, eine Datscha wie aus einem alten russischen Film: ein rotes Holzhaus am Rande eines Birkenwäldchens, mit einem üppig wuchernden Garten voller Obstbäume, wilden Blumen, Kräutern und Vogelbeeren, die in der Nachmittagssonne leuchten. Im Wald hämmert ein Specht sein gleichmäßiges »tack-tack-tack«. Sonnenverbrannte Wiesen, Birkengruppen und Heideflächen ziehen sich bis zum Horizont. Eine Landschaft mit Augenmaß, ein beruhigender Kontrast zu der schroffen Weite Sibiriens.

Es ist warm, die Sonne kitzelt auf der Haut. Sascha hat ein Picknick vorbereitet. Wir essen kalte Bliny, Hartwurst und Tomaten und trinken moldawischen Rotwein aus der Flasche. Küß mich! denke ich. Doch Sascha murmelt nur, er sei Realist. Er könne sich einfach keine Frau mehr leisten nach seiner Scheidung.

Ich glaube, er hat noch immer Angst. Angst vor Enttäuschung oder zumindest einer weiteren schwierigen Beziehung. Denn einfach wäre es nicht, sich regelmäßig zu sehen. Da sind zum einen die Visaprobleme, zum anderen sein Gehalt, das kaum für ein Flugticket nach Deutschland reichen würde. Und Geld von einer Frau anzunehmen, dazu ist Sascha zu stolz. Eine Frau, die besser verdient, die die Initiative übernimmt – damit, soviel weiß ich inzwischen, haben Männer hier ihre Schwierigkeiten. Und doch scheint da etwas zu sein, was ihn nicht losläßt. Später, auf dem schmalen Bett, dreht er sich so weit wie möglich von mir weg. Mitten in der Nacht bemerke ich, wie er mich anstarrt, meinen halbnackten Körper, der sich aus der Decke gewunden hat. Ich spüre, wie eine Hand über meinen Rücken streichelt, sich vortastet, langsam, unsicher. Ich drehe mich um. Da legt er seinen Mund an mein Ohr und flüstert mir russische Kosewörter zu.

»Sascha, ich verstehe dich nicht! Heute nachmittag hast du noch …«

»Ich weiß nicht. Ich hatte so ein Gefühl …«

»Sascha, was willst du?« frage ich mit Nachdruck, denn ich habe vor dem Einschlafen die Kondome gesehen, die neben dem Bett lagen, goldfarbene Kondome aus rumänischer Produktion. Rumänien hat sicher nicht umsonst immer noch eine der höchsten Geburtenraten Europas, denke ich und daran, was Sascha am Nachmittag gesagt hatte: daß er sich keine Frau leisten könne. »Ich will keine Affäre«, flüstere ich. Sascha zieht abrupt seine Hand zurück. Ich drehe mich auf den Rücken und starre durch die Fenstergitter, in den Himmel über dem Wohnblock, den die Morgensonne in einen roten Schimmer getaucht hat. Einen Schimmer, so rot wie die Lettern am Lenin-Mausoleum, das mir Sascha vier Stunden später zeigen wird.

Mit dem Stolz des Hauptstädters führt er mich am Vormittag durch Moskau. »Schau mal, Läden wie im Westen!« ruft er begeistert aus, als wir die Uliza Twerskaja, die nobelste Einkaufsstraße der Stadt, entlangfahren, und: »So einen Anblick hat Petersburg nicht zu bieten!«, als wir das Eingangstor zum Roten Platz passieren. Wir essen Möwenpick-Eis im Kaufhaus GUM, kaufen an einem Andenkenstand auf dem Arbat eine kleine, nachgemachte Ikone und reihen uns schließlich in die Schlange vor den beiden Tannenbäumen ein, die das Lenin-Mausoleum flankieren. »Warum Tannen?« frage ich Sascha. »Ich dachte, die Birke sei *der* Baum in Rußland?«

»Birken sehen nach Sibirien aus. Wir sind hier in der Hauptstadt«, stellt er klar, reicht mir, weil der Wind plötzlich auffrischt, fürsorglich seine Jacke, legt vorsichtig seine Hand in meine und fragt, ob wir uns je wiedersehen werden. Statt einer Antwort küsse ich ihn, mitten auf dem Roten Platz, in der Schlange vor dem Lenin-Mausoleum, mit den Tannen zur Rechten und den Amerikanern zur Linken, die ihre Digitalkameras auf uns richten und entzückt ausrufen: »Oh, Russian love! Let's take a picture!«

Das Lenin-Mausoleum besichtigten wir an diesem Tag nicht mehr. Wir gingen ins Irish Pub, Saschas Lieblingskneipe, tranken Guinness und schauten uns in die Augen. Irgendwann konnte ich nicht anders, als ihn zu fragen, ob er verliebt sei. »Du ... du ...«, stottert er, »du hast doch gesehen, wie ich wohne. Ich glaube, du suchst dir besser einen Mann in Deutschland.« Ich lege meine Hand auf seine schmale, feingliedrige Rechte, die das Guinnessglas umklammert: »Vielleicht könntest du in Deutschland einen Job finden.«

»In meinem Alter?«

»Du bist doch Atomphysiker.«

»Wer braucht heute noch Atomphysiker? In Deutschland schalten sie doch sogar schon die Kernkraftwerke ab.«

»Sascha, ich ...«, fange ich an, aber verstumme, als ich seinen Blick bemerke, der so traurig ist, daß es mir das Herz zerreißt.

Wir tranken noch ein letztes Guinness. Dann fuhr mich Sascha zum Hotel Ukraina, wo er offensichtlich bereits ein Zimmer für mich vorbestellt hatte. »Ist das nicht ein bißchen teuer?« frage ich, als ich die Preistafel in der Lobby sehe. »Keine Sorge, ist schon bezahlt!«

»Sascha, das kann ich nicht annehmen! Das ist dein halber Monatslohn!«

»Du mußt! Das ist mein Abschiedsgeschenk!«

Dann wendet er sich abrupt ab und verläßt die Lobby, ohne sich noch einmal zu mir umzudrehen. Durch die Glasscheibe sehe ich, wie er den Lada anläßt, anfährt, wendet und im Feierabendverkehr von Moskau untertaucht. Sascha, der Realist, der nicht mein zweiter »woditel«, nicht mein Fahrer sein konnte, weil wir eben nicht in einem Film waren; weil es im Leben selten dieses Happy-End gibt wie in den Drehbüchern, dieses »love conquers all«, an das wir alle so gerne glauben würden. Und dann holt uns der Alltag ein, das leere Konto, die alten Prägungen und Ängste. Und wir stehen wieder an irgendeinem Bahnhof, auf irgendeinem Parkplatz oder Flughafen, fahren in unser altes Leben zurück und wundern uns, daß uns dieses Leben fremd geworden ist.

Die Frühmaschine nach Hannover hebt mit einer Stunde Verspätung aus Domodedowo ab. Eine Stunde, die einem Koffer geschuldet war, der keinem der Passagiere zuzuordnen war. Und der schließlich, nach langer Diskussion, von zwei Uniformierten im Auto davongefahren wurde. Während das Flugzeug an Höhe gewinnt, gibt eine Stewardeß Entwarnung. Nein, kein terroristischer Anschlag. Ein Versehen bei der Gepäckabfertigung. Der Koffer gehöre einem Mann, der auf einen anderen Flug umgebucht habe.

Die Tupolew bricht durch die Wolken. Das Bordlicht flammt auf, und dann ist es wie auf dem Hinweg: Bliny werden serviert, die »Komsomolskaja Prawda« wird verteilt, eine Hollywoodkomödie im Bordfernsehen ausgestrahlt. Als wir die polnisch-deutsche Grenze überfliegen, kündigt der Pilot an, daß wir in 45 Minuten landen werden. Wie klein dieses Deutschland ist, denke ich, und schließe die Augen, um noch einmal von Sibirien zu träumen.

Ein Jahr später sitze ich in Hamburg, in der Küche der WG, in der Mischa dieses Lied gesungen hatte, das mich nach Sibirien geführt hat. Mischa singt nicht mehr. Er ist Systemadministrator in einer Internet-Agentur geworden.

»In Deutschland singt keiner einfach so«, hatte Horst in Nowosibirsk gesagt, als wir vor dem Regen in unsere Hütte am Ob geflüchtet waren. Doch das ist nicht wahr. Vor kurzem habe ich eine Frau kennengelernt, Rußlanddeutsche wie Mischa und Horst. Sie hat die Finger auf das Griffbrett ihrer Gitarre gelegt und »A kak perwaja ljubow« gespielt, erst leise, dann immer lauter. Und plötzlich war alles wieder da: die Taiga, die Steppen und die Berge. Die Melancholie, die Weite, die Unermeßlichkeit, in einem kleinen Saal in meinem kleinen Land. Ich glaube, ich werde hier bleiben. Wenigstens für eine Weile.